Bioética no Brasil
Tendências e perspectivas

Márcio Fabri dos Anjos
José Eduardo de Siqueira
(organizadores)

Bioética no Brasil
Tendências e perspectivas

Direção Editorial:
Carlos da Silva
Marcelo C. Araújo

Comissão Editorial:
Avelino Grassi
Márcio Fabri dos Anjos
Roberto Girola

Coordenação Editorial:
Denílson Luís dos Santos Moreira

Assessoria Editorial:
Leda Virginia Alves Moreno

Revisão:
Davi Bagnatori Tavares

Diagramação:
HI Design Projetos Gráficos

Capa:
Alfredo Castillo

Coleção Bio & Ética – dirigida por:
Elma Zoboli,
José Eduardo de Siqueira
Márcio Fabri dos Anjos

Todos os direitos reservados à
Editora Ideias & Letras e à Sociedade
Brasileira de Bioética, 2014.
1ª Reimpressão.

Rua Diana, 592
Cj. 121 - Perdizes
05019-000 - São Paulo - SP
(11) 3675-1319 (11) 3862-4831
Televendas: 0800 777 6004
vendas@ideiaseletras.com.br
www.ideiaseletras.com.br

Sociedade Brasileira de Bioética
SRT/Norte 702 Conjunto P
Edifício Rádio Center – sala 1.014
70719-900 – Brasília – DF
Telefax: (61) 3964-8464
www.sbbioetica@sbbioetica.org.br

Dados Internacionais de Catalogação na Publicação (CIP)
(Câmara Brasileira do Livro, SP, Brasil)

Bioética no Brasil: tendências e perspectivas / Márcio Fabri dos Anjos, José Eduardo de Siqueira (organizadores). – Aparecida, SP: Ideias & Letras; São Paulo: Sociedade Brasileira de Bioética, 2007. (Bio & Ética)

Vários autores.
ISBN 978-85-98239-86-6

1. Bioética 2. Bioética – Brasil – História I. Anjos, Márcio Fabri dos. II. Siqueira, José Eduardo de. III. Série.

07-6769   CDD-174.9570981

Índices para catálogo sistemático:
1. Brasil: Bioética: História 174.9570981

Sumário

Apresentação 9
José Eduardo de Siqueira

Introdução 13
Márcio Fabri dos Anjos

1. A questão das tendências epistemológicas
   ou de fundamentação 29
   Fermin Roland Schramm, Márcio Fabri dos Anjos, Elma Zoboli

2. Da Ética profissional para a Bioética 57
   Franklin Leopoldo e Silva, Marco Segre, Lucilda Selli

3. Bioética e construção da normatividade 69
   Tereza Rodrigues Vieira, Nilza Maria Diniz, Josimário Silva

4. Bioética e Gênero 95
   Debora Diniz, Dirce Guilhem

5. Bioética Clínica 113
   Délio José Kipper, Gabriel Wolf Oselka, Reinaldo Ayer

6. Didática, formação de professores e ensino em Bioética 129
   Sérgio Rego, Margaréte May B. Rosito, Kiyomi N. Yamada

7. Nascimento e desenvolvimento da Bioética no Brasil 143
   *William Saad Hossne, Maria Clara Albuquerque,
   José Roberto Goldim*

8. Linhas temáticas da Bioética no Brasil 161
   *José Eduardo de Siqueira, Dora Porto,
   Paulo Antonio de Carvalho Fortes*

9. Desafios globais e participação da Bioética brasileira 185
   Marlene Braz, Armando Raggio, José Roque Junges

10. Bioética no Brasil: produções científicas e perspectivas 213
    *Leo Pessini, Christian de Paul de Barchifontaine,
    Mauro Machado do Prado*

ORGANIZADORES

Márcio Fabri dos Anjos
Teólogo e Filósofo. Doutor em Teologia pela Pontifícia Universidade Gregoriana, Roma, Itália. Professor do programa de mestrado em Bioética e do curso de gradução em Filosofia do Centro Universitário São Camilo. Coorientador do programa de doutorado em Teologia Moral, da Accademia Alfonsiana da Universidade Lateranense de Roma, Itália. Membro da Câmara Técnica de Bioética do Conselho Regional de Medicina do Estado de São Paulo (2002-2007). Membro da Sociedade Brasileira de Bioética, 2005-2007. Ex-presidente da Sociedade Brasileira de Teologia e Ciências da Religião.

José Eduardo de Siqueira
Médico cardiologista pela Universidade Católica de São Paulo. Doutor em Medicina (Clínica Médica) pela Universidade Estadual de Londrina, PR. Pós-doutor em Bioética pela Universidade do Chile. Professor associado da Universidade Estadual de Londrina. Presidente da Sociedade Brasileira de Bioética, 2005-2007. Membro da rede Latino-americana de Bioética, UNESCO. Membro da Associação Internacional de Bioética, 2005-2008.

Apresentação

Já assumiu a condição de lugar comum afirmar que a bioética brasileira é tardia. Considerando o fator cronológico, é inegável reconhecer que permanecemos duas décadas quase em total silêncio, enquanto nos anos 1970 e 1980 crescia a produção literária sobre o assunto nos países centrais.

A pedra fundamental de nossa agorá bioética foi colocada em 18 de fevereiro de 1995, com a criação da Sociedade Brasileira de Bioética (SBB). No ano seguinte, realizamos o primeiro congresso da sociedade nas dependências do Instituto Oscar Freire da Faculdade de Medicina da Universidade de São Paulo. No curto intervalo de 10 anos que seguiu a este primeiro encontro acadêmico, o acúmulo de publicações nacionais nesta área de reflexão foi impressionante.

Estes fatos motivaram a diretoria da SBB a enfrentar o desafio de reunir, em um uma única obra, alguns dados essenciais do pensamento bioético brasileiro. Ainda que reconhecendo a enorme dificuldade para cumprir esta tarefa, ela foi considerada inadiável, sobretudo pela oportunidade de comemorar o 12º aniversário da SBB, por ocasião de seu VII Congresso, na cidade de São Paulo.

A obra que o leitor ora tem em mãos é o resultado deste esforço e pretende ser um fiel retrato do percurso realizado por nossos autores pioneiros, aqueles e aquelas que primeiro pavimentaram a estrada da bioética nacional. Portanto, além da riqueza intelectual dos textos, há nestes escritos o registro de importante parte da história da reflexão bioética realizada no país.

Se tudo tem seu tempo e há tempo para todo propósito debaixo do céu, já não era sem tempo, juntar estas pedras preciosas que constituem nossa rodovia preferencial e oferecê-las aos leitores de língua portuguesa.

Com esta iniciativa, a SBB pretende dar início a uma série de publicações com a finalidade de registrar, não somente nossas produções acadêmicas, mas também o senso de responsabilidade social e cidadã que sempre estiveram presentes no labor intelectual dos bioeticistas brasileiros, diga-se de passagem, fato nem sempre presente na reflexão bioética que se faz alhures.

A história demonstra que muitas entidades não deixam memória, parecendo ter existido na condição de vultos passageiros, tudo ocorrendo como se sequer tivessem nascido. Seguramente não é esta a condição da SBB, que sabe lançar sementes para garantir boa colheita e a construção de seu legado histórico. Não faremos como os inconsequentes que, na descrição da sabedoria salomônica, imaginavam que todos os nomes seriam esquecidos, assim como todas obras humanas e que a existência nada mais seria do que um rastro de nuvem dissolvida pelo calor do Sol.

À pergunta formulada por Montaigne: "vossos pensamentos terão algum valor se permanecerem convosco?" respondemos peremptoriamente, associados a Nietzsche, que não! Em uma época em que os ensinamentos da universidade são substituídos pelas da "midiaversidade", os autores da presente obra pretendem demonstrar que, se há uma tarefa nuclear do intelectual moderno, será a de dirigir sua atenção para o campo do não sabido ou propor debate sobre o pretensamente sabido, sempre oferecendo novas possibilidades interpretativas do que se convenciona acolher como verdades definitivas.

Pois bem, a jovem e tardia bioética brasileira revela na presente publicação suas tendências e perspectivas, e o faz mostrando que embora adolescente, tem identidade própria e deseja contribuir de maneira amadurecida para a construção do pensamento bioético universal.

A diretoria da SBB agradece a inestimável contribuição dos autores de "Bioética no Brasil: Tendências e Perspectivas", ao mesmo tempo em que, com sereno júbilo, anuncia a maioridade intelectual da bioética brasileira.

José Eduardo de Siqueira
Presidente da SBB

Introdução

A Bioética no Brasil tem uma história explícita recente, que ainda não chega a duas décadas. Mas com muita agilidade vem ganhando espaços na reflexão e vem sendo reconhecida por seus serviços à sociedade. Entretanto, como vai realmente a Bioética em nosso contexto? Em que ela consiste, como está se organizando, o que realiza, qual sua trajetória, tendências, perspectivas? Estas perguntas, que evidentemente não podem ser respondidas de forma absoluta, ajudam a esclarecer o interesse da presente obra: vislumbrar o rosto da Bioética elaborada no Brasil. Esta é sem dúvida uma tarefa maior para à qual este livro visa contribuir.

Ao organizar esta obra, foram escolhidos dez temas que, de diferentes formas, podem mostrar uma imagem da Bioética no Brasil. Os capítulos não se propõem fazer necessariamente sínteses analíticas pormenorizadas, nem procuram assumir um discurso provocativo de debates, mas visam preferentemente a expor, em grandes linhas, as percepções e análises de seus autores, nos temas sobre os quais refletem. Trata-se de uma obra que venha a incentivar, isto sim, uma percepção e análise do conjunto da Bioética, permitindo que as pessoas que a ela se dedicam possam se situar diante do quadro de sua diversidade e complexidade, ao mesmo tempo em que usufruem da riqueza de suas contribuições. Os tópicos escolhidos para a composição dos capítulos pretendem sugerir, em seu conjunto, que a Bioética é feita de construções teóricas, mas tem também rostos e instituições concretas, tem um contexto maior em que se insere, e uma história em que se desenvolve.

As autorias de cada capítulo foram de propósito condivididas, com a finalidade de permitir nesta obra uma maior participação de pessoas e de instituições, por elas representadas, que vêm se dedicando à reflexão em Bioética. Como procedimento prático, foi solicitado a uma das autorias que se encarregasse da coordenação dos trabalhos e da redação do capítulo, cabendo-lhe as principais opções relacionadas com o texto. Este autor ou autora está indicado em primeiro lugar na entrada de cada capítulo. Para o desdobramento dos temas, não houve senão genéricas indicações por parte da coordenação geral, permitindo aos autores fazerem escolhas que lhes parecessem adequadas. Os resultados, dentro dos limites do tempo disponível para a elaboração, revelam, assim, a contribuição criativa e competente dos autores diante dos temas.

Onde procurar o rosto da Bioética no contexto nacional? Esta pergunta preside a escolha dos capítulos que compõem este livro. Os lugares escolhidos, com certeza não são os únicos, mas como se pode ver, revelam interessantes aspectos da atual realização brasileira. Nesta introdução, julgamos dispensável oferecer uma síntese de cada capítulo, mesmo porque estes já são escritos de forma sintética. Entretanto, é sempre interessante ter uma visão de conjunto das questões tratadas, e ao mesmo tempo não renunciar à imaginação criativa com a qual se leem os textos e se interage com os autores. É o que buscamos neste momento. Para isso, ressaltamos a seguir alguns elementos expressos nas reflexões desta obra, e outros ali eventualmente implícitos ou adjacentes, acreditando provocar desta forma uma leitura interativa com a reflexão dos autores.

O QUE ENTENDER POR BIOÉTICA NO CONTEXTO BRASILEIRO?

Esta pergunta é elementar para se conhecer o rosto da Bioética no Brasil. Mas sua resposta não é tão simples, pois tal compreensão se insere em um contexto móvel, plural, sem dúvida rico em contribuições, mas também cercado de tensões teóricas e de interesses. De fato, a Bioética não nasce do nada, mas resulta de uma confluência de forças que se somam para constituí-la, em um ambiente humano diversificado e mesmo contraditório. Esta consideração inicial, embora não seja explorada aqui em seus conteúdos, serve para chamar a atenção às variações do imaginário real em torno do conceito de Bioética, de seus objetivos e métodos; e consequentemente para esclarecer o sentido em que é assumido no ambiente da Sociedade Brasileira de Bioética.

Vale lembrar neste momento duas conhecidas compreensões de Bioética que se distanciam do conceito a ser aqui desenvolvido. De um lado se vê um grande público que a identifica simplesmente com as novidades e informações científicas emergentes das biotecnologias. De outro lado, há pessoas e grupos dedicados a pesquisas e produções científicas, mas não afeitos às considerações éticas, e que passam, com isso, a considerar a Bioética como controle e obstáculo ao avanço científico. A estas se contrapõe a Bioética pensada como atividade ética e particularmente sistematizada de forma acadêmica, da qual aqui se trata.

Enquanto inserida no contexto mundial, esta Bioética se desenvolve no Brasil participando das muitas razões e problemas que explicam sua emergência e dos vários modelos e tendências pelos quais ela se constitui. Notadamente, as questões de procedimentos éticos na área da saúde, com o principialismo, marcam o início da Bioética no Brasil. Entretanto, o que distinguiria o modo brasileiro de assumi-la, além de ser simplesmente escrita em Português, por novos sujeitos que a refletem? O desequilíbrio de uma Bioética principialista voltada para a ética em procedimentos clínicos certamente começa a se dar na medida em que na reflexão emergem contundentes questões de nosso contexto. Aqui começa uma verdadeira mudança que afeta a própria concepção de Bioética em nosso meio.

No binômio "bios" e "ética", que compõem o termo Bioética, pode-se colher o alento para esta coerente transformação. "Bios" significará a vida em uma acepção circunscrita a relações de saúde em uma emergente evolução biotecnológica, ou receberá um sentido mais abrangente, incluindo, portanto, o ambiente pleno em que a vida se dá, com suas interações políticas, econômicas e culturais? Em poucas palavras, a reflexão brasileira se deixa interrogar pelo ambiente complexo e cercado de iniquidades sociais em que a vida se constrói? Como entender os referenciais da Bioética, por exemplo a autonomia, em um país marcado pela marginalização, por diferentes formas de pobreza e pelo desamparo social? A partir daí, suas reflexões relacionadas com a vida, passam a transbordar dos importantes âmbitos interpessoais e intra-institucionais de suas considerações, para decididamente situar vida e saúde também em meio às injunções políticas do progresso científico e das transformações ambientais.

No componente "ética", as questões da vida entendida com tal abrangência trazem a necessidade de a Bioética rever suas fundamentações e seu método de análise dos problemas, sua epistemologia. Irrompe com a consciência de estar inserida em um *ethos* que a condiciona, mas dentro do qual se faz ao mesmo tempo instância de reflexão crítica. Assume, deste modo, o dever de contribuir para a construção da vida social não apenas em comportamentos, mas também em sistemas de equidade e de justiça. Sob este ponto de vista, as exigências e propostas em termos de *Bioética de intervenção* e *Bioética de proteção* mostram importantes características da Bioética no Brasil. Mas cumpre notar que ali, com o lado da aplicabilidade às questões sociais, está uma indispensável construção teórica, epistemológica, que sustenta esta forma de perceber, de avaliar e de propor.

UMA BIOÉTICA PARA ALÉM DA SIMPLES DEONTOLOGIA

A Bioética brasileira é concretamente elaborada por uma intensa contribuição de pessoas, representantes de diferentes saberes e em grande parte voltadas para a ética aplicada, mas não necessariamente com a preocupação de aprofundarem a ética normativa. Esta cuida dos fundamentos, princípios e valores que sustentam os juízos morais. Isso significa que os avanços epistemológicos da reflexão encontram acolhida desigual entre os bioeticistas, especialmente ao considerar as diferentes áreas de saber em que se especializam.

Mas existe na Bioética brasileira um interessante ponto de encontro entre a ética normativa e a ética aplicada, por meio das deontologias profissionais. De mais longa data, elas antecedem o surgimento da Bioética e se fazem nela presentes, de variados modos. Parece claro que nas últimas décadas tenha se dado um salto qualitativo na compreensão das deontologias, especialmente no que diz respeito à consciência de que elas devam ser de modo geral adequadas aos valores atuais. Isso leva às vezes a se identificar a Bioética com a renovação das deontologias, ou pelo menos cria a expectativa de que a Bioética tenha uma convergência e desfecho para regras de conduta.

A Bioética surge de fato em um contexto de crise da ética normativa, ou seja, diante da falência de valores universais para regrarem as condutas humanas, como ficou claro na experiência da guerra e de totalitarismos passados. Ela se coloca diante da tarefa de reconstruir parâmetros para fundamentar as condutas no respeito e dignidade, com relação aos indivíduos, à intersubjetividade e à comunidade. Entretanto, como desempenhar a função de fundamentar parâmetros, se exatamente os valores universais estão postos em crise?

A crise dos valores universais aparece em grande parte devido à decepção por sua ineficácia diante das situações concretas. Deste modo, o desafio da Bioética passa a ser duplo: considerar os problemas concretos e explicitar os valores que fundamentam seus enfrentamentos éticos; o que permite a distinção entre *normativa* e *aplicada*. Mas enquanto se acentua sua dimensão de *aplicada*, elas podem se tornar mais procedimentais do que valorativas; e acabam facilmente visando a regras objetivas de conduta e fluindo naturalmente para a formulação de deontologias. O risco da Bioética em tal processo seria o de perder sua capacidade crítica e inventiva, reproduzindo códigos de conduta ou até mesmo formulações autoritárias. Esta consideração ajuda ao mesmo tempo a esclarecer uma tarefa vital para a Bioética, ou seja, a de se constituir como reflexão capaz de ir além das regras e princípios operacionais, para subsidiar as razões que fazem destes uma expressão de respeito e solidariedade. E nisso a Bioética pode contribuir essencialmente para a atualização constante dos códigos de conduta em geral, sem com eles se confundir.

DA BIOÉTICA PARA AS NORMAS E LEIS

A sociedade precisa de regras e normas para se ordenar em vista da boa harmonia na convivência em todos os âmbitos do relacionamento. Este é um pressuposto que a Bioética precisa ter em conta. Sua contribuição para enfrentar esta necessidade se torna uma pergunta tanto mais provocante quanto mais conflitivas e injustas são as relações na sociedade em geral, são tensas e marcadas por interesses as relações institucionais e os relacionamentos interpessoais. Diante da ênfase ao papel reflexivo da Bioética, há frequentemente um desconforto pela morosidade das reflexões, que se perderiam em discussões intermináveis subsidiadas pelo pluralismo, tornando a Bioética nada prática e, sobretudo, ineficiente diante das iniquidades. Uma tendência de solução para se ter maior eficiência postularia a expressão mais rápida da Bioética em termos de formulação de regras e normas, inclusive jurídicas, acompanhadas preferentemente de sanções em caso de violações. Posto o problema, seria esta uma boa solução?

O desconforto diante da morosidade de uma Bioética excessivamente reflexiva certamente pertence ao contexto do histórico distanciamento, na cultura brasileira, entre as razões éticas, as regras de conduta e as próprias condutas. A tendência de solucionar os desvios de conduta simplesmente pelas normas e coerções parece perpetuar tal distanciamento. O grande desafio, portanto, está em possibilitar o acesso às razões e aos valores que fundam as regras e subsidiam as condutas, para que se tenha uma vida social pautada pela ética, e não simplesmente pelas coerções, embora estas sejam em algum momento necessárias.

Em tal contexto, pode-se dizer que a Bioética brasileira tem mostrado uma postura bastante pedagógica, buscando favorecer a consciência de valores éticos, antes de se postularem normas. Contribui significativamente sendo reflexão sobre critérios em vista da equidade, e consequentemente sendo capaz de analisar e intervir diante de iniquidades em situações dadas, mesmo que estas já estivessem protegidas por ordenamentos jurídicos ou codificações institucionais. Contribui igualmente sendo reflexão sobre situações emergentes cujas dimensões éticas necessitem de avaliação e estudo. Seu papel normativo se distingue do jurídico, mas colabora substancialmente para que as pessoas possam viver de modo ético a sua liberdade em sociedade. Esta é uma tendência que se espera possa crescer e dar frutos.

Bioética e as Diferenças entre os Sujeitos Humanos

Como se lida com as diferenças na Bioética brasileira? Os tempos modernos trouxeram, como se sabe, a afirmação do indivíduo e suas particularidades e colocaram novas evidências sobre as assimetrias de relações com base nas diferenças entre os sujeitos e grupos humanos. Algumas diferenças que repercutem no diálogo teórico, como as que derivam da diversidade cultural, dos diversos saberes e experiências profissionais, parecem bastante presentes na Bioética, pelo menos quando se insiste na inter e transdisciplinaridade e no respeito às culturas. Outras diferenças também se fazem muito presentes, especialmente ao se levarem em conta as condições e situações de sujeitos vulnerados na rede de relações. Aqui, ao menos em parte, se inserem também, diferenças, de classes sociais, enquanto representam recursos ou desafios para a Bioética.

A consideração das diferenças poderia certamente se estender para outros aspectos. Parafraseando Josué de Castro, com sua obra *Geografia da fome*, se poderia pensar em uma *geografia da Bioética*, mesmo que os tempos de globalização tenham trazido outros fatores para sua compreensão. Em âmbito internacional, o filme *O jardineiro fiel* apresenta contundentes provocações a este respeito. Este aspecto se entrelaça com as diferenças étnicas, radicadas em regiões, países e continentes, ou disseminadas entre as nações por processos migratórios. A Bioética conhece bem este problema, ao se inspirar no repúdio às tentativas nazistas de extermínio dos judeus.

Para a Bioética no Brasil, há, sem dúvida, lições a serem colhidas, mesmo porque nossas diferenças geográficas e ambientais são patentes. As diferenças étnicas em nosso meio são igualmente acentuadas e trazem interrogações específicas, como o relacionamento justo com populações indígenas. Não menos importante se coloca a pergunta sobre as justas relações com afrodescendentes, enquanto na grande rede social, mais ou menos veladamente, ainda são marcados com os estigmas da escravatura.

Pela impossibilidade de assumir especificamente todos estes aspectos na presente obra, a reflexão se concentra sobre as diferenças de gênero. A importância deste tema tem merecido intensa reflexão, expressa na literatura internacional e nacional. Duas dimensões aparecem claras e significativas em seus conteúdos. De um lado, em termos gerais, se coloca a passagem do aprendizado e socialização das diferenças de gênero para as formas de pensar e analisar. Em outros termos, a categoria *gênero* se apresenta como forma diferenciada de enxergar a realidade e, por consequência, de produzir conhecimento; o que representa para a Bioética não apenas interrogações éticas, mas também contribuições significativas pelas diferentes formas de perceber. De outro lado, levantam-se os pontos críticos em que as relações de gênero na sociedade, particularmente na área da Saúde, mostram profundas assimetrias e iniquidades, derivadas exatamente da falta de reciprocidade nas diferenças de gênero. Estas iniquidades se tornam ainda mais graves na medida em que se somam com discriminações derivadas de diferenças étnicas e de classes sociais.

Ao dar à Bioética um poder de percepção sobre estruturas sociais, a reflexão brasileira tem boas perspectivas de continuar desenvolvendo valores e juízos que contribuam para a superação das discriminações e para o estabelecimento de relacionamentos de equidade em meio às diferenças.

A Bioética: Encontro das Questões Particulares com a Realidade Complexa

Anotamos acima como, em nosso momento cultural, as atenções estão voltadas para os aspectos particulares, o que privilegia a elaboração da Bioética em termos de ética aplicada. Mas ficou igualmente anotado o risco de, em tal processo, se reduzir a Bioética a deontologias corporativas. Ao assumir nesta obra a expressão *Bioética Clínica*, coloca-se exatamente a contribuição que a Bioética vem trazer para um alargamento das percepções sobre questões éticas que estão implicadas nas práticas clínicas, quando se busca a ética no exercício profissional e no discernimento sobre problemas concretos.

De fato, a Bioética tem facilitado o encontro com a complexidade da realidade que não se explica apenas por um saber. Tem promovido, com certa evidência, a consideração sobre os avanços dos conhecimentos científicos nas áreas biológicas; mas, não menos importante, tem igualmente favorecido o encontro com os conhecimentos que dizem respeito à construção da subjetividade humana e ao tecido de suas relações sociais e ambientais. Desta forma, pelo viés da Bioética, as questões da ética nas práticas profissionais da Medicina se encontram com outras questões éticas levantadas por outros saberes, em outras áreas; ao mesmo tempo em que é provocada a se perguntar sobre princípios ou valores comuns que amparam sua fundamentação ética.

A importância que as questões da saúde e dos cuidados médicos têm representado para a Bioética em todos os contextos mundiais justifica assumir a *Bioética Clínica* nesta obra como um lugar antológico, que serve de sugestão para se perceber a contribuição da Bioética em práticas profissionais nas diferentes áreas. Em grandes linhas, o metódico princípio da inter e transdisciplinaridade assumido pela Bioética ajudaria exatamente a defender esta percepção mais ampla da realidade complexa na reflexão sobre questões particulares.

APRENDER E ENSINAR BIOÉTICA

Enquanto a Bioética emerge como uma nova referência de saber, apresenta-se, também, como um desafio de aprendizado que os próprios profissionais de diferentes disciplinas reconhecem. A fragmentação do saber ocorrida nos tempos modernos tornou-se um desafio a ser superado, e a Bioética tem se apresentado como uma significativa contribuição, especialmente para integrar as dimensões éticas no conjunto dos saberes e práticas. Neste sentido, vale reconhecer o esforço de inúmeras pessoas que no Brasil têm se interessado em associar a Bioética às suas próprias áreas de conhecimento, o que representa um significativo esforço de aprendizado que tem caracterizado esta última década.

As perspectivas que se abrem são de levar adiante tal esforço de aprender a ir além da própria área e dialogar com outros saberes. Colocada em termos acadêmicos, a Bioética enfrenta o conhecido desafio de superar paradigmas profissionais centrados no pragmático emprego de tecnologias e de procedimentos funcionais, para então desenvolver sua contribuição específica de conteúdos éticos implicada em cada área. Tornar-se atrativa, envolvente e capaz de ir além da simples curiosidade sobre novidades tecnológicas é, desde o início, um desafio pedagógico em tempos que se distanciaram da ética. Além disso, aparecem questões da organização curricular, com o especial cuidado para que a Bioética não seja apenas o novo nome das antigas disciplinas encarregadas dos aspectos disciplinares e legais das práticas profissionais. Percebe-se, então, que o desafio maior da Bioética nas relações de ensino-aprendizagem certamente se refere à formação do sujeito ético, que se torne capaz de refletir e participar ativamente do discernimento ético em sua área de atuação profissional.

A mesma questão, colocada em âmbito popular, abre para a Bioética uma tarefa ingente, que consistiria em tornar possível a participação popular na reflexão. De fato, como o grande público participa da Bioética? A curiosidade pelas novas tecnologias e a possibilidade de aproveitamento de novos recursos, transformados em produtos, parecem predominar largamente sobre as inquietações éticas. Para estar ao alcance popular e não ser um conhecimento restrito aos espaços acadêmicos, a Bioética deva, talvez, nos próximos anos, se fazer mais presente também no ensino fundamental e médio; e ganhar mais espaço na mídia e na educação popular.

INICIATIVAS QUE CONSTROEM A BIOÉTICA

A Bioética, como espaço de reflexão, tem uma dimensão comunitária significativa, que se expressa no diálogo, na soma dos esforços teóricos de investigação e em práticas concretas que dão visibilidade aos avanços teóricos. Assim é possível falar em nascimento da Bioética, certamente não para negar que a reflexão ética possa se dar em qualquer momento, mas para se referir aos fatos e momentos significativos a partir de quando a experiência da reflexão ganha um alcance comunitário. Os diversos contextos mundiais mostram diferentes momentos em que os grupos vão se constituindo e dando visibilidade à Bioética. É possível identificar iniciativas concretas, bem como instituições que impulsionam a reflexão, fomentam o diálogo e sugerem práticas correspondentes.

Para além desta simples verificação, uma análise mais cuidadosa permite notar que as características deste suporte e das mediações que fomentam o esforço comunitário da reflexão marcam o perfil da própria Bioética em cada contexto. Por isso se torna importante perguntar sobre o nascedouro da Bioética no Brasil e sobre as iniciativas e instituições que dão suporte para sua reflexão, interlocução e propostas. Além de participar da crise mundial que envolvia a ética, parece significativo que o ambiente brasileiro dos anos 80, em que se saía de um longo período de ditadura e se postulava uma revisão constitucional, incentivava buscas em comum e o estabelecimento de novos parâmetros para a vida em sociedade. Requeria ao mesmo tempo o encontro de pessoas com sensibilidade ética, espírito humanitário e abertura solidária para somar os esforços. Este clima parece ter sido fundamental para que, desde o início, houvesse uma proximidade de pessoas e instituições em torno de tarefas sociais comuns e uma franca acolhida à contribuição das diferentes disciplinas. Teria isso favorecido a tônica de cordialidade que caracteriza a Bioética brasileira em seus encontros e eventos?

Seria igualmente importante notar como as iniciativas e instituições responsáveis pelo impulso à Bioética privilegiaram o processo pedagógico do aprendizado, incentivando a reflexão, a formação de grupos para o discernimento ético, a construção de diretrizes, em vez de simples dispositivos legais que enquadrassem os procedimentos profissionais. Estes passos parecem ter sido decisivos para garantir o avanço em uma direção eminentemente ética, não obstante as tendências em contrário.

Resta perguntar sobre as perspectivas e tendências futuras. Em meio à pluralidade de interesses na sociedade, seria ingênuo pretender que a Bioética escape a ambiguidades em sua construção. Mas a análise deste tópico certamente sugere que, para a qualidade da Bioética no Brasil, serão sempre necessárias as iniciativas e instituições concretas que incentivem com determinação a busca da reflexão ética, mesmo quando, para muitas pessoas, o ponto de chegada pretendido sejam normas de procedimento.

No Contexto Global, Como se Situa a Contribuição da Bioética Brasileira?

Os aspectos globais se tornaram uma necessidade nas reflexões e análises atuais. Para se compreender e situar a Bioética brasileira, a consideração deste aspecto tem relevância desde sua organização inicial. Notamos anteriormente que antes do seu próprio nascimento já recebia o inegável influxo anglo-saxônico, particularmente do principialismo norte-americano, que se tornava atraente pela praticidade de suas orientações em procedimentos clínicos. Mas logo se percebeu que também era preciso buscar, para além do principialismo, outros conceitos e referenciais que correspondessem à realidade mais complexa vivenciada no Brasil e no próprio contexto mundial. As ponderações críticas ao principialismo e a intensificação do diálogo com outros enfoques, particularmente com a Europa continental, fazem parte deste processo. Igualmente significativo seria identificar como se entrelaçam as contribuições dos países latino-americanos, constituindo o grande diálogo dentro do qual a Bioética brasileira modela o seu rosto.

Dentro da interessante história com que se dão estes passos, a Bioética brasileira interage com o contexto global de forma viva e criativa. Ela seria facilmente uma cópia se permanecesse acomodada às formulações de outros contextos. O lugar decisivo desta cópia não estaria propriamente nas normas de procedimento ético aplicado, mas muito antes nos critérios pelos quais se analisam e interpretam as realidades do próprio contexto.

Nisso a Bioética brasileira tem mostrado maturidade para perceber a especificidade do seu contexto; e para dar os passos mais adequados a uma compreensão dos desafios éticos que lhe são particulares. Desde logo se percebe que a necessária autonomia dos sujeitos se esbarra em condições indispensáveis na vida social para que a autonomia se torne realmente possível nas relações. As ingentes desigualdades sociais, tornadas iniquidades, não apenas limitam o exercício real à autonomia, mas impedem sistematicamente as pessoas e grupos a terem acesso a ela. Muitos problemas para a Bioética são, desta forma, identificados como historicamente *persistentes* e remetem para desafios de um enfrentamento social decidido, a fim de se romper o círculo vicioso que distrai a Bioética com tarefas necessárias, mas em grande parte paliativas dentro de situações que se repetem indefinidamente.

A busca de ruptura de tal processo tem marcado o perfil da Bioética brasileira e de certo modo também caracterizado sua linha de contribuição dentro do contexto global. Em uma espécie de batalha de vários anos, as propostas da Bioética brasileira têm contribuído para evidenciar a dimensão decididamente política e econômica da Bioética e seus correspondentes desafios. Nisso estão implicados não apenas pontos de Bioética aplicada, mas verdadeiras propostas epistemológicas sobre como entender e fundamentar a Bioética, e como proceder em sua metodologia.

SOBRE CAMINHOS, CENÁRIOS E TENDÊNCIAS

O rosto da Bioética brasileira se mostra certamente nos caminhos e direções que vão tomando suas reflexões. Entretanto, falar em caminhos implica não apenas perguntar para onde eles levam, mas principalmente notar os sujeitos da caminhada e os cenários em que se colocam. Os cenários desvelam para os sujeitos a razão e frequentemente a beleza e o arrojo de seus caminhos. Aparecem ali as provocações, os obstáculos, as opções, os interesses, as carências, os recursos e a vitalidade de sua construção.

Esta forma certamente poética de imaginar a trajetória de uma elaboração ética sugere procurar os rumos da Bioética brasileira sempre na interação com seus sujeitos e suas circunstâncias. Ela tem, neste sentido, suas fases em que os sujeitos da reflexão estão se colocando diante de desafios e objetivos específicos, com opções que lhes são próprias e recursos que lhes são disponíveis.

No cenário de sujeitos e recursos, há sabidamente grandes diferenças entre as regiões, o que leva ao desafio de a Bioética consolidar mais claramente sua presença em todo o território nacional. E com o reconhecimento pelo esforço de colegas que atuam de forma pioneira em regiões carentes, restaria a verificação de que há pontos do país em que a Bioética ainda está por chegar. No cenário da elaboração teórica, a própria organização acadêmica, monitorada pela CAPES, favorece entre as instituições diferentes concentrações e linhas de pesquisa, diversificando os interesses temáticos da Bioética.

Tal pluralidade de fatores conjunturais não se contrapõe à identificação de alguns lugares mais evidentes em que se concentram os esforços da Bioética no Brasil e marcam sua trajetória de modo geral. Lembramos pelo menos quatro grupos destes esforços, que naturalmente se entrelaçam e se complementam:

– Os estudos que expõem as origens, intuições e métodos da Bioética; a explicitação e aprofundamento do principialismo, particularmente na compreensão da autonomia dos sujeitos e no respeito a suas vulnerabilidades; o desdobramento da Bioética aplicada em áreas da atuação profissional, especialmente em pesquisas e em procedimentos clínicos.

– A busca de metodologia e fundamentações adequadas para se compreender a Bioética em âmbito de grande sociedade, no enfrentamento das injustiças sociais e como contribuição para transformar suas estruturas e sistemas; a explicitação de princípios e atitudes fundamentais, como dignidade humana, responsabilidade, reciprocidade, cuidado, que presidem a reflexão e as práticas em todos os âmbitos da Bioética, superando os limites do principialismo.

– O esforço da sistematização da Bioética em termos de ensino-aprendizagem; as propostas de desempenho institucional favorável a seu desenvolvimento.

– O desenvolvimento da Bioética aplicada a tópicos específicos que ganham relevância, como a questão ambiental, problemas persistentes de injustiça, questões emergentes, especialmente oriundas dos avanços científicos e tecnológicos, e de transformações culturais.

As produções e publicações aparecem neste contexto de forma surpreendentemente abundante. Decorrem do esforço comum transformado em eventos e em instituições concretas que, por sua vez, se tornam de certo modo uma referência de onde emanam as publicações.

UMA CONSTRUÇÃO EM ANDAMENTO

A presente obra, ao analisar estes aspectos e temas, busca mostrar o rosto da Bioética no Brasil. Seria ingenuidade e ufanismo supor que não haja limites e dificuldades presentes, que também rondam as perspectivas o futuro próximo. A Bioética brasileira é uma construção em andamento e de algum modo sempre o será. Mas é possível notar seu amadurecimento obtido nestes últimos anos. Isso tem sido possível em grande parte pela conjugação de esforços em clima de diálogo. Não se pode esperar que a pluralidade evidenciada por nosso momento cultural não se faça presente na Bioética, gerando, inclusive, tensões. Mas, por meio do diálogo, as tensões têm chance de se tornar exatamente ensejo de crescimento e amadurecimento, e isso parece estar sendo uma força de construção de nossa reflexão.

Neste sentido, esta obra, ao ser assinada por diferentes autorias, revela o clima de abertura e respeito para o diferente em nossas formas de pensar e expressar, como condição primeira para inserir as próprias contribuições. Por isso registramos um profundo agradecimento aos autores e autoras, não só pela qualidade de suas reflexões e análises, mas também por este espírito solidário em conjugar os esforços.

Agradecemos ao Centro Universitário São Camilo pelo apoio dado nos serviços de editoração desta obra. E cabe finalmente o reconhecimento à Diretoria da Sociedade Brasileira de Bioética, que tornou possível esta publicação.

Márcio Fabri dos Anjos

A Questão das Tendências Epistemológicas ou de Fundamentação

Fermin Roland Schramm
Márcio Fabri dos Anjos
Elma Zoboli

"O fato do qual deve partir qualquer discurso sobre a ética é que o homem não é, nem há de ser ou realizar alguma essência, alguma vocação histórica ou espiritual, algum destino biológico. Somente assim, algo como uma ética pode existir, pois [se] o homem fosse ou tivesse de ser esta ou aquela substância, este ou aquele destino, não haveria nenhuma existência ética possível – só haveria tarefas para realizar. (...) [Mas] existe algo que o homem é e há de ser: [é] o simples fato da própria existência como possibilidade ou potência. (...) O único mal [consistiria] em decidir ficar devendo ao existir, em apropriar-se da potência de não ser, como [se esta fosse] uma substância ou um fundamento fora da existência; ou então (e este é o destino da moral) de olhar a própria potência [como] uma culpa que precisamos, de qualquer jeito, reprimir."
(Agamben, 2001)

INTRODUÇÃO

A temática proposta pelo título deste capítulo encontra uma séria dificuldade inicial, pois, para abordar corretamente tal temática, precisaríamos conhecer, com suficientes detalhes, aquilo que estão fazendo *todos* os centros e indivíduos produtores de saber bioético no Brasil, tanto na produção propriamente dita deste saber (pesquisa) como em sua transmissão (ensino). Este não é nosso caso, mas uma medida para corrigir tal ignorância e dar visibilidade ao que se produz no campo da bioética feita no Brasil, tanto no ensino como na pesquisa, está sendo tomada pela Sociedade Brasileira de Bioética (SBB) com a publicação deste livro, no qual as várias tendências, e suas respectivas justificativas, serão, em princípio, contempladas, razão pela qual remetemos o leitor ao próprio livro.

Mas, para não fugir completamente da tarefa que nos foi dada, podemos abordar aquela que, talvez, seja a característica mais marcante da produção autóctone da bioética brasileira, isto é, a literatura bastante extensa referente à relação entre Bioética e Saúde Pública. De fato, atualmente, coexistem vários modelos e escolas de bioética no mundo (principialismo, casuísmo, ética das virtudes, pragmatismo clínico, ética narrativa, entre outros) que se difundem pelos quatro cantos do planeta, apesar de algumas peculiaridades existentes nas várias regiões e culturas, as quais, por sua vez, questionam os modelos dominantes. A principal crítica feita se refere ao destaque dado ao princípio de autonomia e ao modelo do contrato social, pois tais ferramentas poderiam aplicar-se, talvez corretamente, em situações nas quais os indivíduos e as populações têm capacidades e condições sensivelmente semelhantes, mas não em situações onde prevalecem a marginalização, a pobreza, o desamparo social e a omissão do Estado, pois tais situações têm consequências daninhas sobre as grandes massas de sujeitos sem nenhuma oportunidade de mudança de sua condição existencial à vista e que têm, portanto, tão somente sua "vida nua" (ou sua *zoé*).

Em geral, esta é a situação da América Latina e do Caribe, inclusive do Brasil, nos quais, entretanto, destaca-se uma preocupação acentuada com os conflitos e dilemas morais que se referem à coletividade, sendo o principal indício disso o número consistente de trabalhos publicados sobre aspectos bioéticos da saúde pública. Nestes, a característica possivelmente mais importante é a prioridade lexical dada ao princípio da justiça, entendida, sobretudo, em termos de equidade, numa clara vinculação entre ética e política. Em particular, este é certamente o caso das propostas recentes, e, em parte, próximas entre si, de uma *bioética da proteção* e de uma *bioética da intervenção*, pois, ambas, de maneira complementar, priorizam os interesses dos mais desamparados e argumentam a favor da defesa de ações afirmativas em prol dessas categorias de vulnerados (Schramm, Kottow, 2001; Garrafa, Porto, 1999).

De fato, embora a bioética exista no Brasil pelo menos desde os anos 1990, seus produtos não são suficientemente conhecidos – nem as razões deste desconhecimento. Uma das razões poderia ser que os produtos bioéticos *made in Brazil* não mereceriam maior consideração, por serem ou meras variações de trabalhos desenvolvidos alhures (com particular destaque na abordagem principialista) ou insignificantes como produções originais de saber bioético. Isso poderia esclarecer o fato, bastante comum, de nos referirmos raramente, em nossas publicações, aos trabalhos dos colegas brasileiros, a não ser aqueles de nosso entorno imediato, preferindo, portanto, nos ater às publicações internacionais daquela que poderiamos chamar de *doxa bioética*. Mas este é um risco sério, pois podemos incorrer na falta de objetividade e imparcialidade, necessárias a qualquer trabalho acadêmico. Entretanto, esta razão aduzida pode, também, ser parcialmente refutada, pois existem fatos concretos que a contradizem se pensarmos em eventos, como o VI Congresso Mundial de Bioética, os vários Encontros luso-brasileiros e os vários projetos internacionais ou regionais em curso de realização, dentre os quais se destaca a Rede Latino-americana de bioética.

Neste capítulo, depois de apresentar brevemente as características "sanitárias" de boa parte da bioética feita no Brasil, e sem querer desprezar, com este recorte, as outras temáticas – referentes aos conflitos morais sobre o começo e o fim da vida, ou sobre a incorporação da biotecnociência em nossas vidas de humanos instados a sair de sua condição demasiado humana rumo a uma não melhor identificada condição pós-humana – abordaremos a questão epistemológica, ou da fundamentação, em bioética.

A Identidade "Sanitária" da Bioética Brasileira

A bioética no Brasil é relativamente jovem, pois, apesar de algumas iniciativas ocorridas durante os anos 80 no campo da biomedicina, ela se afirma a partir dos anos 90, quando nasce a Sociedade Brasileira de Bioética e quando se legitima em campo acadêmico com o destacado interesse na problemática da saúde pública (Schramm, 2005)[1].

Esta origem "sanitária" da bioética no Brasil se deve em boa parte à sua cultura sanitária engajada no processo de redemocratização do país, identidade construída ao longo dos anos 70 e 80 e que culminou na Constituição de 1988 (CF) e a criação do Sistema Único de Saúde (SUS). De fato, tanto a CF

---

1. A proximidade entre Bioética e saúde pública tem, por vezes, levado à confusão de ambas. Estes dois pontos de vista – bioética e saúde pública – são distintos, embora não disjuntos, e vinculados, mas não confundidos entre si nem subsumidos um ao outro. Devem, portanto, ser encarados numa relação que se pode definir como complexa. "Cuidados em saúde da mulher e da criança, proteção e autonomia". In: Schramm, F. R., Braz M. (orgs.). *Bioética e Saúde: novos tempos para mulheres e crianças?* Rio de Janeiro, 2005. pp. 39-65).

como o SUS se ocupam de saúde: de acordo com a primeira, *a saúde é um direito do cidadão e um dever do Estado*, e as finalidades do SUS são a *igualdade* e *integralidade* na assistência à saúde, a *universalidade* do acesso, normas e diretrizes com marcado conteúdo ético e bioético, além de político.

Atualmente, a bioética brasileira se ocupa praticamente de todos os temas da bioética mundial, fato reconhecido em âmbito mundial, como mostrou a organização em 2002 do VI Congresso Mundial de Bioética da Associação Internacional de Bioética IAB) pela Sociedade Brasileira de Bioética, cujo tema foi "Bioética, poder e injustiça" (Garrafa, Pessini, 2003). Este fato é relevante para entender a identidade do saber bioético no Brasil, que, como saber relativamente jovem, tem tido a capacidade de integrar – numa autêntica "antropofagia cultural" – as discussões internacionais e de afirmar-se em âmbito regional e internacional como saber com marcadas preocupações, e propostas normativas de solução, dos conflitos morais no âmbito das políticas públicas de saúde. Destacando, portanto, a dimensão coletiva das práticas em saúde, mas sem esquecer as questões emergentes – relevantes para o próprio campo da saúde pública – como aquelas relativas aos progressos da biotecnociência, às transformações do meio ambiente, aos direitos humanos presentes e futuros, entre outros.

Entretanto, a concepção "maximalista" de saúde, preconizada inicialmente pela OMS e aceita em tese pelo Brasil – um não melhor definido "completo bem-estar" físico, psíquico e social – é considerada hoje utópica. Existem razões objetivas para este tipo de suspeita, como aquelas referentes à finitude e à vulnerabilidade humana, ou aquelas referentes à escassez de recursos não renováveis frente às expectativas e aos desejos humanos presentes e futuros. Mas existem razões menos objetivas e que podem, portanto, ser objeto de críticas pertinentes, como as razões da economia política que se impõem aos povos do mundo como sendo razões da ordem da necessidade e que exigiriam, portanto, estratégias de intervenção sobre todo o corpo social, baseando-se em critérios de efetividade, de maximização econômica e financeira; em suma, de acordo com as "leis" do Mercado e a sua "mão invisível" que reduz, de fato, o *homo sapiens* a um *homo oeconomicus*. É neste contexto da economia política e de sua gestão que os corpos e os estilos de vida das pessoas deveriam necessariamente se adaptar e aceitar, como moralmente legítima tal adaptação, sob pena de alguma sanção, também esta legítima. Mas isso é questionável e matéria de conflitos.

Com efeito, neste caso, a saúde pública se tornaria um dispositivo de saberes e de técnicas norteadoras das condutas individuais, o que pode transformar as políticas públicas de saúde em formas de biopolítica e de biopoder criticáveis. Mas, talvez, esta seja uma característica constitutiva da saúde pública, pois, se olharmos historicamente as relações entre políticas de saúde e práticas das liberdades, pode-se afirmar que a saúde pública sempre teve uma tendência "totalizadora" consistente no projeto de um controle efetivo da sociedade para lograr uma "maximização" de suas potencialidades vitais por meio dos dispositivos da biopolítica (Foucault, 2004). A história da saúde pública e das rebeliões populares contra as políticas sanitárias (como a "guerra da vacina" no Brasil (Moulin, 2003)) mostra, neste sentido, o quanto as populações afetadas pelas intervenções da biopolítica percebiam esta como uma extensão arbitrária dos limites legítimos da biomedicina, em conflito com várias outras formas de subjetivação existentes ou pelo menos possíveis.

De fato, a problemática bioética em saúde pública é ampla e complexa, tanto no Brasil como no Mundo, devido em particular ao processo de globalização da saúde e que, longe de universalizar o acesso aos cuidados, cria amplos bolsões de excluídos e de sujeitos vulnerados. Entretanto, a exclusão não impede as tentativas de instaurar formas "positivas" (com aspas) de biopolítica em nível global, baseadas nos princípios da economia política, e formas positivas (sem aspas) de responsabilização de cada indivíduo por sua saúde dentro de limites razoáveis, ao invés de estar dirigida pelo princípio único da necessidade como fundamento das formas de instauração e gestão de um "estado de exceção" planetário (Agamben, 2003).

Isso mostra que a saúde pública é um objeto de estudo complexo, contraditório, percorrido por tensões e conflitos tanto em nível interpretativo como normativo. Nesta situação caberia a uma bioética, ao mesmo tempo razoável e libertária, preocupada com a "libertação" (*empowerment*) da sociedade civil, não renunciar a um conceito de responsabilidade vinculada ao exercício da autonomia individual, e ficar atenta para que o dispositivo das políticas sanitárias não se oriente, sem mais, pelos princípios simplificadores e autoritários do estado de exceção, mas permitindo que surjam novas formas de subjetivação não necessariamente opostas às convergências e à cooperação na busca da verdade e da justiça com liberdade.

Por outro lado (e para não nos limitar a uma interpretação negativa e liberticida), deve-se lembrar, também, que as atuais estratégias biopolíticas da saúde pública não podem ser reduzidas ao mero autoritarismo biomédico sobre os estilos de vida de indivíduos e populações, caso contrário se incorreria num reducionismo e numa simplificação indevida da biopolítica, que deveriam ser melhor justificados. Portanto, e de acordo com uma interpretação diferente, as estratégias biopolíticas podem ser vistas como o efeito ao mesmo tempo de *"uma medicalização do social e do individual e uma socialização e individualização da medicina, a qual, desta maneira, excede a si mesma e se transfigura de forma radical"* (Di Vittorio, 2006). Ou seja, as estratégias da saúde pública podem ser vistas, ao mesmo tempo, como totalizadoras e individualizantes, e é nisso que reside seu caráter biopolítico, que deve ser encarado dialeticamente como limitação e criação de condições de possibilidade de novas formas de subjetivação ao interior do corpo social.

Esta complexidade do objeto "saúde pública" e seus vínculos com a bioética feita no Brasil nos remetem, *inter alia*, às questões epistemológicas, ou seja, àquelas que dizem respeito aos fundamentos e aos métodos que permitem em princípio caracterizar o que dizemos e escrevemos sobre saúde pública e bioética como uma forma de saber pertinente, fidedigno e legítimo.

A QUESTÃO EPISTEMOLÓGICA DA FUNDAMENTAÇÃO EM BIOÉTICA

Com o termo *epistemologia* pode-se entender – de forma geral – a reflexão filosófica sobre a natureza, as condições e os limites de validez dos princípios, do(s) método(s) e dos resultados das ciências. Ou – de forma mais precisa – como "*teoria do conhecimento* [que estuda] *a origem do conhecimento; o lugar da experiência e da razão na gênese do conhecimento; a relação entre o conhecimento e a certeza, e entre o conhecimento e a impossibilidade do erro* [e] *as formas de conhecimento que emergem das novas conceitualizações do mundo*", tópicos relacionados com "*outros temas centrais da filosofia, tais como a natureza da verdade e a natureza da experiência e do significado*" (Blackburn, 1997).

O termo pode ser considerado um sinônimo *sui generis* de "filosofia da(s) ciência(s)" e "teoria do conhecimento".[2] Mas, neste caso, surge inevitavelmente a questão de saber se a bioética é uma ciência e, se sim, de que tipo de ciência se trata.[3]

De fato, a bioética pode ser definida, hoje em dia, de várias maneiras pertinentes; e isso é resultado da situação de pluralismo tanto moral como metodológico em princípio vigente no mundo e na academia, nos quais existe não só uma pluralidade de sistemas organizados e coerentes de normas e valores para orientar a ação humana que envolva outros humanos (e outros seres vivos não humanos), mas também uma pluralidade de métodos de justificação de tais sistemas, além de uma pluralidade de tendências legítimas do saber bioético. Isso, evidentemente, no ideal, pois, na prática, constata-se – além de uma tendência ao "estado de exceção" em âmbito político e biopolítico – também uma espécie de doxa epistemológica, representada pelo principialismo.

---

2. Com efeito, a filosofia da ciência pode ter um sentido mais amplo, incluindo o estudo das relações com outros domínios da cultura, como a política ("política da ciência"), a ética ("ética da ciência"), a sociologia ("sociologia da ciência") etc. Esta distinção é comum na epistemologia francesa, que distingue *épistémologie* e *philosophie des sciences*, e na epistemologia alemã, que distingue *Wissenschftstheorie* e *Wissenschaftsphilosophie*. Por sua vez, a teoria do conhecimento, ou gnosiologia, inclui, como objeto, não só o conhecimento científico, mas também o conhecimento do senso comum. Entretanto, podemos considerar os três termos como sinônimos *sui generis* para os fins de nossa discussão aqui.
3. Esta questão foi abordada, especialmente, na publicação *Bases conceituais da bioética: enfoque latino-americano* (Garrafa, V.; Kottow, M.; Saada, A. orgs.). São Paulo: Gaia, 2006.

Mas a definição pode ser mais restrita, concentrando-se, por exemplo, sobre as ferramentas conceituais e metodológicas que a bioética utiliza; ou seja, sobre os conceitos e as formas argumentativas utilizados, que podemos indicar por algumas palavras-chave referentes à forma de saber sobre o bem e o mal, o justo e o injusto, o correto e o incorreto, quando tais categorias reportam-se às práticas humanas que envolvem outros humanos e, em geral, ao mundo vital, desde que tais práticas tenham (ou possam ter) efeitos irreversíveis significativos sobre seus destinatários (Kottow, 2005).

Neste segundo caso, a identificação das palavras-chave que indicam o saber bioético pode ser feita respondendo a (ou desconstruindo) uma das perguntas seguintes: a bioética é a ética da vida? Um outro nome para indicar a ética biomédica? Uma forma especial da ética aplicada? A ética dos cuidados com o *oikos* ("ambiente"), o *bíos* ("vida humana prática"), o com a *zoé* ("vida orgânica")? A ética da santidade (ou sacralidade) da vida? A ética da sobrevivência e da qualidade da vida (presente e futura)? A ética da proteção dos seres vivos?

Tais perguntas mereceriam um desenvolvimento aprofundado, mas isso é aqui impossível. No entanto, é possível reagrupá-las conceitualmente, pois todas têm um denominador comum e a própria palavra bioética é o produto de quatro significantes originários (ou supostamente tais) que compõem seu significado complexo: *bíos, zoé, ethos* e *ética*, que abordaremos, mais adiante, depois de termos feito algumas considerações gerais sobre o método filológico inicialmente adotado.

A Questão da Fundamentação pelo Método Filológico

Uma das questões principais da epistemologia, aqui referida ao saber bioético, diz respeito à fundamentação deste saber, que podemos abordar adotando o método filológico, pois existiria uma proximidade entre filosofia e filologia, ambas trabalhando com o *logos* e sendo, portanto, o filósofo tanto o "amigo das palavras" como o "amigo das razões" (Aranguren). Assim, podemos procurar o sentido remontando ao significado original (ou supostamente tal, visto que muitas palavras se perdem na noite dos tempos) das palavras *ethos* ("morada", "caráter", "costume" e "hábito"), *ethiké* ("reflexão sobre o ethos", "ciências dos juízos referentes à distinção sobre o correto e o incorreto")[4], *bíos* ("vida prática humana" que inclui a vida intelectiva e a vida moral e política) e *zoé* ("vida orgânica" humana e dos demais sistemas autopoiéticos).

Tendo detectado as palavras-chave, podemos articular a primeira dupla, *ethos - ethiké*, referente a seus significados. Por exemplo, referindo-a a objetos reais existentes (Moore, 1999); a "objetos" que não existem no mundo, mas que pertencem ao "sentido da vida" (Wittgenstein, 1967); a emoções dos atores morais (Ayer, 1936) ou aos juízos morais que avaliam e tendem a influenciar pragmaticamente o comportamento dos atores em interação (Stevenson, 1945). Em seguida, definindo o prefixo *bio-* e fazendo referência, por exemplo, à distinção grega entre *zoé* (a vida orgânica de qualquer ser vivo) e *bíos* (a vida tipicamente humana, que inclui a dimensão simbólico-imaginária e moral), mas tendo em mente que tal distinção não implica necessariamente uma separação entre os dois conceitos de vida, os quais podem estar em um tipo de relação que chamaremos de topológica, pois os dois subconjuntos *ethos-ética* e *bíos-zoé* podem ser distintos, mas não separados; e vinculados, mas não sobrepostos. Este tipo de relação é de fato complexo, pois cada subconjunto se entrelaça com o outro, e em cada subconjunto cada significante se entrelaça também com o outro, mas, em ambos os casos, sem confundir-se entre si. Esta é a principal razão para falarmos em complexidade da bioética, sendo que muitos autores a definem, por isso, como um campo multi, inter e transdisciplinar. [5]

Ética, *Ethos* e Tematização do *Ethos*

Dentre as várias maneiras de definir a ética, distinguindo-a das morais contemporâneas vigentes, mas mantendo alguma

---

4. De fato, em grego existem duas palavras distintas para indicar ethos, com sentidos não equivalentes: ⬜θος ("morada", "cáractercaráter") y ⬜θος ("costume" o hábito"), sendo que o primeiro termo tem uma conotação mais individual, e o segundo uma conotação mais social.

5. Ver, *pars pro toto*, Garrafa, V. & Hooft, P. 2006. "Multi-inter-transdisciplinaridade, complexidade e totalidade concreta em bioética. In: Garrafa et al., *Op. Cit.*, pp. 73-91.

relação com elas, merece ser mencionada aquela do filósofo argentino Ricardo Maliandi, que considera a *ética* como a "tematização do *ethos*", entendendo "tematização" como a atividade simbólica que tem ao mesmo tempo um caráter reflexivo e constitui uma das formas em que o humano se auto-observa e se autoavalia (Maliandi, 2004). Mas o problema com esse tipo de articulação – segundo o autor – seria que a auto-observação – representada pela tematização do *ethos* – faz parte do próprio *ethos*; logo do próprio objeto de reflexão, instaurando, portanto, uma relação que o autor considera *logicamente paradoxal*, pois constituiria, literalmente, algo contra (*para-*) o senso comum (*doxa*). Como afirma o autor: *"o ethos (ou fenômeno da moralidade) compreende também todo esforço para esclarecê-lo, o que dá lugar ao paradoxo de que a ética, enquanto tematização do* ethos, *acaba sendo a tematização de si mesma. Não que 'ética' e 'ethos" sejam sinônimos. Pelo contrário, é necessário distingui-los. (...) O que ocorre é que a ética se integra no* ethos *(...) enriquecendo-o e tornando-o mais complexo"* (Maliandi, 2004, p. 17). Mas, em nosso entender, este paradoxo cessa de sê-lo se considerarmos que estamos frente a uma relação topológica entre *ethos* e ética.

Bíos, zoé e as Ambiguidades Semânticas Antigas e Atuais

No caso das palavras "originárias" gregas *bíos* e *zoé*, que se referem ambas ao nosso significante *vida*, surgem também ambiguidades semânticas e problemas importantes de referência. As ambiguidades são antigas, pois já Aristóteles utilizava tanto *bíos*, na expressão *bíos teóricos* ("vida teórica"), como a expressão *zôon politikón* ("animal político").[6]

Atualmente, com o surgimento da problemática bioética dialogando com a temática da biopolítica, ambas preocupadas

---

6. Mas podemos interpretar este uso aparentemente contraditório dos termos do ponto de vista nos termos topológicos aqui apontados, pois já afirma Aristóteles afirmara: *"Viver bem é o fim supremo seja em comum para todos os homens seja para cada um separadamente. Estes, entretanto, unem-se e mantêm a comunidade política ainda mesmo tendo em vista o simples viver, porque existe provavelmente uma certa porção de bem inclusive no mero feito de viver"* (Aristóteles, *Política*, 1278b). Neste caso, o paradoxo desaparece e em seu lugar teremos uma relação complexa entre conceitos que, de fato, serão vistos como "entrelaçados".

em destacar os conflitos e dilemas morais que emergem da *gestão integral* da vida biológica humana, animal e ambiental (Foucault, 2004; Heller, Fehér, 1995), uma concepção de bioética que se preocupasse somente com os problemas da qualidade da vida dos humanos (referidos pelo termo *bíos*) séria criticável como reducionista (ou cartesiano-reducionista), como especista (Regan, Singer, 1989) ou como relação disjuntiva entre a animalidade e a humanidade do homem (Agamben, 2002). Mas, neste caso, a disjunção deveria ser justificada, o que não é sempre o caso.

De acordo com estas ponderações, pode-se suspeitar que a tradicional dicotomia entre a "sacralidade" e a "qualidade" da vida – que marcou os debates em bioética durante os anos 70 e 80 entre defensores de uma posição religiosa e uma posição laica (Mori, 1994) – esteja se tornando uma ferramenta obsoleta ou, pelo menos, criticável sob pelo menos um ponto de vista importante. Nem tanto por uma questão de princípio – pois, neste nível, a dicotomia continua sendo pertinente –, mas do duplo ponto de vista bioético e biopolítico quando aplicados à atual situação em que *"a própria vida natural e o bem-estar agregado parecem hoje ser a última tarefa histórica da humanidade"* e na qual *"a humanização integral do animal coincide com uma animalização integral do homem"*, pois *"em nossa cultura, o conflito político decisivo, que governa qualquer outro conflito, é o conflito entre a animalidade e a humanidade do homem"*. Em suma, porque *"a política ocidental é, na origem, biopolítica"* (Agamben, 2002).

Devido a esses problemas, parece que a referência às "palavras originárias" – operação aparentemente singela – seja de fato muito mais complexa e problemática, pois a derivação filológica deve necessariamente articular conceitualmente pelo menos os quatro conceitos indicados por tais palavras e tentar considerar, além disso, seus múltiplos sentidos acrescentados com o passar do tempo pela interpretação das várias formas assumidas pela tematização da práxis humana à luz da ética. Neste caso, teríamos que entrar seja no campo da metaética (que se ocupa de problemas conceituais e formais dos enunciados e da argumentação moral, mas que não serão abordados aqui), seja naquele da ética normativa, o que será esboçado a seguir.

Ética da Vida, Ética da Sacralidade da Vida e Ética da Qualidade da Vida

Feito este trabalho filológico-semântico e genealógico inicial, podemos considerar o conteúdo da bioética referido a uma genérica "ética da vida", ou, mais precisamente, a uma "ética da santidade ou sacralidade da vida", ou a uma "ética da qualidade da vida" (Mori, 2002).

Mas, no caso de assumirmos a definição "ética da vida", deveríamos estar atentos para não "apagar" a distinção entre *bíos* e *zoé*, visto que em casos de conflitos entre interesses humanos (pertencentes ao *bíos*) e os (supostos) interesses animais ou ambientais (pertencentes à *zoé*), o conceito geral de "vida" se revela muitas vezes uma referência que pode ser, ao mesmo tempo, abrangente demais e insuficiente para poder tomar decisões. Por outro lado, devemos também evitar a disjunção entre *bíos* e *zoé*, pensando tais conceitos – e as realidades referidas por eles – de maneira complexa, pois *"[e]m nossa cultura o homem sempre foi pensado como a articulação e a conjunção de um corpo e de uma alma, de um vivente e um logos, de um elemento natural (ou animal) e um elemento sobrenatural, social ou divino. Devemos, pelo contrário, aprender a pensar o homem como aquilo que resulta da desconexão desses elementos e examinar nem tanto o mistério metafísico da conjunção, mas o mistério prático e político da separação"* (Agamben, 2002).

Para evitar esta ambiguidade da definição anterior se pode tentar ser mais preciso, definindo a bioética como uma "ética da qualidade da vida" ou uma "ética da santidade da vida", sendo que a primeira corresponde, *grosso modo*, à visão secular e laica (ou "liberal" (Vázquez, 2004)), que tem sua origem na tradição aristotélica do "bom viver" (*eudaimonismo* ou "posse de um bom demônio" (Ferrater Mora, 1999)) e se desenvolve a partir da Modernidade Europeia republicana; e a segunda corresponde à visão que considera a vida um bem indisponível para o homem e que tem sua origem principalmente na teologia cristã, a qual afirma, em síntese, que a vida pertence ao Grande Outro chamado Deus.[7] Ou, então, que tem origem na ética kantiana, segundo a qual não somos os "donos" de nossas vidas, visto que esta seria um bem indisponível que não pode ser objetivado.

Limites da Abordagem Filológico-semântica

De fato, as definições anteriores são antitéticas e a antítese pode criar sérios problemas no momento de ter que tomar uma decisão entre atores morais com crenças e interesses diferentes. Por isso, o método filológico-semântico é em princípio correto, mas é também insuficiente porque não permite dar conta das transformações no próprio *ethos* e em sua tematização, o que afeta o próprio sentido das palavras-chave aqui consideradas. O método é claramente insuficiente, senão inadequado, quando considerarmos que a bioética é, reconhecidamente, uma forma da ética aplicada, ou seja, uma ferramenta que pretende não só *"compreender a natureza dos problemas morais levantados pela prática* [mas] *também tentar resolvê-los"* (Harris, 1985). Ademais, a forma de saber-fazer constituído pela bioética tem não somente um aspecto descritivo e um aspecto normativo, mas tem, outrossim, uma prática concreta correlata, sendo que tal correlação entre estes dois âmbitos torna o saber bioético um saber-fazer teórico-prático.

Mas isso pressupõe uma estrutura subjacente (e que podemos chamar de antropológica) a qualquer ética, pois esta só faz sentido quando referida a uma relação do tipo *eu-outro* ou *eu-tu* (não entraremos em detalhes sobre a diferença entre as duas duplas). Esta observação permite entender, por exemplo, uma série de afirmações substantivas, feitas por Wittgenstein (1967), sobre o trabalho filosófico do eticista (e do cidadão em geral) e o tipo de inter-relações entre humanos. Wittgenstein

---

7. Entretanto, esse Grande Outro pode ser pensado também em termos spinozianos como uma identificação entre Deus e Natureza (*Deus sive natura*) ou como uma relação horizontal supostamente capaz de superar as dicotomias entre transcendência e imanência e estabelecer alianças e inter-relações de um novo tipo, que Gilles Deleuze e Félix Guattari indicaram com a metáfora do "rizoma" (Deleuze G., Guattari F. *Mille plateaux, capitalisme et schizophrénie*. Paris: De Minuit, 1980).

(1967) se pergunta: como sei que quem está próximo é um humano como eu? Porque somos levados a acreditar que a expressão de dor dos outros significa uma dor como a nossa? Simplesmente – responde Wittgenstein – nós não temos nenhum motivo e, menos ainda, modo de nos fazer este tipo de perguntas: a questão da humanidade dos outros, de sua filiação e conexão a nosso tecido existencial idêntico, encontra-se *ab origine* subtraída à dúvida epistemológica, à investigação cognitiva, pois a humanidade do outro homem se impõe a nós como um dado primário que está além de sua justificação, e reconhecer os outros como humanos é uma atitude irrefletida, uma forma do atuar prático que precede qualquer conjetura e opinião, uma parte constitutiva de nossa natureza animal, pois os jogos linguísticos não são nada mais que uma extensão de condutas primitivas.[8] Não obstante – Wittgenstein explica – da dor de outras pessoas termos a experiência, não fazemos uma inferência: sua compreensão não deriva do juízo ou da interpretação, mas, sim, do compartilhar imediato de um horizonte antropológico que fundamenta e circunscreve nossa forma de vida que se declina em uma pluralidade de atitudes "instintivas". Em suma, nós tratamos os outros como humanos não porque *acreditamos* que sejam humanos; ao contrário, formulamos crenças sobre os outros porque, sendo eles originalmente conosco, os tratamos como humanos (Perissinotto, 2001).

Tentando Juntar as Partes

Uma maneira de ter em conta todas as opções definitórias, assim como todos os problemas correlatos – e que são relevantes para nossa questão dos fundamentos da bioética – é tentar encontrar um denominador comum, que seja o menos problemático possível conceitualmente, mas que respeite também as diferenças pertinentes de cada tendência. Isso implica considerar a bioética como o conjunto de ferramentas conceituais, metodológicas e práticas, aplicadas – direta ou indi-

---

[8]. Entretanto, Wittgenstein admite a possibilidade de duvidarmos da dor de outras pessoas e que a dor possa ser percebida, entendida ou vivenciada de acordo com múltiplas modalidades, que correspondem a ordens diferentes de estruturação do sentido.

retamente – aos atos humanos que têm, ou podem ter, efeitos significativos e/ou irreversíveis sobre sistemas vivos.

Mas, devido às características "complexas" de seu campo, a bioética pode, também, ser considerada uma forma de saber-fazer interdisciplinar e transdisciplinar pertencente ao campo das ciências humanas e sociais, que adotará, de acordo com o caso e a situação, os métodos mais adequados para dar conta de suas tarefas e estabelecendo relações de cooperação com as outras competências e disciplinas (esse é, por exemplo, o caso do trabalho dos comitês de ética em pesquisa, que congregam vários tipos de competências e visões de mundo).

Tal complexidade também implica que, para dar conta das tarefas da bioética, é preciso analisar a situação e o contexto com todos os detalhes possíveis; deliberar sobre os cursos de ação do caso e, tendo isso em vista, tomar uma decisão prudente. Ao passarmos da imposição à autogestão, fizemo-nos todos decisores e, consequentemente, temos de desenvolver hábitos deliberativos e, no caso da bioética, estes têm de ser próprios aos problemas do *ethos* com os quais se lida. A deliberação pode ser individual, e muitas vezes o é. Entretanto, é conveniente, devido à intersubjetividade que marca as éticas atuais, que o mais possível, a deliberação seja coletiva e participativa (como nos comitês de ética) (Gracia, 2004).

A Dupla Questão dos Fundamentos

O sintagma "A questão das tendências epistemológicas ou de fundamentação" pode ser entendido de duas maneiras distintas, dependendo da referência: (a) num primeiro sentido refere-se aos "fundamentos" no *ethos* constituídos tanto pelos conflitos e dilemas que compõem o fenômeno da moralidade vigente num espaço e tempo determinados como pela sua tematização; (b) num segundo sentido refere-se aos "fundamentos" requeridos quando a bioética se auto-observa e auto-tematiza (Maliandi, 2004).

Dito diversamente, o sentido (a) é propriamente referencial, pois se refere a um objeto de primeira ordem, visto que diz respeito aos "fatos", moralmente problemáticos, dos quais a bioética pretende dar conta, de maneira fidedigna, com as ferramentas que lhe são próprias (conceitos, métodos, teorias) e que pertencem ao campo da ética aplicada e da filosofia moral em geral. Já o sentido (b) é, contrariamente ao primeiro, autorreferencial, pois se refere a um objeto de "segunda ordem", visto que seu referente não é o "fenômeno" da moralidade constituído pelo *ethos*, nem sua "tematização", mas o conhecimento crítico e "de segunda ordem" acerca dos fundamentos teóricos e sua justificativa.[9] Em suma, os objetos de primeira ordem constituem o campo das ciências e os objetos de segunda ordem o campo das epistemologias.

Para tentar "ver" a distinção podemos usar uma metáfora que mostre as duas faces de uma mesma moeda: a face "cara" e a face "coroa". A "cara" da bioética se mostra quando esta tenta dar conta da conflituosidade do *ethos* e das tentativas de resolvê-la, ao passo que sua face "coroa" se manifesta quando a própria bioética se torna objeto de observação crítica, ou, se preferirmos, quando instituímos um âmbito da epistemologia bioética que podemos chamar, provisoriamente, de "metabioética". Entretanto, embora distintos, os dois âmbitos podem ser vistos também como vinculados, ou concebidos numa relação de tipo topológico, pois a "metabioética" pode retroagir sobre a bioética, e ambas afetar o próprio *ethos*, como quando questionarmos a efetividade das ferramentas da bioética na solução dos conflitos inscritos no *ethos*. Podemos chamar o primeiro tipo de objeto "os fundamentos da bioética" e indicar o segundo pela expressão "a bioética como fundamento".

Via de regra, quem se ocupa de bioética se ocupa de objetos de primeira ordem, que têm por referentes os conflitos morais que surgem e constituem o *ethos*, ou seja, que constituem os problemas "externos" que a bioética enfrenta na tentativa de entendê-los e resolvê-los, de acordo com padrões de cogência e de legitimidade reconhecidos.

---

9. O segundo tipo de objeto pode, a rigor, ser chamado de "metateórico", pois é construído a partir dos objetos de "primeira ordem" (ou tematização do fenômeno da moralidade) e pode, por sua vez, ser objeto da análise conceitual e metodológica que a bioética aplica a si mesma para abordar seus problemas internos.

Assim sendo, no nível chamado "primeira ordem", mostra-se a face "cara" dos problemas que ocupam a bioética, entendida como ferramenta descritivo-compreensiva dos problemas em pauta, por um lado, e normativa, por outro; ou seja, entendida como ferramenta teórica e prática que visa a entender e a resolver conflitos de interesses e de valores que surgem no *ethos* devido à *práxis* humana. Já no nível de "segunda ordem" estaremos "às turras" com os problemas especificamente epistemológicos e metodológicos, ou seja, com as construções teóricas que produzimos para dar conta de nossas abordagens do real. Isso nos leva a abordar, rapidamente, a questão da relação entre *práxis* e *poiesis*.

Antes, entretanto, cabe marcar que ao enfrentar, em sua externalidade, "problemas", a bioética parece se guiar muito mais por uma "racionalidade problemática" ou "atitude problemática" do que "dilemática". A "racionalidade dilemática", tomando a existência de princípios absolutos e sem exceção, considera desnecessária a análise contextual e reduz a tomada de decisão à eleição entre dois pólos (um positivo e outro negativo). Por sua vez, a "racionalidade problemática" procede de modo sensivelmente distinto deste reducionismo dilemático, preocupando-se com a solução para os problemas, mas, tanto ou mais, com o procedimento para chegar à solução e o contexto onde a situação se desenrola também. Tampouco está convencida de que todo problema ético tenha solução e, menos ainda, que essa seja uma e não mais que uma. Então, os problemas hão de ser enfrentados por um processo de deliberação, cujo objetivo não é a tomada da decisão certa ou exclusiva, mas prudente (Gracia, 2004).

PRÁXIS E POIESIS NA BIOÉTICA

Pelo menos desde Aristóteles, a estrutura da *práxis* difere daquela da *poiesis*, pois, diferentemente desta (que pode ser pensada como fabricação de artefatos numa relação *eu – isso*), aquela sempre se dá em uma estrutura relacional do tipo *eu – outro* ou *eu – tu*, ou seja, a *poiesis* se constrói num tipo de estrutura que se refere à relação entre sujeitos e objetos, ao passo que a *práxis* se dá numa estrutura entre sujeitos (indivíduos ou coletividades). São tais estruturas diferentes que permitem distinguir dois âmbitos de conhecimento e atuação em princípio diferentes.

Entretanto, *práxis* e *poiesis*, embora distintas, podem ser pensadas também como vinculadas, ou seja, em termos topológicos e complexos, e isso é requerido atualmente se quisermos enfrentar problemas como aqueles que se referem às relações entre biotecnociência e bioética. Para tanto, devemos admitir que *poiesis* e *práxis* tenham algum tipo de relação objetal com o real e pensar o real como incluindo o tipo de objetos chamados inter-relações entre sujeitos, as quais pertencem tradicionalmente à *práxis*.

Questões implicadas no conceito de *práxis* foram desenvolvidas nos tempos modernos por grandes pensadores como Hegel e Feuerbach, no diálogo com os quais Karl Marx estabelece uma estreita relação entre (o que estamos expressando como) *poiesis* e *práxis*. Para Marx, a "*práxis* produtiva é assim a *práxis* fundamental porque nela o homem não só produz um mundo humano ou humanizado, no sentido de um mundo de objetos que satisfazem necessidades humanas e que só podem ser produzidos na medida em que se plasmam neles finalidades ou projetos humanos, como também no sentido de que na práxis produtiva o homem se produz, forma e transforma a si mesmo" (Sánchez Vásquez, 1968). Nesta ênfase à importância da *práxis* para o processo de construção do próprio ser humano, se identificaria a condição humana de ser práxico como expressão de sua *autopoiesis*; e também se colocaria a interrogação sobre seu direcionamento concreto como *práxis de libertação*.

Assim, teríamos um conjunto de atos humanos que transformam a realidade material no processo da *poiesis* e outro conjunto de atos que afetam um outro tipo de realidade, que chamaremos de realidade concreta (para distingui-la da primeira), ambas determinando a característica da *práxis* pertinente para o enfoque bioético, ou seja, a característica de ter efeitos irreversíveis significativos sobre as condições de existência dos seres vivos, como são os seres humanos e outros seres vivos, como os animais e outros sistemas autopoiéticos, como os ambientes naturais.

Em outros termos, a *práxis* humana se inscreve tanto num ambiente povoado de objetos e coisas (*Umwelt*), e que ela transforma pelo processo chamado *poiesis*, quanto num mundo formado por seres vivos (*Lebenswelt*), que ela também transforma, e cujas transformações podem afetá-lo de maneira significativa do ponto de vista da análise moral. Portanto, *poiesis* e *práxis* devem ser pensadas como sendo não separáveis. Por outro lado, embora inseparáveis, devem ser mantidas distintas, para não confundi-las. Em suma, *práxis* e *poiesis*, juntas, criam um *cosmos*, ou Realidade formada pelas antigas formas de saber e saber-fazer, acrescentadas por novos conhecimentos e novas relações, os quais dão lugar a uma série de "esferas" relacionadas entre si, sendo que a última esfera é aquela constituída pelo processo de Globalização das relações virtuais, a incorporação tecnológica e, sobretudo, a transformação dos tradicionais conceitos de espaço e tempo, de proximidade e distância, de inclusão e exclusão, com consequências significativas sobre a política, a economia e a cultura como um todo (Sloterdijk, 2001).

Sem entrar no mérito de uma possível hierarquização entre tais esferas, pode-se dizer que *práxis* e *poiesis* se relacionam com a *biosfera* (ou esfera dos seres vivos ou *seres autopoiéticos*, inicialmente indicada pela palavra grega *zoé*); com a *antroposfera* (ou esfera das relações humanas); e com a *sociosfera* (ou das relações sociais e institucionais), as quais implicam uma estrutura em princípio dialógica e representada pela assim chamada *logosfera* e que pertence ao âmbito indicado pela palavra grega *bíos*. A logosfera, por sua vez, é constituída pelas relações simbólicas e imaginárias que se estabelecem entre pelo menos um "agente" (ou um *eu*) e um possível "paciente" (ou um *outro* ou um *tu*: não farei aqui a distinção entre os dois), que podemos chamar *etosfera* (ou esfera do *ethos* e de sua tematização representada pelas *éticas*). Por fim, todas as esferas estão em relação também com uma *biotecnosfera*. Esta constitui o contexto prático-poiético e autopoiético em que se criam os dispositivos representados, respectivamente, pelas Instituições da sociedade organizada pelas relações de poder (como o Estado ou as Corporações) e os Institutos, como a Ciência, a Técnica e suas configurações na forma da Tecnociência e da Biotecnociência.

CAPÍTULO 1 – A QUESTÃO DAS TENDÊNCIAS EPISTEMOLÓGICAS OU DE FUNDAMENTAÇÃO

Neste contexto complexo, a bioética se vê cada vez mais instada a participar das tentativas de mediação cultural e social, assim como do engajamento público local, nacional e internacional, requerido pela Globalização, a qual deve ser vista como um processo de produção de ulteriores conflitos e, quiçá, de novas soluções para tais conflitos.

Quando se enfoca o objeto da bioética, constituído pelos conflitos que surgem no *ethos*, mostram-se os problemas enfrentados pelo saber bioético a partir da existência, sempre problemática, vivida por seres humanos em seu estar juntos, ou seja, por seres sencientes e racionais que oscilam entre a condição de *homo sapiens* e aquela de *homo demens* (para utilizar uma sugestão de Edgar Morin), ou entre a condição do *humano demasiado humano* e aquela do *Übermensch* nietzschiano. Em suma, mostram-se os aspectos problemáticos do agir humano que constituem o objeto da bioética, o qual é, ao mesmo tempo, concreto e abstrato, pois se refere à responsabilidade teórica e prática dos bioeticistas. Por isso, pode-se afirmar que *"os filósofos (...) são os mais concretos e práticos dentre os homens"*, sendo que *"isso acontece porque* [eles] *tratam até o abstrato como se fosse concreto, e fazem da teoria uma práxis"* (D'Agostini, 2005).

Mas fazer da teoria uma prática – que é aquilo que os bioeticistas (e os filósofos) fazem de fato quando ensinam, escrevem e se tornam conselheiros da sociedade ou parte dela (participando em Comitês e Comissões) – significa questionar-se não somente sobre a responsabilidade dos bioeticistas e sobre como fazem uso (correta ou incorretamente) de seus instrumentos de trabalho. Significa, também, questionar a efetividade de seu trabalho e como este trabalho se constrói, de fato, no teorizar a realidade para poder compreendê-la e, eventualmente, modificá-la.

Quando perguntamos sobre a efetividade da atuação dos bioeticistas, encontramos inevitavelmente a face "coroa" da bioética, a qual se mostra inextricavelmente vinculada à sua face "cara", mas que não pode ser subsumível à primeira. É nesta outra face da bioética que se situa a *problematicidade* representada pelos fundamentos do próprio saber-fazer conhecido como bioética, instado a ser efetivo, isto é, a resolver os conflitos de interesses e valores em pauta. Mas para resolver tais cobflitos de maneira moralmente legítima, as tentativas de solução normativa devem fundamentar-se em ferramentas que sejam pertinentes tanto do ponto de vista teórico como prático.

Em outros termos, a outra face da bioética diz respeito não tanto aos problemas enfrentados pela bioética, mas aos problemas representados pela própria bioética enquanto ferramenta teórica e prática, sua pertinência cognitiva e moral. Acrescenta-se, portanto, às perguntas propostas no início do texto: qual a contribuição da bioética para a fundamentação de juízos morais? Mas este pode ser considerado um problema sobretudo interno à própria bioética entendida como saber específico, ou, ainda, um problema de "metabioética", pertencente, portanto, ao âmbito epistemológico e/ou metafilosófico, embora não seja objeto exclusivo desta, pois – como admitimos inicialmente – a bioética tem duas faces: uma teórica e outra prática.

Para Não Concluir e Abrir Caminhos para Novas Reflexões

A questão problemática da fundamentação em bioética diz respeito à natureza e aos modos de como se avaliam os possíveis efeitos da prática bioética, isto é, à efetividade da bioética, a qual, por sua vez, depende de análises que pertencem ao âmbito da metabioética.

Um primeiro aspecto desta problematicidade se refere à pertinência e à legitimidade de se utilizar as ferramentas da bioética para a elaboração e solução de problemas como os conflitos de interesses e de valores que surgem no fenômeno conhecido como *ethos*. Pertinência e legitimidade que são disputadas com outras formas de saber-fazer, como o Direito, a Política e, para alguns, a Religião; neste caso, o problema pode ser enunciado como o problema da especialização da bioética na rede dos saberes vigentes, cada vez mais pensados como um todo *multi*, *inter* e *trans*disciplinar. Com efeito, visto que o campo das Éticas Aplicadas está se especializando cada vez mais, inclusive o próprio âmbito da forma de ética aplicada conhecido como bioética (bioética do começo da vida, bioética do fim da vida, bioética cotidiana e bioética das situações limites, (bio)ética da pesquisa envolvendo seres humanos e (bio)ética animal, entre outras), surge o problema de saber que tipo de relações o saber bioético pode e deve estabelecer com os outros saberes. Esta questão é relevante não só do ponto de vista metodológico, mas também do ponto de vista prático, se pensarmos nos possíveis efeitos resultantes dos conflitos entre saberes (e suas "cosmovisões" ou *Weltanschauungen*) e se aceitarmos a premissa de que não há nenhuma razão *a priori* para que um tipo de saber seja hierarquicamente superior a outro, razão pela qual se considera, cada vez mais, a bioética como um campo de atuação interdisciplinar.

Mas, neste caso, surge a questão-problema de saber qual é o *status* e qual é o alcance pertinente e legítimo de cada disciplina particular que faz parte da atuação interdisciplinar. Para evitar (ou "dissolver", como sugeria Wittgenstein) este tipo de problema, pode-se considerar que a bioética é tanto uma disciplina acadêmica, a ser ensinada como qualquer outra, quanto uma ferramenta de um campo inter e transdisciplinar, constituído pela rede de saberes e competências tidos como necessários para a solução (ou a dissolução) de problemas como aqueles enfrentados por Comitês e Comissões de ética aplicada a problemas específicos (como é o caso da pesquisa com seres humanos, por exemplo).

Um segundo aspecto do problema, diretamente relacionado àquele da relação entre saberes, diz respeito aos fundamentos e métodos da bioética, ou seja, às condições de possibilidade de sua existência; aos tipos de raciocínio pertinentes ou não; às propostas de solução, legítimas ou não; e aos princípios e padrões éticos norteadores na abordagem e solução dos conflitos em pauta. Neste caso, ressurge a antiga questão, já apontada por Heráclito, quando este afirmou *"o logos é comum a todos, mas os homens se comportam como se cada um tivesse uma razão privada"*.

Em âmbito metafilosófico, tal questão é relevante se pensarmos na hipótese autocontraditória do pós-modernismo, segundo a qual não seria mais possível pensar em alguma metateoria (ou metalinguagem) capaz de traduzir e sintetizar todas as teorias particulares, o que acaba na crença do fim das teorias, as quais seriam, literalmente, "saberes sem fundamentos". Um efeito "colateral" desta posição – que em última instância desqualifica o papel da teoria, mas que pode ser visto também como um chamamento à vigilância contra os delírios da teoria – é que a pretensão à coerência e consistência teórica implica aceitar não somente a *tese da incompletude* (já destacada pelo lógico Kurt Gödel em seu famoso teorema), mas, igualmente, certo grau de incoerência ou algo como um "pensamento fraco" (Vattimo, 1983).

Esta abertura à crítica e à autocrítica pode ser salutar, pois autoriza a considerar como princípios norteadores pertinentes e legítimos da *práxis* regras como os "princípios" de precaução e de prudência.[10] Mas, por outro lado, tais "princípios" podem tornar-se sub-repticiamente prescrições e proscrições (D'Agostini, 2005, p. 24). O risco, neste caso, é grande, pois se é verdade que, com o surgimento das éticas aplicadas, a teoria teve que se submeter ao tribunal da *práxis*, é também pertinente e legítimo dizer que a prática bioética (e filosófica em geral) só pode legitimar-se perante o tribunal da teoria; em particular àquela parte da teoria que se ocupa dos problemas por assim dizer internos à disciplina (ou ao campo interdisciplinar) e que constitui o âmbito que chamamos de metabioética. Acreditamos que é neste nível que se enfrenta o problema dos fundamentos da bioética com as ferramentas que constituem a atividade de *problem solving* racional, e onde a ciência deve ser entendida como conjunto de faculdades humanas em geral (inclusive a intuição e a imaginação) que se aplique a uma pesquisa orientada a uma utilidade final coletiva ou pessoal, prática ou cognitiva (D'Agostini, 2005, p. 292).

Mas existe uma outra normatividade, que chamaremos de *externa*. Esta pressupõe aquilo que Ricardo Maliandi chama de *a priori da conflituosidade* e que constituiria "*a base tanto para*

---

10. Não entraremos, aqui, no mérito da discussão sobre a pertinência e legitimidade de considerar a "virtude" da prudência (a antiga *phrónesis* grega) e seu sinônimo contemporâneo – a precaução – como princípios morais.

a fundamentação como para a elaboração de um paradigma de aplicabilidade no seio de uma ética convergente". (Maliandi, 2006, p. 212). Isso quer dizer, em primeiro lugar, que a conflituosidade é um dado empiricamente constatável. Mas, em segundo lugar, significa, também, que a conflituosidade diz respeito às próprias ferramentas normativas para resolver os conflitos constatados, ou seja, que a conflituosidade não é só um fato real constatável, mas também uma característica dos princípios morais a partir dos quais se estabelecem as normas para a solução dos conflitos. Em suma, que existe uma pluralidade de conflitos, uma *"pluralidade insuperável das concepções morais acatadas pelos seres humanos"* (Lecaldano, 2006, p. 80) e uma pluralidade de ferramentas para tentar dar conta das outras duas. E este é certamente um problema epistemológico importante, cujo enfrentamento se torna necessários se quisermos dispor de um saber fundamentado e legítimo.

Em outros termos, esta situação implica, para a bioética (que é uma ética aplicada), a busca de soluções concretas dos conflitos referindo-se tanto às *"normas situacionais"* quanto aos próprios princípios que as fundamentam, visto que *"as teorias de ética normativa podem ser consideradas tentativas de mostrar princípios que sirvam de apoio às normas concretas (ou situacionais)"* (Maliandi, 2006, p. 207).

Resumindo, a normatividade em bioética se refere, em primeiro lugar, à aplicabilidade das normas nas situações concretas de conflituosidade (que é sua função prática); e, em segundo lugar, trata-se de *"uma questão estudada (ou pelo menos que pode ser estudada) pela ética normativa"*. (Maliandi, 2006, p. 199). Em suma, existe uma relação entre normatividade e aplicabilidade, e, dentro da aplicabilidade, entre normas concretas e princípios morais que legitimam (ou pretendem legitimar) as normas concretas, fundamentando-as (ou tentando fazer isso).

Se a bioética é uma ética aplicada que apresenta uma dimensão normativa, o principal problema a ser elucidado para uma eventual parceria interdisciplinar com outros saberes é aquele do tipo de relação existente entre aplicabilidade, normatividade e fundamentos da normatividade. Trata-se de um problema complexo, mas que pode ser introduzido da seguinte forma: *a aplicabilidade pressupõe a normatividade, a qual, por sua vez, deve fundamentar-se em princípios ou valores que permitam, em retorno, a aplicação de normas que possibilitem evitar os danos e sofrimentos evitáveis a terceiros*. Mas isso pressupõe o *a priori da conflituosidade*, logo a necessidade de considerar tal *a priori principiológico* como condição de possibilidade para podermos falar pertinentemente tanto de aplicabilidade como de normatividade. Em suma, a normatividade em bioética é algo que se situa entre os princípios a serem buscados e a aplicabilidade de normas fundamentadas em tais princípios. Ou como escreve Maliandi: "*[a] ética aplicada, diferentemente da normativa, não busca nem questiona fundamentos, porque necessariamente os pressupõe*" e "*[a] ética normativa ascende das situações aos princípios, ao passo que a ética aplicada descende dos princípios às situações*" (Maliandi, 2006, p. 202).

Por isso, parece razoável sugerir que a normatividade merece uma reflexão por parte dos filósofos (e outros profissionais) que se ocupam de bioética, em vez de deixá-la somente como preocupação dos especialistas em Direito e em Religião, como se a questão da normatividade pudesse ser simplesmente despachada, com olhos céticos, como "moralina" (numa interpretação questionável de Nietzsche como aquela feita pelo pósmodernismo). Em particular, a questão merece a devida atenção por parte dos bioeticistas que não podem sustentar seu ponto de vista por fundamentos baseados em finalismos intrínsecos da natureza e da práxis humana, pois, como admoesta a citação de Agamben em epígrafe "*[se] o homem fosse ou tivesse de ser esta ou aquela substância, este ou aquele destino, não haveria nenhuma existência ética possível – só haveria tarefas para realizar.*" E, por outro lado, o bioeticista também não pode navegar no mar do pluralismo sem leme, bússola ou rota e, assim, tornamos à citação em epígrafe: "*existe algo que o homem é e há de ser: [é] o simples fato da própria existência como possibilidade ou potência. (...) O único mal [consistiria] em decidir ficar devendo ao existir, em apropriar-se da potência de não ser, como [se esta fosse] uma substância ou um fundamento fora da existência*".

REFERÊNCIAS BIBLIOGRÁFICAS

AGAMBEN, G. *État d' exception.* Homo sacer, II, 1. Paris: Editions du Seuil, 2003.

AGAMBEN, G. *L' ouvert.* De l' homme et de l' animal. Paris: Bibliothèque Rivages, 2002.

AGAMBEN, G. *La comunità che viene.* Torino: Bollati Boringhieri, 2001, pp. 39-40. (livre tradução)

ARANGUREN, J. L. L. *Ética.* Madrid: Biblioteca nueva, [200-], p. 19.

ARISTÓTELES. *Política.* 1278b.

AYER, A. J. *Language, Truth and Logic.* London: Gollancz, 1936.

BLACKBURN, S. Epistemologia. In: ID. *Dicionário Oxford de filosofia.* Rio de Janeiro: Jorge Zahar, 1997, pp. 118-119.

D'AGOSTINI, Franca. *Nel chiuso di una stanza con la testa in vacanza.* Roma: Carocci, 2005, p. 13.

DELEUZE, G., GUATTARI, F. *Mille plateaux, capitalisme et schizophrénie.* Paris: De Minuit, 1980.

DI VITTORIO, P. Salute pubblica. In: BRANDIMARTE et al. (orgs.). *Lessico di biopolitica.* Roma: manifesto libri, 2006, pp. 270-278.

FERRATER MORA, J. *Diccionario de filosofía.* Barcelona: Ariel, 1999, p. 1153.

FOUCAULT, M. *Naissance de la biopolitique.* Cours au Collège de France 1978-1979. Paris: Seuil/Gallimard, 2004.

GARRAFA, V., HOOFT, P. Multi-inter-transdisciplinaridade, complexidade e totalidade concreta em bioética. In: GARRAFA, V. et al. (orgs.). *Bases conceituais da bioética:* enfoque latino-americano. São Paulo: Gaia, 2006, pp. 73-91.

GARRAFA, V., KOTTOW, M., SAADA, A. (orgs.). *Bases conceituais da bioética:* enfoque latino-americano. São Paulo: Gaia, 2006.

GARRAFA, V., PORTO, D. Intervention Bioethics: a proposal for peripherical countries in a context of power and injustice. *Bioethics*, v. 17, n. 5-6, pp. 399-416, 1999.

HARRIS, J. *The value of life.* An introduction to medical ethics. London: Routledge e Kegan Paul, 1985, p. 4.

HELLER, A., FEHÉR, F. *Biopolítica.* La modernidad y la liberación del cuerpo. Barcelona: Ediciones Península, 1995.

KOTTOW, M. *Introducción a la bioética.* Buenos Aires: Mediterráneo, 2005.

MALIANDI, R. *Ética:* conceptos y problemas. 3ª ed. corregida y aumentada. Buenos Aires: Biblos, 2004.

MALIANDI, R. *Ética:* dilemas y convergências. Buenos Aires: Biblos, 2006, pp. 199-217.

MOORE, G. E. *Principia Ethica*. Lisboa: Fund. Calouste Gulbenkian, 1999. [orig. 1903. Principia Ethica. Cambridge UK: Cambridge University Press.].

MORI, M. *Bioetica*. 10 temi per capire e discutere. Milano: Bruno Mondatori, 2002.

MOULIN, A. M. A hipótese vacinal: por uma abordagem crítica e antropológica de um fenômeno histórico. *História, Ciências, Saúde:* Manguinhos, v. 10, s. 2, pp. 499-517, 2003.

PERISSIONOTTO, L. *Wittgenstein e il problema degli altri.* aut aut. Milano: 304, 2001, pp. 16-25.

REGAN, T., SINGER, P. (eds). *Animal rights and human obligations.* 2ª ed. Englewood Cliffs NJ: Prentice Hall, 1989.

SCHRAMM, F. R., KOTTOW M. Principios bioéticos en salud pública: limitaciones y propuestas. *Cadernos de Saúde Pública,* v. 17, n. 4, pp. 949-956, 2001.

SLOTERDIJK, Peter. *Die letzte Kugel.* Zu einer philosophischen Geschichte der terrestrischen Globalisierung. Frankfurt am Main: Suhrkamp Verlag, 2001.

STEVENSON, C. L. *Ethics and Language.* New Haven, Conn: Yale University Press, 1945.

VATTIMO, Gianni. *Dialettica, differenza, pensiero debole.* Milano: Garzanti, 1983.

VÁZQUEZ, R. *Del aborto a la clonación.* Principios de una bioética liberal. México: Fondo de Cultura Económica, 2004.

WITTGENSTEIN, L. *Lezioni e conversazioni sull'etica, l'estética, la psicologia e la credenza religiosa.* Milano: Adelphi, 1967.

2

DA ÉTICA PROFISSIONAL PARA A BIOÉTICA

Franklin Leopoldo e Silva
Marco Segre
Lucilda Selli

O contexto histórico do surgimento da bioética é, como se sabe, o da falência dos critérios universais que poderiam orientar eticamente a conduta, fenômeno constatado na experiência histórica e figurado nos episódios que marcaram o drama do século XX, sobretudo no contexto das guerras mundiais, dos totalitarismos e dos efeitos da revolução do conhecimento e da tecnociência aplicados à vida em geral. Nasce com a missão de constituir uma ponte entre a ciência biológica e a ética, traduzindo uma relação dinâmica e respeitosa do ser humano com o meio ambiente, em vista da continuidade da vida humana no futuro. A bioética corresponde, então, a princípio, a uma tentativa de restauração de valores que viessem a deter o processo de barbárie, por meio de uma normatização da conduta investida de outro significado e alcance.

Há, portanto, desde logo, dois aspectos a considerar. O primeiro é de caráter negativo e regressivo: o surgimento da bioética significa implicitamente o reconhecimento do desmoronamento dos valores universais da vida ética; doravante, qualquer tentativa de recomposição da ética deveria levar em conta essa situação. O segundo é de caráter positivo e progressista: a necessidade de se estabelecer parâmetros que contribuam para reinserir na conduta a dignidade humana como valor e horizonte das ações.

Esses dois aspectos, que não são facilmente conciliáveis, configuram um novo problema. As éticas presentes na tradição sempre foram construídas sobre determinados fundamentos metafísicos, teológicos e antropológicos, que asseguravam a universalidade como sustentáculo dos valores pelos quais se media eticamente a conduta. Depois do naufrágio histórico desses universais, a ética perdeu algo a que se poderia chamar a sua substancialidade, isto é, os critérios revelaram falta de densidade suficiente para se contraporem à violência da realidade. Nesse sentido, qualquer tentativa de restauração da vida ética teria que se confrontar com esse vazio e, de alguma maneira, ser construída sobre a *ausência* de fundamentos.

ÉTICAS APLICADAS

Para contornar essa dificuldade, o caminho escolhido foi o de construir éticas aplicadas que poderiam sustentar-se em critérios relacionados não com a universalidade, mas com setores da vida, social e profissionalmente delimitados, ficando a validade das regras de conduta restrita a campos de atividade diferenciados por procedimentos e finalidades. A normatização ética seria, desse modo, orientada pela divisão histórica e factual das atividades, ou seja, a ética da conduta seria doravante pensada a partir de ações definidas e diferenciadas – dada a impossibilidade de restaurar critérios universais. Essa opção foi vista como um modo de estreitar a distância entre fatos e valores, ou entre a vida concreta e a norma de sua orientação.

Entretanto, tal escolha padece de um vício fundamental, presente na sua própria constituição, e que se torna visível na própria expressão "ética aplicada", pois toda *aplicação* supõe dois pólos: a origem daquilo que é aplicado e a sua destinação aplicativa, ou seja, só posso aplicar alguma coisa a partir de algo *já constituído*, ao qual dou um determinado destino. Quando digo que estou *aplicando* uma regra a uma determinada conduta, quero dizer que essa regra *já existia* e que estou acrescentando a ela sua possível adaptação a alguma conduta. Nesse sentido, não é possível conceber qualquer ética aplicada que seja autônoma, isto é, que já se construa *como* aplicada; ela será sempre derivada e definida muito mais como *procedimento* do que como *valor*. É justamente por isso que ela, ao contrário dos critérios universais, parece estabelecer uma relação mais próxima entre valor e fato. Essa aparência provém de que não há valor que pertença intrinsecamente ao âmbito da ética aplicada. Ela teria que buscá-lo em algum lugar – e "aplicá-lo" em outro.

Ora, como já vimos, a situação específica na qual a opção da ética aplicada surge como alternativa à ética universalista se define como a impossibilidade histórica desta última, razão pela qual o procedimento de aplicação de critérios não pode ocorrer a partir de valores universais situados num patamar de maior generalidade. Na falta desse recurso, a ética aplicada deverá seguir o caminho de instituição de regras estritamente vinculadas à consideração objetiva da atividade a ser eticamente normatizada. Essa predominância dos fatos objetivos (ações específicas em condutas profissionais definidas) traz consigo o risco da subordinação das diretrizes valorativas aos fatos determinados, já que a tendência é a de estabelecer regras tão objetivas quanto as condutas que elas deveriam regular. Essa tendência é estimulada não apenas pela dificuldade de se estabelecer mediações entre valores universais e condutas particulares, mas principalmente pelo desaparecimento histórico dos critérios universais.

Deontologias

Assim, a deontologia aparece como opção natural, porque, nesse caso, a vinculação entre regras e condutas se dá aparentemente em termos objetivos. Essa relação está de acordo com duas direções da modernidade, exacerbadas, de alguma forma, na época contemporânea. Em primeiro lugar, o positivismo objetivista como fator que modela a atitude científica: como se trata de normatizar a pesquisa e os procedimentos (terapêuticos, no caso das ciências biomédicas) ambos revestidos de uma crescente objetividade derivada do caráter positivo da ciência e da tecnologia, aparece como naturalmente adequado que as regras aí aplicadas devam estar dotadas de uma análoga objetividade. Em segundo lugar, o desenvolvimento da especialização como tendência a setorizar (no limite, a autonomizar) tanto as pesquisa científicas quanto os procedimentos técnicos correspondentes: aí também aparece a conveniência de estabelecer regras dotadas de especificidade que venha a corresponder à especialização da pesquisa e dos procedimentos. É devido a essas tendências, combinadas, que assistimos ao fenômeno da profissionalização da ética e à proliferação de códigos de ética profissional.

O que se pode notar, a partir do que dissemos, é que a deontologia corresponde a uma certa diluição da noção de valor ético: isso em nada diminui sua importância, apenas destaca o seu perfil e a coerência entre os seus objetivos e o contexto histórico de falência do universalismo ético. Pois é historicamente necessário que a deontologia se sustente muito mais em regras imediatamente aplicáveis (e nas sanções aplicadas às contravenções) do que em valores dotados de autonomia ética. Não é por outra razão que ela constitui uma "ética das profissões", expressão na qual se deve destacar a pertinência da ética à atividade profissional, e não o contrário. Nesse sentido se pode dizer que a atividade profissional (as ações definidas e realizadas *de fato*) acaba por absorver o significado ético das normas, isto é, seu alcance valorativo.

Ora, se a bioética surgiu nesse contexto histórico, em que a opção pelas éticas aplicadas se apresentava como talvez o único caminho de uma possível recomposição da *necessidade* da ética, devemos considerar, por outro lado, que a motivação da bioética se vincula a aspectos mais dramáticos da situação histórica e que, nesse sentido, ela se abre para horizontes porventura mais amplos e mais complexos. E isso não se deve apenas a que a bioética seja a "ética da vida", ocupando, assim, lugar de especial relevo entre as "éticas aplicadas" por se "aplicar" à vida. Pois não se trata, evidentemente, nesse caso, do "ser vivo" entendido biologicamente, embora esse aspecto deve estar naturalmente incluído na reflexão bioética.

BIOÉTICA COMO REAÇÃO E BUSCA

A motivação histórica da bioética, tudo aquilo a que seu surgimento representa uma reação, está profundamente relacionado à vida humana no sentido da *dignidade* da *pessoa*. Esses termos não deveriam nos impressionar pela aparente grandiloquência de sua significação imediata; deveriam nos tocar pela simplicidade de sua irredutível conotação existencial. Com efeito, a bioética surge como reação à redutibilidade da pessoa; como protesto contra a transformação do ser humano em coisa e objeto; como tentativa de impedir que se repitam ações que façam desaparecer da existência pessoal e histórica a dignidade que lhe é inerente como valor diferencial. Assim, mesmo que a bioética jamais tivesse invocado a origem, o estatuto e a finalidade do ser humano em termos de *valor-pessoa*, ainda assim esse critério, que é o da dignidade, estaria presente e profundamente arraigado nas razões de origem e nos propósitos da bioética – e isso, inclusive, independentemente dos rumos que ela tenha tomado ou possa vir a tomar.

O que nos leva a compreender que a bioética, enfrentando as dificuldades de sua época histórica consubstanciadas na ausência de fundamentos e na dissolução da substância ética da vida, teria encontrado no homem como pessoa o critério mais importante para a restauração do valor. Isso não significa que ela tenha superado a *falta* originariamente constitutiva da nossa época e tenha reposto a universalidade perdida. Pelo contrário, foi exatamente a partir dessa falta e pela constatação de sua incidência brutal na desagregação do universo humano que ela pôde reencontrar na singularidade do homem aviltado o crime contra a humanidade naquilo que possa possuir de universal, mas que somente se encarna e se concretiza na *pessoa* do *indivíduo* determinado sobre o qual se exerce a violência. Quando carrascos e vítimas estão igualmente desamparados de valores universais, as relações humanas se pautam pela diferença entre força e vulnerabilidade. É num mundo de sujeitos atomizados e destituídos de si que a bioética tem de constituir seu campo de atuação.

A simplicidade irredutível da existência pessoal – da vida digna de ser vivida – não é, entretanto, algo dado e posto irrefutavelmente diante de todos (a experiência histórica o testemunha), mas alguma coisa a ser, se não construída, pelo menos reencontrada. Jamais se instituirá uma regra capaz de fazer com que se veja no ser humano o ser vivo cuja singularidade consiste na dignidade de viver. Nesse sentido pode-se dizer que é absolutamente impossível a constituição de uma visão ética objetiva da subjetividade. Os valores universais se mostraram insuficientes para isso, e a consideração do ser humano na sua singularidade subjetiva tampouco trará como resultado a segurança de sua inalienabilidade. A relação intersubjetiva eticamente orientada não está em parte alguma para que possamos simplesmente adotá-la; põe-se diante de nós como tarefa, a ser realizada com os precários instrumentos forjados na nossa condição e no decorrer de nossa história.

Se a bioética nasce e vive nessas circunstâncias, então é óbvio que ela não pode ser apenas um sistema de princípios ou um conjunto de regras. A ausência de valores dotados de universalidade real e a impossibilidade de objetivar o sujeito na sua integridade exigem uma moralidade aberta à constante invenção, sem o apoio de qualquer lógica e de qualquer axiologia. Aí está uma característica marcante da bioética: a relação humana vivida no regime da singularidade é o eixo em torno do qual gira a conduta. Nas situações de fato, os princípios se mostram abstratos e as regras, imprecisas. Isso porque dignidade, humanidade, subjetividade, liberdade não são princípios nem regras, são modos indefinidamente abertos de viver a relação humana, são temas sujeitos a infinitas variações nas nossas relações concretas com os outros.

Bioética Diante da Contradição dos Fatos

Dito isso, é preciso ressaltar que tudo, na nossa época, contribui para que se pense e se faça o contrário. O que se deve, em grande parte, a que as condições gerais da situação histórica na qual surgiu a bioética não foram superadas, principalmente quanto ao conteúdo de adversidade que comportam. Isso não quer dizer, evidentemente, que a nossa experiência histórica atual seja preenchida pelos mesmos fatos; significa, antes, que continuamos vivendo, do ponto de vista histórico, psicológico e social, num mundo em que catástrofes do mesmo gênero podem acontecer. Para reconhecer isso, basta que tomemos consciência de algumas características do nosso tempo: desaparecimento da política como meio de discernimento do bem comum; alienação da subjetividade a fatores externos de dominação de ordem midiática e publicitária; desvalorização da vida e trivialidade da morte, figurada na naturalidade com que convivemos com guerras, massacres e toda espécie de violação da pessoa; falta de perspectiva histórica e existencial, substituída pelo imediatismo consumista; competição exacerbada pelo êxito individual; hegemonia da tecnociência como abundância de meios e esvaziamento das finalidades; etc. Em suma, uma imensa dificuldade de reconhecermos em nós e nos outros o *valor-pessoa*. Se nos perguntarmos hoje qual é o *ethos* da civilização tecnológica, o embaraço em que nos encontraremos para responder será proporcional à surpresa diante da simples posição dessa questão.

Essa situação poderia ser descrita como ainda mais grave se atentássemos para as contradições que ela envolve. Quanto ao aspecto coletivo, por ex., o avanço moderno da democracia em direção à sua universalidade convive perfeitamente com o esvaziamento da consciência política que torna a democracia cada vez mais formal. Sob o prisma do indivíduo, a valorização da iniciativa individual, o aprimoramento da informação à disposição de cada um e a latitude de escolha diante de uma incalculável oferta de objetos e modos de vida estão lado a lado com um controle social jamais visto, decorrente dos dispositivos de que dispõe o poder – não apenas o poder governamental, ele também controlado, mas o poder do sistema.

As Regras, o Indivíduo, a Comunidade

Diante de tantos e tamanhos obstáculos ao exercício da liberdade real não espanta que o indivíduo contemporâneo tenha a sua vida submetida a um tão grande número de regras, que tanto lhe são impostas quanto ele mesmo as procura para substituir projetos de vida que já não pode mais formular por si mesmo. Como os direitos se tornaram abstratos, como os princípios perderam realidade, o indivíduo sente que somente regras objetivas confeririam à sua vida segurança e estabilidade. Como a sociedade já não conta com espaços públicos de manifestação de vida comunitária, o indivíduo busca sobreviver através de contratos privados cujas cláusulas são regras. A vida ética tende a se resumir nesses procedimentos, que expõem uma aparente objetividade louvada como progresso no âmbito das garantias individuais. A razão disso é a perda do elo de fundamentação recíproca que deveria vincular organicamente indivíduo e comunidade. Já não somos capazes de ver que o único respaldo concretamente universal para a singularidade individual seria a comunidade humana.

Essa quebra de vínculos tem sido apontada como uma das principais causas da desestruturação da subjetividade que se verifica no mundo contemporâneo. Mas é importante notar que esse fenômeno não pode ser considerado apenas sob o aspecto psicológico, como um problema individual que cada indivíduo tem de enfrentar, ou algo que se apresentaria como marca das relações que os indivíduos estabelecem entre si de modo privado. Pois a fragmentação do sujeito, estando associada, como vimos, ao rompimento dos laços entre indivíduo e comunidade, só pode ser adequadamente compreendida se a considerarmos com a desestruturação social, como um só e mesmo fenômeno. Com efeito, se a conduta ética (ético-política) dos indivíduos está sempre de alguma maneira pautada por parâmetros comunitários (inclusive pela ausência deles), o que se estabelece num contexto de crise das relações indivíduo / comunidade é uma espécie de *reciprocidade negativa*: o indivíduo, encerrado no casulo de seu interesse próprio, não pode, segundo os critérios que aqui adotamos, realizar-se *como indivíduo*. E a sociedade, que se compõe como um agregado de mônadas – indivíduos em total isolamento – não pode se produzir e reproduzir *como sociedade*. A realidade desmente, a cada dia, a velha crença liberal de que uma "mão invisível" se encarregaria de harmonizar interesses particulares vividos como autossuficientes. O interesse social não é simples decorrência da multiplicidade de interesses particulares antagônicos. Assim como a autonomia individual é uma tarefa de autoconstituição subjetiva, as relações sociais baseadas na liberdade individual são uma tarefa constante de constituição de laços sociais racionais e justos. Essa seria a *reciprocidade positiva* que deveria caracterizar as relações éticas e políticas.

Mas a modernidade se pôs na condição de ter de escolher entre comunidade e indivíduo. E o triunfo do individualismo trouxe consigo a vitória do interesse privado como centro de gravidade das relações humanas. Ora, uma moralidade compatível com a hegemonia da particularidade do interesse individual é aquela que se expressa muito mais em regras particulares adaptadas aos interesses do que numa relação entendida como dinâmica vinculante entre a singularidade do indivíduo e a universalidade da comunidade.

A Bioética e o Desafio de Ir Além das Regras

Nesse contexto, a bioética corre o risco de perder o lastro de uma reflexividade inventiva para se tornar um acúmulo de regras que somente seria exaustivo na hipótese de a própria vida humana vir a ser contida em limites comportamentais definidos de modo autoritário e totalitário. Terrível contradição, se considerarmos que a bioética surge como reação a situações em que essa hipótese se colocou como realidade. E a dimensão negativa desse contexto pode ser medida pelo fato de que, nas sociedades contemporâneas, o totalitarismo das regras não necessita estar respaldado numa ditadura efetiva: o caráter *formal* da democracia induz um totalitarismo *real* que na atualidade se expressa nos múltiplos aspectos *ditatoriais* que governam a nossa vida (mídia, publicidade, gosto, trabalho, lazer, informação, moda, sexualidade etc.) e que configuram a *funcionalidade* do nosso modo de viver num mundo em que a liberdade se transforma cada vez mais no exercício de *escolhas adaptativas* tendentes à homogeneidade.

No limite, esse hábito de *escolher* sem *decidir* significa liberdade sem responsabilidade – uma contradição, mas à qual nos acomodamos tanto mais facilmente quanto mais pudermos contar com regras que nos dispensem de refletir sobre o que temos de fazer. A bioética traz no seu próprio núcleo a ideia de que a relação humana (médico / paciente, pesquisador / sujeito de pesquisa, no caso) se define em termos de responsabilidade pelo outro: não se trata de uma regra, nem seria possível codificar essa relação, porque não é algo objetivamente determinado e delimitado, um modo de viver a experiência humana, mesmo que em situações específicas. Ou seja, trata-se daquilo que designamos antes como universalidade concreta e que atua como fundamento de relações definidas entre sujeitos singulares. Nesse sentido, a regra pode servir, no máximo, como instrumento auxiliar de avaliação de perspectivas e possibilidades, mas nunca como meio de se isentar da responsabilidade pela decisão. A razão de ser inevitável esse difícil exercício da liberdade é que, numa relação médico / paciente ou pesquisador / sujeito de pesquisa, o médico e o pesquisador nunca são sujeitos abstratos, nem o paciente ou o sujeito de pesquisa um objeto no sentido epistemológico. Ou seja, a busca de objetividade na bioética sempre irá se deparar com a dificuldade intransponível que se expressa na complexidade, na precariedade e na indeterminação das relações humanas.

Assim se pode dizer que haverá sempre um descompasso cessário entre o avanço tecnológico e a relação ética. O progresso trouxe e seguirá proporcionando mais e mais meios de ava liação objetiva da funcionalidade psicobiológica, mas não há avanço técnico capaz de aprimorar nossa relação ética com as pessoas. Postular tal paralelismo seria, como já vimos, um reducionismo. Se entendermos a relação ética como a convergência obrigatória entre liberdade e responsabilidade, que se pode traduzir como a inseparabilidade entre subjetividade, intersubjetividade e comunidade, então teremos de admitir, também, que o impulso da bioética, como modo concreto de ocorrência de relação humana, será sempre algo vinculado à reflexão e à invenção, no sentido de um contínuo esforço para ultrapassar, na vivência efetiva da relação com o outro, o patamar categorial das regras e princípios, em direção a uma experiência real de respeito e solidariedade.

Referências Bibliográficas

ADORNO, T. e HORKHEIMER, M. Dialética do Esclarecimento. Rio de Janeiro: Jorge Zahar, 1985.

BAUMAN, Z. Ética Pós-moderna. São Paulo: Paulus, 1997.

BELLINO, F. Fundamentos da Bioética. Bauru: EDUSC, 1997.

CANTO-SPERBER, M. Que devo fazer? São Leopoldo: UNISINOS, 2004.

DURANT, G. A Bioética. Natureza, Princípios e Objetivos. São Paulo: Paulus, 1995.

FOUCAULT, M. Microfísica do Poder. Rio de Janeiro: Graal, 1999.

FREITAG, B. e ROUANET, S. (org.). Habermas. São Paulo: Ática, 2001.

GADAMER, H.G. O Caráter Oculto da Saúde. Petrópolis: Vozes, 2006.

HABERMAS, J. Ética da Discussão. Lisboa: Instituto Piaget, 1999.

LIMA VAZ, H. Introdução à Ética Filosófica I e II. São Paulo: Loyola, 1999.

MAC INTYRE, A. Depois da Virtude. Bauru: EDUSC, 2001.

_____, A Short History of Ethics. Londres: Routledge, 1998.

OLIVEIRA, M.A. Teorias éticas contemporâneas. Petrópolis: Vozes, 2000.

POTTER VR. Bioethics: bridge to the future. New Jersey: Prentice-Hall, 1971.

RICOEUR, P. O Si-mesmo como um Outro. Campinas: Papirus, 1991.

SIQUEIRA, J.E. Contribuição da Bioética para a evolução das ciências: a prática clínica. In: NEVES, M.C.P.; LIMA, M. Bioética ou Bioéticas na evolução das sociedades. Coimbra/São Paulo: Gráfica Coimbra, Centro Universitário São Camilo, 2005 (Edição luso-brasileira).

3

BIOÉTICA E CONSTRUÇÃO DA NORMATIVIDADE

Tereza Rodrigues Vieira

Nilza Maria Diniz

Josimário Silva

NOTA INTRODUTÓRIA

O surgimento do homem muito influenciou na direção do processo de evolução vital, atuando sobre o mundo físico, sobre as espécies vivas e até sobre si mesmo. Assim, emergiu também a norma com o objetivo de conciliar interesses, prevenir e regulamentar os conflitos em nome da harmonia social.

Em decorrência das mudanças nas relações interpessoais, o homem sentiu a necessidade de regulá-las na comunidade, elaborando uma lei padrão. Nesse âmbito, a norma jurídica passa a existir para que ocorra a disciplina social, viabilizando a convivência.

Estes mecanismos de proteção vêm sendo aperfeiçoados com o passar dos séculos e hoje compõem o ordenamento jurídico fundamental do Estado.

Thomas Robbes (1651), em seu Leviatã, escreve que os homens não têm nenhum prazer na companhia dos outros, pelo contrário, sentem um enorme desprazer, quando não existe um poder capaz de inspirar respeito a todos, porque todo homem espera que seu companheiro lhe atribua o mesmo valor que ele se atribui (Morris, 2002, p. 105).

Contudo, cumpre observar que, segundo Perelman (1996, p. 426):

> "Na prática, um direito só é eficaz se usufrui um consenso suficiente do meio a que é aplicável. Aqueles que são encarregados de dizer o direito em cada caso particular terão de estender ou de restringir o alcance das regras de modo que se evitem soluções desarrazoadas, chocantes para os usuários, seja porque injustas demais, seja porque mal adaptadas à situação."

Em assonância com a lição deste importante jusfilósofo de Bruxelas, o direito se ajusta à realidade a partir dos valores morais. Desta forma, em decorrência da sua imprescindível interdisciplinaridade, encontramos na bioética um vasto espaço de discussão no que concerne à sua normatividade.

Muitas são as indagações vivas neste campo, as quais não merecem respostas mortas. Precisamos lançar luzes, por exemplo, nas seguintes perquirições: é possível conciliar, por meio de normas, os diferentes pensamentos originados nas reflexões bioéticas? Elaborar leis resolve o problema da pluralidade de opiniões? O que fazer quando as leis existentes são insuficientes? Quem deve elaborar as leis acerca de assuntos ligados a bioética? Quais os mecanismos de proteção dos direitos tocados pela bioética? O direito e a bioética apresentam lacunas? Tudo o que é ético é legal ou vice-versa? A aplicação da norma pode produzir resultado injusto? Qual a eficácia de uma declaração universal de direitos? As normas dispostas nos códigos de ética são suficientes para conter os abusos cometidos pelos profissionais? Necessitamos de normas legais para estabelecer até onde o Homem pode ir? Até onde podemos utilizar a ciência sem ferir os direitos personalíssimos? O receio de uma sanção legal pode coibir abusos? O que impede que uma pessoa cometa crimes? Por que, afinal, devemos obedecer à lei?

Assim, o presente capítulo pretende lançar algumas reflexões para que o leitor possa ponderar e sopesar acerca da contribuição da bioética para a construção da normatividade.

Noções Preliminares. Norma Moral, Norma Religiosa e Norma Jurídica

Não há como falar em normatividade sem recordar algumas noções essenciais, como ética, moral, lei, justiça e direito, embora não haja uniformidade de pensamento entre os doutrinadores acerca destes conceitos.

Anteriormente, as normas aplicadas eram as costumeiras e as religiosas. Mas, como obrigar alguém a cumprir uma norma religiosa se nem todos comungam da mesma religião? Aliás, muitos não professam credo algum. Também as regras morais e jurídicas, quando interpretadas e aplicadas, podem conduzir a conclusões divergentes.

As normas morais e religiosas, diferentemente das normas jurídicas, são aquelas que instituem uma relação normativa, descrevem como determinadas pessoas devem proceder, compreendem uma norma de conduta.

Ética, por sua vez, é parte da filosofia que se destina à reflexão sobre a moral. Pretende ela desdobrar conceitos e argumentos que possibilitam a compreensão da dimensão moral da pessoa humana, sem limitar-se a seus componentes psicológicos, sociológicos, econômicos ou qualquer outro (Cortina e Martínez, 2005, p. 9). A lei ética é a normatização da conduta em que há uma possibilidade de escolha, uma alternativa, uma opção entre as várias maneiras de agir.

No dizer de Carlin (1997, pp. 33-35), a ética não possui caráter legal, traduzindo-se, no respeito a regras de conduta não sancionadas por outras normas. A deontologia atua no âmbito da norma profissional, ao passo que a ética está atrelada a valor e à identidade profissional, portanto, uma noção mais dilatada.

No entender de José Renato Nalini (1999, p. 35), a ética é uma disciplina normativa, não por criar normas, mas por descobri-las e elucidá-las. Mostrando às pessoas os valores e princípios que devam nortear sua existência, a ética aprimora e desenvolve seu sentido moral e influencia a conduta.

As regras do direito, por sua vez, organizam a vida do homem em sociedade, visando à prevenção de litígios, definindo as zonas de liberdade em que cada qual pode agir, organizando as relações entre os indivíduos. Contudo, aplicar o direito não é somente apor a lei, visto que aquele possui maior abrangência que esta. O direito vai além e não se choca com o conceito de justiça, pois traz o senso do justo fundamentado em teor axiológico. Eles se completam.

Para o jusfilósofo americano Dworkin (2003, p. 492):

> "A atitude do direito é construtiva: sua finalidade, no espírito interpretativo, é colocar o princípio acima da prática para mostrar o melhor caminho para um futuro melhor, mantendo a boa-fé com relação ao passado. É, por último, uma atitude fraterna, uma expressão de como somos unidos pela comunidade apesar de divididos por nossos projetos, interesses e convicções. Isto é, de qualquer forma, o que o direito representa para nós: para as pessoas que queremos ser e para a comunidade que pretendemos ter."

Cotrin (2002, p. 265) apresenta de forma bastante didática as principais similitudes e diferenças entre moral e direito.

Ambos possuem normas imperativas para todos, se orientando pelos valores próprios a certa sociedade, e têm caráter histórico, ou seja, mudam de acordo com transformações histórico-sociais.

O domínio da moral é mais vasto, abrangendo vários aspectos da vida humana, enquanto o campo do direito se reduz a questões específicas nascidas de interferência de condutas sociais.

A moral não se revela por um código formal, enquanto o direito sim. O direito estabelece uma relação estreita com o Estado, enquanto a moral não proporciona este atrelamento.

Assinala Wald (2002, pp. 21-22) que a disposição do nosso direito é no sentido de acolher apenas normas jurídicas provindas do Estado. Todas as demais emanam e procedem do sistema jurídico estatal, do anseio dos particulares e dos grupos só podendo criar normas dentro dos limites em que elas são aceitas pelo Estado, ou derivam de sua delegação. Ao contrário das normas morais ou religiosas, a norma jurídica é exterior e bilateral, pois não se refere a uma simples intenção, mas regula o comportamento objetivo do homem. É bilateral porque o direito subjetivo do sujeito ativo deve corresponder sempre a um dever jurídico do sujeito passivo. Trata-se de uma relação entre um direito e um dever, ao passo que o dever moral ou religioso não implica um direito de terceiro.

Entretanto, uma forte característica do direito é a coercibilidade, isto é, a força e a coação potencial do Estado para ser obedecida; a norma moral se distingue, em tese, pela liberdade, pois está sujeita à escolha individual para se fazer admitida, aceita e obedecida. Assim, moral se refere somente aos seres humanos, pessoas físicas dotadas de consciência e vontade. O direito regula, julga e sanciona atos ou abstenções de pessoas físicas, jurídicas, inclusive do Estado e de outros sujeitos de direito (Gros Espiell, 2005, p. 87). Contudo, vale lembrar que a sanção jurídica pode ser objeto de um juízo moral.

Nas sociedades pluralistas, que valorizam a liberdade espiritual, uma ordem legal única pode coexistir com várias concepções religiosas e morais. No direito, apenas o juiz é competente para aplicar a lei e proferir uma sentença (Perelman, 1996, p. 307). Numa sociedade que aceita o pluralismo religioso, não é a verdade religiosa, mas o respeito à liberdade de religião e consciência que se torna o valor fundamental. É admitida como expressão da dignidade e da autonomia da pessoa. Contudo, o direito limita a liberdade religiosa, não sendo permitido, por exemplo, o sacrifício ritual de pessoas.

Quando a pessoa age obedecendo a um conjunto de regras obrigatórias que tutelam a convivência do homem em sociedade, dentro dos limites de cada um, agiu de conformidade com a conduta descrita pela lei, visto que nenhuma sociedade poderia subsistir sem um mínimo de ordem, de direção e de solidariedade (Reale, 2005, p. 3).

Importante ressaltar aqui a *teoria do mínimo ético*, a qual consiste em dizer que o direito representa apenas o mínimo de moral declarado obrigatório para que a sociedade sobreviva. A moral é cumprida de forma espontânea, contudo as violações são inevitáveis, sendo, portanto, indispensável seu impedimento com mais vigor e rigor, por meio de dispositivos que a lei considera essenciais para a paz social. Para os sequazes desta corrente, o direito faz parte da moral (Reale, 2005, p. 42), simbolizando um círculo menor (direito) dentro de um maior (moral).

Para Bentham, toda norma jurídica é moral, mas nem toda norma moral é jurídica. Assim, o direito seria uma espécie dentro do gênero moral (Coelho, 2004, p. 182).

Segundo lição de Kant, as leis da liberdade, diversamente das leis da natureza, são leis morais. Na proporção em que se alude apenas a ações externas e sua legalidade, são chamadas de jurídicas; porém, se também exigirem que, enquanto leis, sejam elas mesmas os princípios de determinação de nossas ações, são éticas. A concordância de uma ação com as leis jurídicas é sua legalidade; a aquiescência de uma ação com as leis éticas é sua moralidade (Morris, 2002, p. 238).

Sopesa Coelho (2004, p. 184) que as normas jurídicas recebem uma sanção mais rigorosa do que as morais, porque toda a coletividade, por meio de seus órgãos representativos, pode impor sua observância de forma coercitiva, tornando a sanção jurídica mais eficaz que a sanção moral. As normas jurídicas são revestidas de algumas características formais, seja em sua aplicação pelos órgãos representativos da comunidade, seja no processo de extinção. Este tecnicismo não está presente nas normas morais. Contudo, ambas têm por fim os atos humanos, e em ambas existe o aspecto interno e o externo da ação humana, pois ao direito também interessa a intenção, o *animus*, e à moral também interessa a prática exterior da ação humana.

Em vista do acima exposto, cumpre lembrar que o direito civil e o direito penal punem o agente quando este procede com dolo, com intenção, diferenciando da culpa (sem intenção). A título de informação, coação é uma violência física ou psíquica efetuada contra uma ou várias pessoas. Esta coação poderá vir da parte do Estado para o cumprimento de uma norma, ou por parte de um particular, anulando um ato, como um contrato, por exemplo, ou na Bioética, a assinatura sob coação do termo de consentimento.

A moral é incompatível com a violência, com a coação. O ato só será moral quando cumprido espontaneamente. Quando desempenhado como obrigação, é coercível.

O cumprimento das normas jurídicas, ao contrário das normas morais, não aguarda a boa vontade do agente. Neste momento surge a coação do Estado para que seja cumprido o preceito jurídico.

Todas as regras existem, em princípio, para serem cumpridas. Assim, sanção é a forma pela qual se garante o cumprimento da regra. Mesmo as regras morais impõem sanções, como o remorso, por exemplo, tornando o indivíduo réu de si mesmo. Embora íntima, é uma forma de sanção. Contudo, como também vivemos em sociedade, poderá ocorrer a sanção de natureza social, incidindo o infrator no demérito social. Mister se faz ressaltar que alguns indivíduos pouco importam com o que a sociedade pensa sobre o seu comportamento, nem mesmo reprovam ou são tomados pelo remorso. Não há como puni-los.

Assim, até mesmo as regras religiosas impõem sanção quando infringidas, para os que acreditam que um dia todos serão julgados.

Há atos que são reprovados pela norma moral, religiosa e jurídica. É o caso, por exemplo, do homicídio. Algumas regras são mais flexíveis que outras, acolhendo o estado de necessidade, ou outras circunstâncias em que o ato foi cometido, como a legítima defesa, o estrito cumprimento do dever legal, exercício regular de um direito. Por vezes, embora não haja uma punição do Estado, o indivíduo se pune, no caso, por exemplo, de o pai atropelar e matar o filho, sem intenção.

O Estado detém o poder de sanção no tocante à infração às normas jurídicas; a Igreja Católica pune com a aplicação do direito canônico, quando for o caso. Contudo, apenas a sanção do Estado é universal, podendo ser imposta a todos. Um homem se comporta em conformidade com as leis porque esta se torna imperativa para suas relações sociais.

Mas, como vimos, não é apenas a norma jurídica que possui sanção. Para Eugen Erlich, citado por Morris (2002, p. 452), as regras de costume ético, de moralidade, de religião, de decoro, de etiqueta não teriam sentido se não exercessem certa coerção. No mesmo sentido, assinale-se que, para Kelsen (Comparato, 2006, p. 358), não há ordem social sem sanção. A aprovação ou reprovação da coletividade também se configura em uma sanção.

Assim, a distinção entre o direito e as demais ordens sociais reside na sanção jurídica coativa, sendo aplicada mesmo contra a vontade do destinatário, com emprego da força física, se necessário. A coação é exercida pelo lesado, não pela norma jurídica.

Cumpre obtemperar, todavia, que o preâmbulo da Constituição Federal Brasileira de 1988 invoca "a proteção de Deus" ao promulgá-la. Destarte, o Estado brasileiro, por meio do Poder Legislativo, não olvida a crença e considera a religiosidade do seu povo.

Em suma, reconhece a sociedade que a norma jurídica é essencial para sua sobrevivência. Aliás, isso é bastante perceptível quando há ocorrência de uma barbárie. As normas jurídicas são produzidas oficialmente, enquanto que a origem da norma moral está disseminada no seio do grupo. Estas normas coexistem em grande abundância, portanto muitas normas morais e religiosas podem se tornar jurídicas, necessitando que o Estado conceda-lhes juridicidade por meio de técnicas previstas para tal.

Norma Positiva

Direito positivo é o conjunto sistemático de normas vigentes estabelecidas pelo poder político destinadas a disciplinar a conduta das pessoas na convivência social em uma determinada época. É produzido pelo homem. É a regra que naquele momento rege coativamente o comportamento dos indivíduos do grupo social a que se direciona.

Com a promulgação e a publicação, presume-se que foi dado conhecimento da lei à população, após a *vacatio legis*, podendo, portanto, ser exigido o seu cumprimento. Sua observância impõe a todos, sob pena de sanção.

Asseguram os positivistas que, por meio das leis, o Estado cumpre sua função fundamental de garantir o bem-estar e proteção dos seus cidadãos, fazendo uso dos recursos que dispõe por meio de suas estruturas jurídicas e institucionais, com políticas públicas eficazes que assegurem a tutela da dignidade do ser humano. Em verdade, a lei não ordena o cumprimento da norma, podendo, com isso, o indivíduo violá-la, contudo a esta violação se impõe uma sanção punitiva.

A lei positiva, segundo o magistrado francês Christian Byk (2003, pp. 19-20), ao contrário da moral, tem um objetivo limitado e circunstancial. Ela se direciona a uma coletividade determinada e visa a regular as condutas externas de cada um. A ética é o ponto de partida para a criação de novas normas jurídicas, visto que constitui um modelo de referência.

No entender de Kant, o direito natural assenta-se sobre princípios racionais puros, e o direito positivo advém da vontade do legislador (Morris, 2002, p. 243).

Não devemos nos apegar ao rigorismo das leis, acreditando que para tudo deva existir um preceito legal regulamentando a conduta. Porém, os que defendem a criação de leis argumentam que é importante que cada um conheça seus direitos e obrigações e, para que tal ocorra, devem estar positivados, escritos. Sucede que os direitos e obrigações não estão dispostos apenas nas leis. A variabilidade de casos que pode ocorrer é imensa, portanto é errônea esta concepção.

Montesquieu, autor de *O Espírito das Leis* (1873), entende que a experiência demonstra que o espírito dos habitantes é tão tocado pelas penalidades leves em países em que a indulgência de suas leis é evidente, quanto em outros, pela severidade das punições. As leis humanas, elaboradas para gerir a vontade, deveriam dar preceitos e não conselhos, enquanto que a religião, feita para influenciar o coração, deveria dar muitos conselhos e poucos preceitos. Para ele, o espírito do legislador deve ser o da moderação; o bem político, como o moral, está sempre entre dois extremos. É necessário que as palavras da lei estimulem em todos a mesma ideia, ou seja, deve ser clara, sem ostentação e com estilo conciso. Lembra que *"as leis sempre satisfazem as paixões e os preconceitos do legislador; às vezes, passam através deles e absorvem apenas uma tintura; às vezes param e se incorporam a eles..."* (Morris, 2002, pp. 171-181).

Norberto Bobbio prefere utilizar o vocábulo *exigências* em vez de *direito* quando se refere a direitos futuros ou não constitucionalizados, visto que são meras aspirações. Deixa a palavra *direito* apenas para as exigências ou pretensões efetivamente protegidas. Segundo ele, pode-se falar de direitos morais só no âmbito de um sistema normativo moral, em que existam obrigações cuja fonte não é a autoridade munida de forma coativa, mas Deus, a própria consciência, a pressão social, a depender das várias teorias da moral. Os direitos positivos são advindos do estudo de um código de leis positivas, validados por uma autoridade capaz de fazer respeitar os próprios mandamentos. Os direitos morais não são propriamente direitos, são apenas exigências que buscam validade com o objetivo de se tornarem eventualmente direitos em um novo ordenamento normativo, caracterizado por uma maneira diversa de tutela, de proteção. Pertencem a ordenamentos diferentes e para que possam ser exigíveis devem ser acolhidos pelo ordenamento jurídico. Para Bobbio (2003, p. 97), *"uma coisa é ter um direito; outra, a promessa de um direito futuro. Uma coisa é o direito atual; outra, um direito potencial. Uma coisa é ter um direito que é, enquanto reconhecido e protegido; outra é ter um direito que deve ser, mas que, para ser, ou para que passe do dever ser ao ser, precisa transformar-se, de objeto de objeto de discussão de assembleia de especialistas, em objeto de decisão de um órgão legislativo dotado de poder de coerção."*.

No dizer de Bonfim (1998, pp. 24-25):

> "Não basta estudar e praticar o direito para que este se realize e se aperfeiçoe. É preciso, mais e principalmente, pensá-lo, senti-lo, vivê-lo, impregná-lo, de ideias de justiça e humanismo. (...) A lei, dependendo de quem a interpreta e aplica, tanto pode ser usada para oprimir como para libertar, para absolver como para punir, para fazer justiça como para sancionar injustiças."

Os aplicadores da lei podem invocar o mesmo preceito legal, porém em sentido diverso, chegando-se a conclusões opostas. A lei deve ser aplicada em função do justo. A decisão tem que ser justa, não necessariamente legal. O direito proveniente do Estado não deve ser considerado como a única fonte para a solução da lide. O direito que nasce nos movimentos sociais deve ser absorvido e considerado no momento da aplicação do direito. O direito sim deve ser respeitado sempre, não a lei. As leis até podem ser pequenas para a resolução dos problemas, mas o direito não.

Infelizmente, nosso ordenamento jurídico ainda é bastante conservador. Assim, em se tratando de reflexão concernente à bioética, a aplicação da lei poderá não ser condizente com o pensamento atual das correntes representativas deste segmento.

É bem verdade que devemos obedecer às leis. Contudo, quando esta se torna injusta, devemos lutar pela justiça. Assim, o dever de obediência cega à lei não é absoluto, mas relativo.

LEGIFERAR EM MATÉRIA DE BIOÉTICA

Oportuno se torna assinalar que o legislador não consegue abarcar todas as situações passíveis de ocorrência na vida social coletiva. Desta assertiva surge a questão referente à necessidade ou não de legiferar, ou seja, de criar leis.

É importante aqui ressaltar o entendimento de Tomás de Aquino, para quem não havia necessidade de criar leis, pois os homens seriam melhor induzidos ao bem voluntariamente por admoestações que por meio de leis. Teria sido melhor se os atos humanos fossem dirigidos pelo juízo de homens sábios do que pela concepção de leis. Entendia que homens mal dispostos não são conduzidos para a virtude, exceto se compelidos. Contudo, é melhor que todas as coisas sejam reguladas pela lei do que deixar que sejam decididas pelos juízes (2002, pp. 63-65).

Consoante lição de Perelman (1996, p. 361) a sociedade ideal não necessita de juízes nem de advogados. *"Desejar-se-ia que as leis estivessem inseridas no coração, na consciência e na razão de cada qual; e, se ainda assim forem necessárias leis, que fossem claras, concisas e tão escassas quanto possível."*.

Os utopistas reduzem a importância do direito, bem como sua influência. Contudo, ausência de leis positivas não implica a ausência do direito.

Conforme assevera a jurista Maria Helena Diniz (2002, p. 7):

> "Somente as normas de direito podem assegurar as condições de equilíbrio imanentes à própria coexistência dos seres humanos, possibilitando a todos e a cada um o pleno desenvolvimento das suas virtualidades e a consecução e gozo de suas necessidades sociais, ao regular a possibilidade objetiva das ações humanas."

Não há que se negar que o guia do juiz é a lei, mas o que fazer quando esta não prevê determinada conduta?

Alguns profissionais preferem se apoiar em Kelsen e sustentar o princípio de que "tudo que não está proibido, está permitido".

Cumpre não olvidar que o legislador brasileiro, no art. 126 do Código de Processo Civil, estabeleceu que o *"juiz não se exime de sentenciar ou despachar alegando lacuna ou obscuridade da lei. No julgamento da lide caber-lhe-á aplicar as normas legais, não as havendo, recorrerá à analogia, aos costumes e aos princípios gerais do direito."* Ressalva em seguida no art. 127 do mesmo diploma legal que *"o juiz só decidirá por eqüidade nos casos previstos em lei"*.

Do mesmo modo, prevendo a ocorrência de possíveis "lacunas", prescreve o art. 4º da Lei de Introdução ao Código Civil – LICC que: *"Quando a lei for omissa, o juiz decidirá o caso de acordo com a analogia, os costumes e os princípios gerais de direito"*. Neste caso o magistrado tem autorização para desenvolver o direito.

Assim, mesmo sem lei específica, não poderá o juiz deixar de dizer qual o direito aplicável naquele caso trazido ao judiciário. A lacuna continua existindo, visto que aquela decisão vale somente para aquele caso concreto.

Se o sistema não fosse lacunoso, não haveria por que existir o Poder Legislativo. Em se deparando com uma lacuna, deverá o magistrado verificar na legislação em vigor se existe similitude daquele caso com outros previstos. Caso não encontre casos análogos previstos em lei, deverá somente nesse momento recorrer aos costumes; se também em caso negativo, recorrerá aos princípios gerais do direito. Em último caso recorrerá à equidade, se prevista em lei.

Considerando o acima disposto, como proceder naqueles casos em que se discute a utilização das novas biotecnologias sobre o ser humano, ainda não abarcados pela lei?

Entendemos que os tribunais não podem silenciar em matéria relacionada à bioética, sob a alegação da inexistência da lei. Por vezes, não são apenas os destinos individuais que estão em discussão, mas o futuro da sociedade humana.

Assim, até mesmo os magistrados reclamam por uma lei que discipline o assunto, como é o caso, por exemplo, dos problemas advindos da reprodução assistida.

Evidentemente, o controle dos destinos das novas descobertas não pode ser monopólio dos cientistas. O conhecimento do cidadão médio acerca dos assuntos ligados à bioética é ainda incipiente para lhe permitir explorar todo o seu potencial reflexivo, emancipado das concepções preconceituosas. Todo cidadão tem o direito de desenvolver suas capacidades, pois discutir sobre o que é ou não vida (ou qualidade) não é uma questão puramente biológica; reconhecendo sua vulnerabilidade, terá a oportunidade de aprender com os outros. A discussão pluralista é pedagógica. Razão assiste a Jean-Jacques Rousseau ao proclamar que legislador sábio não começa formulando leis boas em si mesmas, mas sim investigando a aptidão do povo, ao qual elas se destinam (Morris, 2002, p. 223).

Muitos pugnam por um código positivo de bioética universal. Entendemos que isso seja utópico, uma vez que as normas positivas têm alcance particular, além de serem próprias a cada povo, com caracteres peculiares, a menos que a temática seja limitada ou trabalhemos com o mínimo ético. Contudo, é possível o estabelecimento de princípios gerais éticos e jurídicos abrangendo, por exemplo, os direitos e deveres fundamentais do homem, inerentes à sua dignidade, à sua personalidade, como diretrizes da atividade humana. Isso, entretanto, não preencheria as lacunas.

É sobremodo importante assinalar que as leis não podem ser editadas de afogadilho, pois correm o risco de serem lacunosas. Por outro lado, se muito demorada sua elaboração, ao serem promulgadas, poderão estar defasadas, uma vez que a ciência caminha mais rápido que o legislativo que aí está.

Por vezes, não basta uma carta de intenções ou mandamentos, sem a criação dos mecanismos para sua tutela. Cumpre observar aqui as palavras de Dworkin (2002, p. 28), que denomina *política* aquele tipo de padrão que institui um objetivo a ser alcançado, como uma melhoria em algum aspecto econômico, político ou social da comunidade. Nomeia *princípio* um padrão que deve ser observado, não porque vá gerar ou assegurar uma situação econômica, política ou social desejável, mas porque é uma exigência de justiça ou equidade ou alguma outra dimensão da moralidade.

Diante do receio de ficar sem o devido vigor, a Convenção Europeia de Salvaguarda dos Direitos do Homem e das Liberdades Fundamentais adotou não apenas um texto, mas criou uma Comissão e um Tribunal dos Direitos do Homem, devidamente habilitado a dizer o direito. O mesmo não acontece com a Declaração dos Direitos do Homem, da qual o Brasil é signatário, que ainda não resolveu o problema da eficácia das suas normas.

A seu turno, a *doutrina* contribui para a atualização da interpretação do ordenamento jurídico, apesar de não ser considerada estritamente uma fonte do direito. É uma literatura para o direito, na qual se reúnem opiniões emitidas por autores em suas obras teóricas e comentários das leis e decisões dos juízes (Meulders-Klein, 1994, p. 49). Indubitavelmente, é um importante recurso de formação de opinião para os profissionais que labutam com a bioética, mas estes ainda continuarão inseguros ao se apoiarem apenas nela.

Poderá, também, o juiz embasar sua sentença nos costumes. Aliás, a título de informação, nem todo direito é escrito, podendo ser costumeiro e jurisprudencial, como, por exemplo, nos casos dos países da *Commom Law* (Inglaterra, Estados Unidos). No entanto, considerando que a bioética se alimenta das discussões de temas persistentes e também emergentes, não há como consagrar soluções para todos os casos tendo como base os costumes.

Assinala Maria Helena Diniz (1994, p. 120) que os *princípios gerais do direito*, cujo uso é autorizado pelo art. 4 da LICC, são normas de valor geral que norteiam o entendimento do direito, em seu emprego e integração; são cânones que não foram ditados pelo elaborador da norma, mas que estão contidos de forma permanente no ordenamento jurídico. Pelo fato de serem gerais e não explicitarem a conduta abarcada, cada juiz poderá aplicar um princípio diferente quando o caso chegar às barras dos tribunais.

Diante dos mesmos fatos e das mesmas leis variam as decisões dos juízes. Por quê?

Um juiz pode valorar mais um princípio que outro para aquele caso concreto. Pode o juiz se basear em critérios diversos, visto que possui autonomia para interpretar e aplicar a lei. No dizer de Dworkin (2003, p. 3), *"A diferença entre dignidade e ruína pode depender de um simples argumento que talvez não fosse tão poderoso aos olhos de outro juiz, ou mesmo do mesmo juiz no dia seguinte."*.

Guy Durand (2003, p. 127) diferencia julgamento de fato e julgamento de valor. No seu entender, o primeiro remete para uma constatação, resultante de uma verificação elementar. O segundo, por sua vez, carrega uma apreciação qualitativa, como, por exemplo, a beleza de um quadro, a moralidade de um ato. Para que um fato seja normativo é necessário um julgamento de valor, um julgamento ético.

No dizer de Thévenot (1982, pp. 31-32 apud Durand 2003, p. 128), é necessário que:

> "o discernimento tenha mostrado que tomar esse fato como norma contribui com a humanização da pessoa ou da sociedade (...) Quando a moral decide tomar um fato como norma é porque ela pensou depois de uma reflexão madura que a liberdade das pessoas poderá aumentar se ela se submeter a esse fato como algo que a obriga."

A propósito, narra Souza (2001, p. 22):

> "Para que possa resultar aplicável na vida diária, **a bioética necessita mais do que meras formulações morais – concreções jurídicas no contexto social em que atua**. Exige, nesta hora de graves conflitos, enlaçar-se estritamente com o Direito. A bioética deve, portanto, deslizar-se sobre o tecido jurídico – fazendo-se normas – para aplicar-se à realidade concreta." (grifo nosso).

Para a Bioética, o questionamento acerca do caráter humanizador, bem como as implicações de algumas práticas para a sociedade, é imprescindível. É por meio das normas que o direito busca o equilíbrio social, coibindo a desordem e tutelando os direitos e liberdades dos destinatários. Contudo, o Estado não deve ser o único a criar normas de direito.

Para alguns países, a questão sobre legiferar ou não em matéria de Bioética já está ultrapassada. Isso, por vezes, depende do conceito e abrangência que se confere ao vocábulo Bioética em cada país. Para alguns, grosso modo, ela é a ética da vida, para outros, a ética aplicada às biotecnologias.

Na França, por exemplo, já existia lei desde 1994. A lei em vigor é a n. 2004-800, de 6 de agosto de 2004, a qual prevê, entre outros, mudanças no Código Civil, no Código Penal e no Código de Saúde Pública.

A lei retro citada, promulgada pelo Presidente Jacques Chirac, divide a temática em seis títulos. São eles: I. Ética e a biomedicina; II. Direitos das pessoas e caracteres genéticos; III. Doação e utilização de elementos e produtos do corpo humano; IV. Proteção jurídica das invenções biotecnológicas; V. Produtos de saúde; VI. Procriação e embriologia; VII. Disposições diversas e transitórias.

Essa lei será reexaminada pelo Parlamento em no máximo cinco anos, a contar da entrada em vigor. Reza o texto legal que "esta lei é executada como lei do Estado". É importante tal menção em decorrência da eficácia da mesma.

Por vezes, o problema não está na ausência de normas jurídicas, mas na falta de consenso. Falta consenso ético, não apenas jurídico.

Evidentemente, não podemos incluir questões bioéticas na Constituição de forma detalhada, visto que a Lei Maior não pode ser alterada de acordo com a evolução da genética, por exemplo. Entre outros, a Constituição deve conter os princípios garantidores da proteção da vida e da dignidade.

A elaboração de leis por pessoas alheias ao debate pluralista dá amostras de que estas previsões legais não colaborarão para a dissolução da polêmica imperante na área (Vieira, 2005, p. 183). Para este propósito, convém lembrar que a prudência deverá ser redobrada, no sentido de não se imobilizar as reflexões bioéticas, conduzindo a um rigorismo exagerado, transmitindo uma falaz impressão de bonança.

Algumas Normas Éticas e Jurídicas Nacionais e Internacionais

1. Normas internacionais

Em 1947, após a instauração do Tribunal de Nuremberg, foi elaborada a primeira diretriz sobre ética em pesquisa envolvendo seres humanos, sendo seguida por várias outras normativas. As normas apresentadas no Código de Nuremberg refletiam princípios de respeito à dignidade, autonomia e integridade dos sujeitos de pesquisa.

Depois do Código de Nuremberg (*Control Council Law*, 1949), a Associação Médica Mundial elaborou diretrizes para a classe médica e aprovou, em 1964, a Declaração de Helsinque. Esta Normativa provém, também, da reflexão dos médicos frente à questão sobre estudos clínicos dos quais originavam grandes conflitos em virtude de seu caráter múltiplo em relação aos vários atores morais envolvidos no estudo e seus respectivos interesses, ora econômico, ora de melhoria de saúde. Estes processos foram precedidos de um período em que a humanidade estava diante da questão do desrespeito à dignidade e à integridade de pessoas, principalmente aquelas dos campos de concentração. A Declaração de Helsinque comportou várias atualizações (1975 – Tóquio; 1983 – Veneza; 1989 – Hong Kong; 1996 – África do Sul; Edimburgo 2000-2003 – Helsinque; e 2004 – Tóquio) e a partir do ano 2000 houve intensa discussão e propostas de mudanças.

As diretrizes apresentadas na Declaração de Helsinque contemplam todos os pontos do Código de Nuremberg, contudo, aparecem tópicos adicionais, tais como: obediência a princípios científicos consagrados na literatura, revisão ética e científica dos projetos de pesquisa, qualificação dos pesquisadores e mais segurança nos métodos diagnósticos e terapêuticos comprovados aos participantes do estudo.

Em 1982, foi publicada a primeira versão de uma nova diretriz internacional sobre esta matéria, o *"International Guideline for Research Evolving Human Beings"* do *"Council for International Organizations of Medical Sciences"*, da Organização Mundial de Saúde. Este documento foi revisado em 1993 e 2002 (Cioms, 1982) e, além dos pontos de avaliação apresentadas dos documentos anteriormente comentados, apresenta itens em relação à proteção de sujeitos e comunidades vulneráveis, bem como compensação por danos e obrigações entre países envolvidos na pesquisa.

Em outubro de 2005, em Paris, sede da UNESCO, foi aprovada a Declaração Universal sobre Bioética e Direitos Humanos, a qual versa acerca das questões éticas concernentes à medicina, às ciências da vida e às tecnologias associadas quando aplicadas aos seres humanos, levando em conta suas dimensões sociais, legais e ambientais. Trata-se, assim, de mais um importante instrumento à disposição da democracia para o aprimoramento da cidadania e dos direitos humanos universais.

Declarações como esta devem ser aplicadas independentemente de constarem nos ordenamentos jurídicos internos de cada país. Contudo, por vezes, seu valor é observado, mas não sua eficácia. A aquisição desta eficácia poderia ocorrer com a inserção de tais direitos na Constituição, por exemplo, entre os direitos e garantias individuais, incorporados ao direito positivo.

2. Normas nacionais

A evolução da normatização vem sempre seguindo uma lógica de refletir a discussão das dimensões morais e éticas para que se cristalizem em documentos de diretrizes a serem seguidos por todos, os que refletem e o fazem por convicção ou aqueles que apenas seguem, contudo com um resultado esperado, ou seja, a proteção dos participantes de projetos de pesquisa envolvendo seres humanos.

Alguns países têm seu sistema de avaliação definido por lei.

No Brasil, a normatização das pesquisas surge em 1988, seguindo o espírito da Constituição brasileira, considerando a importância de um controle social no País, aprovando, assim, a lei de criação do Conselho Nacional de Saúde. A primeira resolução deste conselho foi a 1/88, que apresentava as diretrizes para pesquisa envolvendo seres humanos. Por várias razões, a resolução não estimulou suficientemente o país no controle das pesquisas e, em 1995, foi instituído um Grupo de Trabalho para a sua revisão, o qual elaborou a então denominada Resolução CNS 196/96, aprovada na reunião do conselho em outubro de 1996.

A resolução 196/96 apresentava as diretrizes e normas regulamentadoras para a condução da pesquisa envolvendo seres humanos, bem como o funcionamento da avaliação e formação dos comitês de avaliação e da Comissão Nacional que gerenciaria todo o processo. A partir daí foi criado todo o sistema CEP/CONEP (Comitês de Ética em Pesquisa / Comissão Nacional de Ética em Pesquisa). Do Conselho Nacional de Saúde, do Ministério da Saúde e do acúmulo de experiência na avaliação do sistema foram sendo elaboradas novas diretrizes para áreas específicas, que figuravam originalmente na resolução 196/96 como "Áreas especiais" e, portanto, merecedoras de avaliação tanto pela instância local – o CEP – como pela nacional do sistema – a CONEP –, como projetos com povos indígenas, pesquisas na área de genética, entre outras. Atualmente existem diversas resoluções além da 196/96. Entre elas, a 240/97 – Representação e orientação de usuários nos CEPs; a 251/97 – Novos fármacos, vacinas e testes diagnósticos; a 292/99 – Cooperação Estrangeira; a 301/00 – Reprodução humana; a 304/00 – Povos indígenas; a 340/04 – Genética humana; a 347/05 – Armazenamento de materiais ou uso de materiais armazenados em pesquisas anteriores; e a 346/05 – Projetos multicêntricos.

Como vimos, o Brasil optou por um sistema de controle social que os CEPs e a CONEP fazem um trabalho bastante consistente e respeitado na avaliação das pesquisas no País. Contudo, acreditamos que seja necessário avançar para a elaboração de uma lei sobre esta matéria, não nos moldes dos projetos de lei que ora tramitam na Câmara dos Deputados, mas num formato com pontos que disciplinem a obrigatoriedade de avaliação por comitês de ética competentes, com garantias e responsabilidades bem definidas para a realização de projetos no País.

Assim, a Resolução 196/96, do Conselho Nacional da Saúde – Ministério da Saúde, é um bom exemplo de normatização originada de discussões advindas do campo da Bioética.

No que concerne à norma jurídica, não nos encontramos em um completo vazio no Brasil. Possuímos algumas normas de direito constitucional, civil, penal, ambiental, infância e juventude etc. aplicáveis a alguns casos tocados pela Bioética, contudo, as respostas legais não são específicas, são adaptadas, não satisfazendo aos profissionais e aos envolvidos diretamente pelas questões, os quais ficam inseguros.

Do mesmo modo, apenas disposições presentes no Código de Ética Profissional não bastam, uma vez que suas normas só atingiriam na prática aqueles que atribuem um valor a ele. Alguns poderão não respeitá-lo justificando a ausência de normas jurídicas cogentes.

A força das diretivas é mais simbólica, contudo isso não impede que os conselhos de ética das diversas profissões venham a inserir normas de Bioética no código, na falta de outras normativas legais.

Entendemos que o compromisso dos profissionais do direito nas reflexões bioéticas é *contribuir* para a discussão compromissada dos temas, quer seja analisando as normas existentes, quer seja *auxiliando* na proposição de futuras leis, quando for o caso.

É oportuno trazer a colação, a guisa de exemplo, alguns dispositivos elencados em nosso ordenamento jurídico que dizem respeito à Bioética. São eles: Constituição Federal: art. 1º, III (dignidade da pessoa humana), art. 5 º, IX (liberdade científica) e X (direito à vida, privacidade), art. 129, III (competência Ministério Público para a proteção do patrimônio público e social do meio ambiente e de outros interesses difusos e coletivos), art. 196 (direito à saúde), art. 225 (meio ambiente); Código Civil: art. 2º (existência da pessoa), art. 13 (disposição do próprio corpo por exigência terapêutica), art. 15 (recusa tratamento médico com risco de vida), art. 229 (sigilo profissional), art. 951 (negligência, imprudência, imperícia no exercício profissional), art. 1597, III, IV, V (fecundação artificial, embriões excedentários); Código Penal: art. 121 (casos de eutanásia), arts. 124 a 128 (aborto), art. 129 (lesões corporais), art. 146, § 3º, I (intervenção médica ou cirúrgica sem o consentimento), art. 146, § 3º, II (coação para impedir suicídio), art. 154 (segredo profissional), dentre muitos outros.

Há que se ressaltar, também, a existência de leis esparsas, como, por exemplo, Lei dos Transplantes, Lei n. 9.434/97 (com alterações dadas pela Lei n. 10.211/2001), Lei n. 9.605/1998, que dispõe sobre sanções penais, civis e administrativas derivadas de condutas e atividades lesivas ao meio ambiente.

A Lei n. 11.105/2005, que regula os incisos II, IV e V do art. 225 da CF, estabelece normas de segurança e mecanismos de fiscalização de atividades que envolvem organismos geneticamente modificados e seus derivados, cria o Conselho Nacional de Biossegurança, reestrutura a Comissão Técnica Nacional de Biossegurança – CTNBio. Apesar de dispor sobre pontos bastante polêmicos e importantes nas discussões da área de Bioética, como a questão dos transgênicos e das células-tronco e clonagem, esta lei não teve a devida discussão com a sociedade. Embora sancionada pelo Presidente da República, alguns de seus dispositivos ainda se encontram em fase de regulamentação.

A título de ilustração, cumpre-nos elencar, também, algumas Resoluções do Conselho Federal de Medicina que abordam questões relevantes sobre a Bioética. No Brasil, em 1992, o CFM, pela Resolução 1.358/92, institui as Normas Éticas para a Utilização das Técnicas de Reprodução Assistida.

Por sua vez, a Resolução do CFM 1.805/2006 permitiu ao médico limitar ou suspender procedimentos e tratamentos que prolonguem a vida do doente em fase terminal, de enfermidade grave e incurável, respeitada a vontade da pessoa ou de seu representante legal. Contudo, por não se tratar de uma norma jurídica, alguns poderão, por exemplo, alegar que o profissional da saúde praticou homicídio culposo, por negligência ou suicídio assistido, uma vez que a ortotanásia ainda não é admitida expressamente pela nossa legislação penal.

No que concerne ao estado de São Paulo, é exemplo a Lei Estadual n. 10.241, de março de 1999, que tutela os direitos dos usuários dos serviços de saúde, considerando-a universal e igualitária.

Considerações Finais

O debate público relativo à elaboração de legislação, que regula as modalidades de intervenção sobre a vida, tornou-se imprescindível nas sociedades democráticas e pluralistas.

Para a maioria dos assuntos polêmicos ligados à Bioética não existe lei específica aplicável, ou, se existe, encontra-se ultrapassada em relação a nossa época. Contudo, o modo pelo qual interpretamos e aplicamos a norma é mais importante que a existência de uma lei aparentemente perfeita.

É opinião unívoca que legislar em matéria de Bioética é tarefa dificílima. Em razão disso, defendem alguns a criação de conselhos de ética consultivos, os quais se encarregariam de oficialmente auxiliar os governos e o congresso, orientando a política legislativa. Reconhecemos que algumas destas muitas orientações poderão um dia se transformar em artigos de lei. De igual modo, os dispositivos da Declaração Universal sobre Bioética e Direitos Humanos. Estes, enquanto não elencados pelas normas jurídicas nacionais, não terão eficácia, todavia, cumpre afirmar que o acatamento das normas contidas nas declarações pela legislação pátria contribuiria para a diminuição de muitas controvérsias.

Impende observar, também, que tais princípios universais não têm o poder de vincular o Judiciário, portanto poderão não ser seguidas na prática.

É necessário salientar que, ao se analisar um fato sob o prisma jurídico, parte-se da análise legal, mas a lei não tem necessariamente que ser usada, exceto se o intérprete da lei for positivista. Pode o juiz completá-la na aplicação ao caso concreto. O juiz não é escravo da lei, sobretudo quando ela não faz justiça quando aplicada a um determinado caso. Na sentença o juiz revelará o direito, o qual não poderá estar dissociado da realidade da vida. Ele pode e deve se ajustar à evolução social, visto que seu compromisso é com o bem-comum.

As discussões bioéticas devem contribuir para a normatização quando as normas constitucionais, civis, administrativas e deontológicas não forem suficientemente eficazes para proteger os direitos fundamentais. Em decorrência da sua constante evolução, o legislador não pode pretender regular definitivamente matérias advindas do pensar bioético, sobretudo, por exemplo, no campo da genética. Tais leis serão imperfeitas e lacunosas.

Cumpre não olvidar que o Estado não deve ser o único a legislar.

Para a elaboração de todas as leis, o legislador inicialmente se serve de modelos, modificando-os, melhorando-os, adaptando-os à realidade do destinatário da norma. É evidente que a mera importação de modelos não funciona, mas devemos reconhecer que servem como reflexão, devendo sofrer adaptações próprias para a sociedade em que serão aplicados, considerando sua cultura.

As normas devem ser mutáveis no tempo, acompanhando as transformações sociais e construídas a partir das discussões com a sociedade, demonstrando responsabilidade e compromisso com o acesso à cidadania.

Há que se considerar que a finalidade do Estado deve ser a felicidade do cidadão, bem como a construção de uma sociedade justa, igualitária e solidária, sem jamais prescindir da ética, a qual deve estar viva na consciência dos homens.

Destarte, concluímos que o debate bioético é importantíssimo para a construção da normatividade, sem necessariamente normatizar a Bioética.

REFERÊNCIAS BIBLIOGRÁFICAS

BOBBIO, Norberto. *A era dos direitos.*T rad. Regina Lyra. Rio de Janeiro: Elsevier, 2004.

BONFIM, Benedito Calheiros. *A crise do direito e do judiciário.* Rio de Janeiro: Destaque, 2004.

BYK, Christian. *Le droit international des sciences de la vie.* Bordeaux: Les Études Hospitalières, 2003.

CARLIN, Volnei Ivo. *Deontologia jurídica.* Florianópolis: Obra Jurídica, 1997.

CIOMS (Council for International Organizations of Medical Sciences) e WHO (World Health Organization). *Guidelines for Biomedical Research Ivolving Human subjects.* Geneva-Switzerland: WHO/CIOMS, 1982.

COELHO, Luis Fernando. *Aulas de introdução ao direito.* Barueri-SP: Manole, 2004.

COMPARATO, Fábio Konder. *Ética:* direito, moral e religião no mundo moderno. São Paulo: Companhia das Letras, 2006.

CONTROL COUNCIL LAW. *Trials of war criminal before the Nuremberg Military Tribunals*. v. 10, n. 2, pp. 181-182, 1949. (Reprinted from Washington, D.C.: U.S. Government Printing Office, 1949)

CORTINA, Adela. MARTÍNEZ, Emilio. *Ética*. Trad.Silvana Cobucci Leite. São Paulo: Loyola, 2005.

COTRIN, Gilberto. *Fundamentos da filosofia*. São Paulo: Saraiva, 2004.

DINIZ, Maria Helena. *As lacunas do direito*. São Paulo: Revista dos Tribunais, 1981.

_____. *Conceito de norma jurídica como problema de essência*. São Paulo: Revista dos Tribunais, 1985.

_____. *Dicionário jurídico*, v. 1. São Paulo: Saraiva, 1998.

DURAND, Guy. *Introdução geral à bioética*. São Paulo: Loyola, 2003.

DWORKIN, Ronald. *Levando os direitos a sério*. Martins Fontes: São Paulo, 2002.

_____.*O império da lei*. São Paulo: Martins Fontes, 2003.

GROS ESPIELL, Hector. *Ética, bioética y derecho*. Bogotá: Temis, 2005.

JHERING, Rudolf von. *A finalidade do direito*. Campinas: Bookseller, 2002.

MEULDERS-KLEIN, Marie-Thérèse. *La produccton des normes en matière bioéthique*. In: *De La bioéthique au bio-droit*. Paris: Librairie Génerale de Droit et de Jurisprudence, 1994.

MORRIS, Clarence. *Os grandes filósofos do direito:*leituras escolhidas em direito. São Paulo: Martins Fontes, 2002.

NALINI, José Renato. *Ética e justiça*. São Paulo: Oliveira Mendes, 1998.

PERELMAN, Chaïm. *Ética e direito*. Trad. Maria Ermantina Galvão G. Pereira. São Paulo: Martins Fontes, 1996.

RÁO, Vicente. *O direito e a vida dos direitos*, 2ª.ed, tomo II. São Paulo: Resenha Universitária, 1976.

REALE, Miguel. *Lições preliminares de direito*. São Paulo: Saraiva, 2005.

SOUZA, Paulo Vinícius Spoleder de. *A criminalidade genética*. São Paulo: Revista dos Tribunais, 2001.

VIEIRA, Oscar Vilhena (coordenação). *Direito humanos, estado de direito e construção da paz*. São Paulo: Quartier Latin, 2005.

VIEIRA, Tereza Rodrigues. *Bioética e direito*. Petrópolis-RJ: Vozes, 2005.

VIEIRA, Tereza Rodrigues (org.). *Bioética nas Profissões*. Petrópolis-RJ: Vozes, 2005.

WALD, Arnoldo. *Direito civil*. São Paulo: Saraiva, 2002.

Bioética e Gênero

Debora Diniz
Dirce Guilhem

Introdução*

A bioética é um campo do conhecimento na interface de diferentes saberes. Por ser um campo emergente, uma de suas características é a disputa pelos fundamentos epistemológicos e objetos de pesquisa entre os especialistas.[1] Não é simples definir as fronteiras do campo, mas alguns consensos começam a surgir. Um deles é o que entende a bioética como um campo aplicado aos conflitos morais em saúde. Na América Latina, há uma preferência pelos temas relacionados à reprodução biológica, à pesquisa com seres humanos e ao fim-da-vida. É exatamente a partir do cenário temático da região que a bioética se aproximou dos estudos de gênero e feministas.

O campo dos estudos de gênero era já uma área sólida do conhecimento quando a bioética passou a fazer parte dos cursos de pós-graduação em saúde coletiva no Brasil nos anos 1990.[2] A aproximação da bioética e dos estudos de gênero se deu por dois caminhos. O primeiro pelo reconhecimento de que gênero é uma variável de pesquisa para a compreensão e análise dos conflitos morais em saúde. O segundo caminho se deu pelo diálogo com as teorias de gênero sobre desigualdade, vulnerabilidade, sexualidade, corpo e reprodução. Na verdade, a emergência da bioética internacionalmente coincidiu com a ascensão dos estudos feministas na filosofia, o que fez com que a bioética feminista participasse da gênese do campo como uma perspectiva analítica que se consolidava em outras especialidades (Wolf, 1996; Harding, 2006).

---

* Algumas das ideias desenvolvidas neste artigo foram originalmente discutidas em: Diniz, Debora. Educação médica: também uma questão de gênero. *Revista Brasileira de Educação Médica*, Rio de Janeiro, v. 27, n. 3, pp. 169-170, 2003; Diniz, Debora. A Velhice. *Revista E - Em Pauta*, São Paulo, p. 21, dez. 2006; Diniz, Debora. Cobaias humanas. *Jornal de Brasília*, Brasília, 09 out. 2006.

1. Para uma ideia do conceito de campo em disputa, vide Bourdieu, P. (2003). 'Campo do poder, campo intelectual e habitus de classe,' In: P. Bourdieu. *A Economia das Trocas Simbólicas*. 5. ed. São Paulo: Perspectiva, 2002. p. 183. Diniz, Debora e Guilhem, Dirce. *A bioética e as mulheres na América Latina: um ensaio biográfico e genealógico*, 2007 (no prelo).

2. Até onde se tem registro, a primeira disciplina temática de bioética e gênero foi oferecida pela Universidade de Brasília em 2000. Debora Diniz e Dirce Guilhem foram as docentes responsáveis.

Os Estudos de Gênero

Os estudos de gênero foram formalmente instituídos em meados do século passado, como uma especialidade das ciências humanas que buscava compreender como os papéis do masculino e do feminino eram definidos e incorporados por diferentes grupos sociais. Foram os estudos de gênero que mostraram que nossas definições de masculino e feminino resultavam da socialização e não significavam uma ditadura da natureza (Mead, 2000). A expressão "nascemos machos e fêmeas e aprendemos a ser homens e mulheres" é a que, durante um longo tempo, melhor resumiu as ambições analíticas dos estudos de gênero (Beauvoir, 2000). Era preciso compreender como cada grupo social transformava a natureza em cultura, isto é, como se transformavam machos e fêmeas em homens e mulheres, e como se constituíam os valores do feminino e do masculino em cada sociedade.

O reconhecimento de que os papéis e as definições do masculino e do feminino eram resultados de escolhas e preferências sócio-culturais e não estritamente resoluções inabaláveis da natureza foi uma afirmação desconcertante para inúmeras áreas do conhecimento. O deslocamento do feminino e do masculino, da esfera da natureza para a da cultura, provocou mudanças estruturais nos ordenamentos sociais (Lamphere, Rosaldo, 1979). Desde então, da psicanálise à filosofia da ciência, da antropologia à medicina, incorporou-se gradativamente a perspectiva de gênero no ensino e na pesquisa. Hoje, o reconhecimento de que a categoria gênero é uma lente que nos permite enxergar a realidade de uma maneira radicalmente diferente é comum a vários campos disciplinares.

Os estudos de gênero sensibilizaram os profissionais de saúde para algumas sutilezas do processo saúde e doença. Questões relacionadas à reprodução, à sexualidade, ao corpo, são algumas das áreas para as quais os resultados das pesquisas de gênero mais diretamente contribuíram (Tong, 1997). A epidemia do HIV-aids selou definitivamente essa parceria entre a sensibilidade de gênero e a prática profissional (Guilhem, 2005). Não bastava o domínio preciso de recursos técnicos e terapêuticos; era também preciso sensibilidade antropológica para a diversidade dos papéis de gênero. Mulheres e homens expunham-se diferentemente à epidemia e um mesmo discurso preventivo não era capaz de contemplar suas particularidades.

As perspectivas de gênero alteram nossa percepção sociológica para o julgamento moral (Gilligan, 1982). No campo dos conflitos morais em saúde, objeto de pesquisa e análise da bioética, nossos pressupostos de gênero são um desafio adicional ao raciocínio ético. Alguns dos temas-chave da bioética no Brasil estão relacionados à reprodução biológica e social e, portanto, diretamente vinculados à questão de gênero. Neste artigo, para a análise da interface entre os estudos de gênero e a bioética, três temas serão explorados: a objeção de consciência, a pesquisa clínica com mulheres e o envelhecimento. Há, no entanto, temas prioritários na agenda de gênero para a pesquisa bioética no Brasil, como é o caso do aborto e das tecnologias reprodutivas, já objeto de análise de outros capítulos deste livro.

Objeção de Consciência

A objeção de consciência é um instrumento que garante a integridade moral de profissionais de saúde em situações de confronto com crenças e práticas divergentes às suas pessoais. Um exemplo recorrente é a da mulher em processo de abortamento cujo profissional de saúde se recusa atendê-la, alegando objeção de consciência por razões religiosas ou de foro íntimo (Diniz, 2007). Em um Estado plural e laico, a objeção de consciência é considerada uma conquista de direitos humanos, pois garante a diversidade de crenças e opiniões morais da população.

No Brasil, a objeção de consciência é um recurso ético legitimado especialmente entre os médicos. É raro encontramos outros profissionais de saúde, como enfermeiras, assistentes sociais ou psicólogos, recusando-se a atender pacientes sob a tutela da objeção de consciência. Talvez, por uma sobreposição do poder técnico dos médicos em uma equipe de saúde, seus valores morais sejam mais abertamente explicitados e negociados no encontro moral com os pacientes. O fato é que a objeção de consciência é rasteiramente entendida como um "direito dos médicos" em situações de conflito moral. No entanto, a diversidade moral como um valor ético implica no direito universal à objeção de consciência para todos os profissionais de saúde e não apenas para os médicos. Um instrumentalista, por exemplo, poderia recorrer a esse princípio para negar-se a auxiliar um médico em um procedimento.

A universalidade do direito à objeção de consciência não representa um risco de fato aos serviços de saúde, pois é um dispositivo moral utilizado em situações muito particulares. Em geral, é uma proteção acionada em situações-limite: aquelas em que o profissional de saúde se vê moralmente ofendido caso prossiga um procedimento ou atendimento. Caso fosse cotidianamente utilizado para mediar conflitos morais entre profissionais de saúde e pacientes haveria pouco espaço para a neutralidade moral que se espera nos cuidados de saúde. Ou seja, o que garante a permanência do direito à objeção de consciência como um recurso de proteção em situações de conflito moral é, por um lado, seu fundamento no pluralismo moral, mas, por outro, a baixa frequência com que é acionado nos serviços de saúde.

Mas uma característica dos casos de objeção de consciência que ascendem à esfera pública é que, em geral, são situações envolvendo mulheres e decisões reprodutivas. Nesse cenário, a situação mais recorrente é a de aborto. Os casos são de mulheres que realizam aborto ilegal em condições inseguras e buscam atendimento em serviços de saúde já em situação de risco de vida. Profissionais de saúde de plantão recusam-se a atendê-las, protegidos pelo direito à objeção de consciência, pois estariam sendo impelidos a realizar procedimentos técnicos que discordam moralmente – o aborto. Essas são situações de conflito moral em que a sensibilidade de gênero é capaz de lançar novas variáveis ao cenário de debates.

O direito à objeção de consciência não se confunde com a liberdade de omissão de socorro. O Serviço Único de Saúde (SUS) é uma instituição básica do Estado, portanto, uma esfera fundamental de garantia de direitos e promoção de bem-estar. Mas como uma instituição básica de um Estado laico, o SUS não se pauta por nenhum credo ou crença moral específica, apenas pelos princípios fundamentais expressos na Constituição. Afirmar a laicidade das instituições básicas, em especial dos serviços de saúde, não significa desconsiderar as crenças pessoais dos profissionais de saúde que trabalham para o SUS: significa reconhecer que, para além das crenças morais dos profissionais de saúde ou de seus usuários, o SUS é laico.

A desigualdade de poder entre profissionais de saúde e pacientes pode desnudar uma nova faceta do direito à objeção de consciência: de um direito fundamento no pluralismo moral para um instrumento de opressão moral às mulheres em situação de aborto, por exemplo. Essas duas faces de um direito legitimamente reconhecido por um Estado democrático atingem de maneira perversa a parte mais vulnerável da relação profissional de saúde e paciente – as mulheres. Para que o direito à objeção de consciência não se converta em um instrumento de opressão moral é preciso que se reconheça o caráter moralmente neutro do SUS: ou seja, apesar de seus profissionais professarem crenças particulares, a instituição é laica. Isso não implica afirmar que médicos ou enfermeiras serão forçados a atender pacientes em desrespeito a suas crenças, mas é preciso reconhecer que o serviço de saúde deve sempre garantir o serviço a despeito das crenças de seus funcionários.

Pesquisa Clínica com Mulheres

Por que alguém aceitaria oferecer seu corpo para o progresso científico? As razões que levam uma pessoa a oferecer o seu corpo à ciência são as mais variadas: desde um profundo senso de altruísmo até a busca por dinheiro. Há países em que o voluntário para a pesquisa é remunerado e há pessoas que se profissionalizam no ofício. É preciso um disciplinamento rigoroso do corpo para ser um "sujeito de pesquisa" confiável. Há pesquisas científicas sobre todas as facetas da vida humana: de nosso comportamento psíquico à vacina para o HIV/aids, do câncer à pesquisa genética sobre a calvície. E um bom sujeito de pesquisa é aquele que registra as mudanças de seu corpo, que controla as doses de medicamento, alguém em contínua vigilância sobre si em nome do progresso científico.

No Brasil, a participação em uma pesquisa científica é um ato voluntário. Não há a profissão "sujeito de pesquisa". Para alguns, esse é um ato paternalista e autoritário de quem regula a ciência brasileira, pois as pessoas deveriam ser livres para dispor de seus corpos. Assim como se vende a força de trabalho para o capitalismo, cada pessoa deveria ser livre para oferecer seu corpo, sua saúde ou sua doença para a ciência em troca de benefícios financeiros. O fato é que no Brasil não se é livre para vender o corpo à ciência. E essa fronteira ética entre altruísmo e mercado é um tema de intenso debate nos círculos científicos e da bioética, intensificado com o debate de gênero e a entrada das mulheres como participantes nas pesquisas científicas (Dickert, Grady, 1999).

Em oposição a quem defende a liberdade irrestrita sob o próprio corpo, estão aqueles que perguntam sobre as motivações de uma pessoa para tornar-se sujeito de pesquisa (McNeill, 1997). Não há pesquisa científica sem riscos, o que há são diferentes gradações de risco. Em termos mais estritos, a pergunta é sobre o que levaria alguém a se submeter voluntariamente a riscos quando não há vantagens financeiras? A iminência da morte, o desamparo pela pobreza e falta de acesso aos tratamentos são algumas das motivações mais comuns na história da pesquisa científica com seres humanos (Jonas, 1996). A controversa pesquisa sobre tratamentos para a aids conduzida em finais dos anos 1990 com mulheres africanas pobres resumiu os paradoxos envolvidos na participação de pessoas vulneráveis na pesquisa científica.

A aids é mais do que um problema de saúde pública em alguns países africanos: é uma sentença de morte para diferentes gerações. Mulheres grávidas infectadas pelo vírus HIV transmitem a doença para seus futuros filhos, apesar de já existirem mecanismos eficazes de controle da infecção durante a gestação. O fato é que esses tratamentos não estão disponíveis em países pobres, como é o caso de Uganda ou Moçambique, onde o custo dos tratamentos antirretrovirais é mais alto do que todo o orçamento gasto em saúde. Foi em nome desse quadro desesperador de mortes anunciadas precocemente que pesquisas com placebo foram desenvolvidas entre mulheres grávidas com HIV/aids.

De acordo com diversos protocolos internacionais, a pesquisa com placebo não deve ser conduzida quando houver tratamento ou cura para uma determinada doença. Essa é uma forma de proteger países pobres em um contexto de internacionalização da pesquisa científica: não importa se o melhor tratamento não está disponível onde a pesquisa for realizada, é preciso garantir o padrão de tratamento disponível na ciência aos sujeitos de pesquisa (Lurie, Greco, 2004). Ou seja, o fato de o tratamento antirretroviral ser inacessível para as mulheres africanas não seria razão suficiente para conduzir uma pesquisa internacional que não garantisse a oferta dos medicamentos. Placebo significa ausência de tratamento eficiente, isto é, mulheres submetidas à pesquisa em sistema de placebo não recebiam efetivamente nenhum benefício, apesar de já haver tratamentos disponíveis para evitar a infecção por HIV/aids nos bebês.

Os pesquisadores responsáveis pela pesquisa com as mulheres africanas defenderam-se em nome da autonomia dessas mulheres de terem decidido participar das pesquisas. Elas teriam sido informadas de que algumas receberiam tratamento, outras receberiam placebo: elas teriam sido efetivamente esclarecidas sobre os riscos envolvidos e, ainda assim, consentiram em participar. O argumento desses pesquisadores, e compartilhado por muitas dessas mulheres, é que a iminência da morte retirava delas qualquer outra demanda por justiça e direitos: a certeza da morte, a ausência de tratamento e a desigualdade imposta pela pobreza as reduziam a corpos voluntariamente dóceis para a ciência. Não era o mercado que adquiria seus corpos, mas a certeza da impossibilidade da sobrevida senão pela última tentativa de socorro: ser um sujeito de pesquisa.

Essa tensão entre proteção paternalista e autonomia individual fez com que durante um longo período praticamente não se realizassem pesquisas com mulheres. Erroneamente se pressupunha que os resultados das pesquisas com homens teriam seus resultados validados para as mulheres. O que os dados mais recentes demonstraram é que a particularidades fisiológicas de homens e mulheres, assim como de etnias específicas, dificultam a transferência imediata de conhecimento de um grupo para outro (Weijer, Crouch, 1999). A motivação para impedir a inclusão de mulheres na pesquisa era a de proteção, pois elas eram consideradas vulneráveis, em especial as mulheres em idade reprodutiva. O resultado foi uma lacuna de várias décadas sobre pesquisas com mulheres e de temas diretamente do interesse delas, a tal ponto que foram conduzidas pesquisas sobre câncer de colo uterino com homens (Dresser, 1992). Hoje, vários órgãos internacionais de incentivo à pesquisa científica exigem que se incluam mulheres nos protocolos de forma a garantir que os resultados sejam futuramente validados.

Sob uma perspectiva de gênero, o que o tema da pesquisa científica com mulheres demonstra é um paradoxo ainda sem solução satisfatória. Por um lado, reconhecer plena autonomia para pessoas em situação de extrema vulnerabilidade social ou econômica pode reforçar mecanismos de opressão (Diniz, Guilhem, 1992). A pesquisa com mulheres africanas foi um exemplo: elas escolheram participar da pesquisa e estavam consciências dos riscos. No entanto, elas tomavam as decisões a partir do caráter inevitável da desigualdade econômica e de gênero em que viviam (Weijer, Fuks, 1994). A desigualdade era o ponto de partida do processo decisório. Por outro lado, proteger as mulheres como vulneráveis ao ponto de impedir que sejam "sujeitos de pesquisa" pode representar um atraso na pesquisa científica, impedindo que novos conhecimentos e informações do interesse da saúde e do bem-estar das mulheres sejam desenvolvidos.

Envelhecimento

Envelhecer é aproximar-se do espaço socialmente ocupado pelas mulheres. É fragilizar-se, enfraquecer-se, reconhecer a dependência e experimentar o cuidado. Esses são papéis tradicionalmente identificados como femininos e, por uma sobreposição de gênero, considerados como atributos das mulheres. A velhice nos força a uma experiência feminina do mundo social.

A velhice é uma condição humana. Ou ao menos uma condição humana para todas as pessoas vivas. Essa pode parecer uma afirmação tautológica – *a velhice é uma condição humana para quem está vivo* – mas há uma forma mais profunda de compreendê-la. Apesar de ser uma condição humana, a experiência da velhice não está disponível para todas as pessoas: a possibilidade de uma vida extensa não é uma escolha cujas variáveis estão sob total controle. Doenças, infortúnios ou o acaso impedem algumas pessoas de experimentar a velhice. Isso faz da velhice uma fase paradoxal da vida humana: por um lado, obriga a uma mudança radical de perspectiva diante da vida social, por outro, não basta a vontade de ser velho para experimentar a velhice.

A velhice redefine o indivíduo e essa redescrição do papel social é tanto mais intensa quanto mais distante o velho tiver construído sua biografia dos papéis sociais do feminino e do deficiente. Ser velho é necessitar de cuidado, é reconhecer limitações físicas, cognitivas ou mentais. Como regra geral, quanto mais velha uma pessoa, mais vulnerável. Vulnerabilidade, no entanto, não significa incapacidade para a vida social ou ausência de livre arbítrio. A velhice não retira do indivíduo a capacidade de escolha ou de estabelecer preferências e tomar decisões livres e informadas. É simplesmente um descritor que identifica a fragilidade, a dependência e a demanda de um corpo por cuidado. Não é sinônimo de um julgamento moral sobre o sentido da vida na velhice, mas das relações sociais que se estabelecem em torno de um corpo velho.

A velhice desafia o sistema social em alguns de seus pilares. Um deles é o pressuposto da autonomia e da independência (Kittay, 1999). Acredita-se no valor moral da independência e da autonomia, mas a vida social é um exercício contínuo de interdependência e de autonomia relacional. Há, portanto, um jogo entre o que se acredita ser o ideal humano e o que se é capaz de experimentar na vida social. Há uma aposta na independência, mas as pessoas, de fato, vivem sob a interdependência. As mulheres são socializadas nessa ambiguidade de valores com mais intensidade que os homens. Talvez, por isso, a velhice seja uma experiência de maior continuidade para as mulheres: o feminino imposto pela velhice é já seu velho conhecido.

A fragilidade que acompanha a velhice não deve ser entendida como sinônimo de incapacidade para a vida social (Medeiros, Diniz, 2004). A discriminação sofrida pela velhice não é ditada apenas pelo corpo velho e com limitações. É resultado de um jogo complexo entre limitações individuais e estrutura social pouco sensível à demanda pelo cuidado. O pressuposto da independência permeia a estrutura social: desde a arquitetura do espaço a demandas por direitos. Esse pressuposto irrefletido, infelizmente, é o que aguça a fragilidade da velhice: para além do corpo velho, há a opressão de uma estrutura social pouco sensível a interdependência.

Mas essa relação complexa entre corpo e sociedade é uma experiência de vida comum a outro grupo de pessoas – os deficientes (Barnes, Oliver, Barton, 2002). Ser velho é, portanto, um misto dos valores do feminino com a experiência da deficiência: necessita-se reconhecer a interdependência, o valor do cuidado e das limitações do corpo. É preciso acreditar na independência e na autonomia, mas reconhecer as limitações de seu exercício pleno. Assim como as mulheres e os deficientes, os velhos mostram que grande parte da fragilidade da velhice não é imposta pelo corpo com limitações ou dependente, mas por valores e práticas sociais pouco sensíveis à diversidade.

Considerações Finais

Com a consolidação da bioética, outras perspectivas críticas, tais como os estudos culturais ou os estudos sobre deficiência, vem se aproximando do campo (Diniz, 2007). Essa ampliação de horizontes temáticos e teóricos é desafiante e enriquecedor para o caráter emergente da disciplina. Por um lado, desafia alguns postulados da bioética, tais como o da sobrevalorização da autonomia, mas também é o que permite a originalidade do debate sobre novas questões, como as postas pela comunidade de deficientes e a pesquisas com células-tronco, por exemplo.

As perspectivas de gênero estiverem presentes desde a gênese da bioética. Dentre os autores que iniciaram o campo nos Estados Unidos e Inglaterra, há a presença de várias mulheres e homens de inspiração feminista. Na América Latina, um fenômeno semelhante ocorreu (Diniz, Guilhem, 2007). Os temas da objeção de consciência, da pesquisa clínica com mulheres e do envelhecimento são situações que apontam para a riqueza das perspectivas de gênero e feministas na bioética. O reconhecimento de que a sensibilidade de gênero importa para o ensino do raciocínio ético e para nossas proposições em bioética foi um dos desafios já incorporados pela primeira geração de pesquisadores da bioética no Brasil.

COMENTÁRIOS
DIRCE GUILHEM

A aproximação dos estudos de gênero à bioética tornou visíveis situações de desigualdade e vulnerabilidade antes compreendidas como elementos constitutivos e inerentes das relações sociais e institucionais. Assim como a definição de papéis masculinos e femininos é proveniente do processo de socialização, a compreensão sobre quais seriam os saberes privilegiados emerge de uma construção social. Isso se reflete diretamente nos modelos que estruturam as profissões e em como se estabelecem os vínculos profissionais, sejam eles intra ou inter equipes. É no contexto desse arcabouço que se definem a quem será delegada a prerrogativa de delinear como será exercido o poder no espaço social onde ocorrem as práticas de saúde (Griboski, Guilhem, 2006).

Instituições meritocráticas, como é o caso dos hospitais, são tradicionalmente constituídas a partir de saberes e poderes socialmente privilegiados. Esse entendimento constribui para legitimar a hierarquia técnica entre as profissões. No entanto, essa situação se contrapõe à concepção de que nem sempre o *sujeito técnico* seria o mais apto para atuar como *sujeito ético* em momentos de intenso conflito moral (Kuhse, 1997). Dessa forma, entender a objeção e consciência como um direito dos médicos, poderia restringir o leque de opções provenientes de diferentes perspectivas profissionias para a resolução dos dilemas vivenciados na prática cotidiana dos serviços. Ainda que a voz e o posicionamento éticos das enfermeiras tenham ficado silenciados por um longo período, a perpetuação dessa situação poderá ocasionar instabilidade no sistema de saúde e traduzir-se-á em instrumento de opressão moral para esse grupo de profissionais.[3]

A modificação do perfil epidemiológico da população brasileira, o aumento da expectativa de vida e o acesso de tecnologias de ponta, contribuíram para o crescimento de idosos, de pacientes crônicos e terminais que exigem cada vez mais os cuidados provenientes das enfermeiras. O seu relacionamento próximo e constante com essas pessoas coloca, muitas vezes, sob sua responsabilidade o processo de decisão em situações de fim de vida (Diniz, Veléz, 1998). Nesses casos, utilizar a prerrogativa da capacidade técnica como referência para o processo de tomada de decisão ética, demonstra a miopia moral que perpassa, ainda, a atenção em saúde no Brasil.

No que se refere às pesquisas clínicas, talvez fosse importante aprofundar a discussão no que se refere a uma forma velada de desigualdade entre homens e mulheres. A suposição de que uma pretensa "equidade de gênero" – indicada pela presença de pessoas de ambos os sexos como membros dos comitês e comissões de ética em pesquisa (Brasil. Ministério da Saúde, 2006) – conseguiria fornecer o equilíbrio requerido para o processo de revisão ética dos protocolos representa uma fragilidade, porque não dizer um equívoco. Uma análise detalhada da composição da Comissão Nacional de Ética em Pesquisa (CONEP/MS) apresenta um panorama que vai ao encontro dessa argumentação.

Numericamente poderíamos dizer que existe equilíbrio: 13 conselheiros são do sexo masculino e 13 do sexo feminino. No entanto, uma análise efetuada sobre a profissão a que pertencem essas pessoas demonstra que entre os homens encontram-se: 5 médicos (sendo um deles também advogado), 1 médico veterinário, 2 sacerdotes, 1 filósofo, 1 dentista e 1

---

3. A situação vivenciada pelas enfermeiras nos hospitais é utilizada como exemplo paradigmático. No entanto, outras profissões/profissionais consideradas menos privilegiadas e que exercem sua prática no ambiente hospitalar poderiam ser citadas.

farmacêutico e 1 representante dos usuários. A representação feminina está assim indicada: 2 médicas, 1 advogada, 1 nutricionista, 1 assistente social, 1 fisioterapeuta, 1 bióloga, 2 enfermeiras, 1 odontopediatra, 1 psicóloga e 2 representantes de usuários.[4] Alguns poderiam argumentar que esta composição corporifica o pluralismo moral. Na verdade, isso evidencia que: a) a representação das mulheres está diluída entre um número maior de profissões, b) essas profissões são consideradas tradicionalmente como saberes subalternos e que deveriam estar alinhadas com a postura médica, c) médicos, filósofos e sacerdotes assumiriam a prerrogativa da reflexão moral em situações de conflito.[5]

Esse é um modelo que se repete nos comitês de ética em pesquisa institucionais, seja no Brasil[6] ou no exterior (Valdez-Martinez, Turnbull, Garduno-Espinosa, 2006). O equilíbrio numérico não significa representatividade, de fato. Mulheres provenientes de profissões consideradas socialmente menos importantes, podem ter suas vozes e autonomia silenciadas e suas necessidades invisibilizadas, na tentativa de se alcançar o tão almejado consenso entre o grupo. Isso implicaria em dificuldade para cumprirem efetivamente o papel para o qual foram indicadas: diminuição da desigualdade e defesa dos interesses das mulheres que participam das pesquisas e das pessoas vulneráveis inseridas nesse contexto. Os estudos de gênero, portanto, contribuem significativamente para ampliar a compreensão sobre o que representa esse outro lado da moeda.

---

4. Brasil. Ministério da Saúde. Conselho Nacional de Saúde. *Composição da CONEP*. Disponível em: <conselho.saude.gov.br/comissao/conep/novosmembros.doc>. Acesso em: 26 de fev. 2007.
5. Nas décadas de 1960 e 1970, momento no qual a medicina se confrontou com dificuldades para resolver os novos dilemas que se apresentavam, precisou passar por um processo de abertura de sua prática aos profissionais considerados "estrangeiros". A parceria inicialmente estabelecida se deu justamente com filósofos, teólogos e advogados. Rothman, David. *Strangers at the bedside: a history of how law and bioethics transformed medical decision making*. Estados Unidos: Basic Books, 1991.
6. Brasil. Ministério da Saúde. Conselho Nacional de Saúde. *Gráfico do Relatório 9 anos*. Gráfico 2 – Composição dos CEPs por profissão dos membros. Disponível em: <conselho.saude.gov.br/comissao/conep/relata.ppt#3>. Acesso em: 26 de fev. 2007.

Já a questão do envelhecimento evidencia a moralidade do cuidado, seja ele exercido na esfera privada ou pública. No contexto da casa, espera-se que a mulher seja responsável por proporcionar a infra-estrutura que torne capaz o desenvolvimento afetivo e social dos membros da família e dos agregados. O cuidado seria o instrumento através do qual esse objetivo seria alcançado. Os primeiros estudos sobre as diferenças existentes entre posicionamentos éticos de mulheres e homens, apontavam para o fato de que enquanto o sentido ético masculino tinha seu embasamento nos pressupostos imparciais do princípio da justiça, a eticidade feminina caracterizava-se por enfocar o ato de cuidar e a responsabilidade sobre os relacionamentos interpessoais nos mais diferentes níveis (Gilligan, 1982).

O ato de cuidar exige a incorporação de qualidades vinculadas socialmente ao feminino. Entre elas podem ser citadas paciência, dedicação, obediência, educação, renúncia, organização, integridade, docilidade e prontidão. Esses atributos passaram a integrar a prática dos cuidados exercida pelas enfermeiras na esfera pública e se pereptuam no processo de consolidação da profissão, onde novas e complexas práticas são incorporadas no cotidiano de trabalho. As moralidades relacionadas ao feminino e, consequentemente, às enfermeiras, delimitaram que "é em torno do *papel da enfermeira*' que se constrói todo processo de profissionalização", onde *papel moral* e *papel técnico* se misturam, assumindo o primeiro primazia sobre o segundo (Collière, 1999).

Justamente por isso, a imagem que a sociedade imprime às enfermeiras está vinculada a papéis maternos, religiosos e subalternos: *a mãe, a irmã, a santa, o anjo, auxiliar e sombra do médico.*[37] A prática do cuidado se forja, portanto, no âmbito desse processo de socialização das enfermeiras que reflete o imáginario social sobre a profissão. Isso ocorre durante o período de formação e se reflete na legislação, nas publicações da área e na prática profissional. Se, por um lado emerge a figura da *doutora-enfermeira* (Sampaio, Guilhem, 2004) – representada pela profissional capacitada, com habilidades técnicas e científicas – por outro, torna-se evidente que não é simples desvencilhar-se dos papéis identitários de gênero impostos pela sociedade e repoduzidos pelo discurso hegemônico presente nas instituições de saúde. A materialização de poderes diferenciados entre homens e mulheres, contribui para perpetuar desigualdades e fragilidades independente dos atores envolvidos. A sensibilidade de gênero, amplia o cenário de análise e permite a emergência de novas e diferentes vozes.

REFERÊNCIAS BIBLIOGRÁFICAS

BARNES, Colin, OLIVER, Michael, BARTON, Len. *Disability studies today*. Cambridge: Polity Press, 2002.

BEAUVOIR, Simone de. *O Segundo Sexo*. 10ª ed. São Paulo: Nova Fronteira, 2000.

BORGES, Moema da Silva, GUILHEM, Dirce et al. Representações sociais do trabalho da enfermagem: as ancoragens estruturais na visão da sociedade brasiliense. *Ciência, Cuidado e Saúde*, v. 2, n. 2, pp. 113-122, 2004.

BOURDIEU, P. Campo do poder, campo intelectual e habitus de classe. In: BOURDIEU, P. *A Economia das Trocas Simbólicas*. 5ª ed. São Paulo: Perspectiva, 2003.

BRASIL. Ministério da Saúde. Conselho Nacional de Saúde. *Composição da CONEP*. Disponível em: <conselho.saude.gov.br/comissao/conep/novosmembros.doc>. Acesso em: 26 fev. 2007.

BRASIL. Ministério da Saúde. Conselho Nacional de Saúde. *Gráfico do Relatório 9 anos*. Composição dos CEPs por profissão dos membros. Disponível em: <conselho.saude.gov.br/comissao/conep/relata.ppt#3>. Acesso em: 26 fev. 2007.

BRASIL. Ministério da Saúde. Conselho Nacional de Saúde. *Normas regulamentadoras para pesquisas envolvendo seres humanos*. Brasília: Ministério da Sáude, 1996.

COLLIÈRE, Marie-Françoise. *Promover a Vida:* da prática das mulheres de virtude aos cuidados de enfermagem. 3ª ed. Lisboa-Porto-Coimbra: Lidel, 1999, p. 107.

DICKERT, Neal, GRADY, Christine. What's the price of a research subject? Approaches to payment for research participation. *New England Journal of Medicine*, n. 341, pp. 198-203, 1999.

DINIZ, Débora, GUILHEM, Dirce. *A bioética e as mulheres na América Latina:* um ensaio biográfico e genealógico. 2007. [no prelo]

DINIZ, Débora, GUILHEM, Dirce. *O que é Bioética*. São Paulo: Brasiliense, 2002.

DINIZ, Débora, VELÉZ, Ana Cristina Gonzales. Bioética feminista: a emergência da diferença. *Revista Estudos Feministas*, v. 6, n. 2, pp. 255-263, 1998.

DINIZ, Debora. A Velhice. *Revista E - Em Pauta*, São Paulo, n. 1, p. 21, dez. 2006.

DINIZ, Debora. Cobaias humanas. *Jornal de Brasília*, Brasília, 9 out. 2006.

DINIZ, Debora. Educação médica: também uma questão de gênero. *Revista Brasileira de Educação Médica*, Rio de Janeiro, v. 27, n. 3, pp. 169-170, 2003

DINIZ, Débora. Fórum Violência Sexual e Saúde. Posfácio. *Cadernos de Saúde Pública* – FIOCRUZ, v. 23, pp. 477-478, 2007.

DINIZ, Debora. *O que é deficiência*. São Paulo: Brasiliense, 2007.

DRESSER, Rebecca. Wanted: Single, White Male for Medical Research. *Hastings Center Report*, v. 22, n. 1, pp. 24-29, 1992.

GILLIGAN, Carol. *In A Different Voice:* psychological theory and women's development. Cambridge: Harvard University Press, 1982.

GILLIGAN, Carol. *In a different voice:* psychological theory and women's development. Cambridge: Harvard University Press, 1982.

GRECO, Dirceu. As modificações do parágrafo 30 da Declaração de Helsinque. *Revista Brasileira de Epidemiologia*, São Paulo, v. 6, n. 4, pp. 12-14, 2004.

GROBOSKI, Rejane Antonello, GUILHEM, Dirce. Mulheres e profissionais da saúde: o imaginário cultural na humanização do parto e nascimento. *Texto e Contexto em Enfermagem*, v. 15, n. 1, pp. 107-114, 2006.

GUILHEM, Dirce. *Escravas do Risco:* bioética, mulheres e aids. Brasília: Editora UnB/Finatec, 2005.

HARDING, S. *Science and Social Inequality:* feminist and postcolonial issues (Race and Gender in Science). Chicago/Champain: University of Illinois Press, 2006.

HEYED, David. Experimentation on trial: why should one take part in medical research? *Annual Review of Law and Ethics*, n. 4, pp. 189-204, 1996.

JONAS, Hans. Philosophical reflections on experimenting with human subjects. *Doedalus*, n. 98, pp. 219-247, 1969.

KITTAY, Eva. *Love's Labor:* essays on women, equality, and dependency. New York: Routledge, 1999.

KUSHS, Helga. *Caring:* nurses, women and ethics. Oxford: Blackwell Publishers, 1997.

LAMPHERE, Louise, ROSALDO, Michelle. *A Mulher, a Cultura e a Sociedade*. Rio de Janeiro: Paz e Terra, 1979.

LURIE, Peter, GRECO, Dirceu. US exceptionalism comes to research ethics. *The Lancet*, v. 365, n. 9465, pp. 1117-1119, 2005.

McNEILL, Paul. Paying people to participate in research: why not? *Bioethics*, n. 11, pp. 390-396, 1997.

MEAD, Margaret. *Sexo e temperamento*. São Paulo: Perspectiva, 2000.

MEDEIROS, Marcelo, DINIZ, Debora. Envelhecimento e Deficiência. In: CAMARANO, Ana Amélia (Org.). *Muito além dos 60*: os novos idosos brasileiros. Rio de Janeiro: IPEA, 2004. pp. 48-57.

ROTHMAN, David. *Strangers at the bedside: a history of how law and bioethics transformed medical decision making*. Estados Unidos: Basic Books, 1991.

SAMPAIO, Mauren Alexandra, GUILHEM, Dirce. Imagens das enfermeiras veiculadas pela mídia: uma análise bioética. In: MALAGUTTI, William (Org.). *Bioética e enfermagem*: controvérsias, desafios e conquistas. Rio de Janeiro: Rubio, 2007. [no prelo]

TONG, Rosemarie. *Feminist Approaches to Bioethics*. Colorado: Westview, 1997.

VALDEZ-MARTINEZ, Edith, TURNBULL, Bernardo, GARDUNO-ESPINOS, Juan. Descriptive ethics: a qualitative study of local research ethics committees in Mexico. *Developing World Bioethics*, v. 6, n. 2, pp. 95-105, 2006.

WEIJER, Charles, CROUCH, Robert. Why should we include women and minorities in randomized controlled trials? *Journal of Clinical Ethics*, n. 10, pp. 100-106, 1999.

WEIJER, Charles, FUKS, Abraham. Excluding people at undue risk for research. *Clinical and Investigative Medicine*, v. 17, pp. 115-122, 1994.

WOLF, Susan. (ed.). *Feminism an Bioethics:* beyond reproduction. Oxford: Oxford Press, 1996.

Bioética Clínica

Délio José Kipper
Gabriel Wolf Oselka
Reinaldo Ayer

A bioética Clínica parte do pressuposto de que as condições atuais da prática médica determinam que os casos clínicos se encontram envolvidos por complexas questões éticas que têm de ser consideradas simultaneamente com os problemas relacionados com o exercício profissional, na garantia da humanização da prestação dos cuidados de saúde objetivando o melhor atendimento das pessoas tanto no plano técnico e científico como humano (Patrão Neves, 2002). Desta maneira, este capítulo, se inicia apresentando uma situação para estimular a reflexão sobre como deve agir médico.

"O pacientes João e Roberto estão internados em quartos vizinhos do setor pediátrico de um hospital. João tem 11 anos e apresenta retardo mental grave. Após uma parada cárdio-respiratória (PCR), e reanimação, ficou semi-paralizado e totalmente inconsciente. Roberto é um menino de 12 anos, sofreu traumatismo craniano, que o deixou com paralisia leve. Seu prognóstico de recuperação total é excelente. João sofre uma nova parada cárdio-respiratória e a equipe de reanimação estava pronta para iniciar o seu atendimento. Neste momento, Roberto também sofre uma PCR. Sabendo das paradas simultâneas, a equipe de atendimento hesitou.

Caso você fosse membro desta equipe, qual decisão tomaria:

a) atenderia ao paciente que sofreu PCR primeiro, independentemente do conhecimento das condições prévias de ambos.

b) conhecendo a história de ambos, atenderia o paciente que tem o melhor prognóstico, mesmo que tenha sofrido PCR após o outro.

c) mesmo sabendo da história de ambos, atenderia o paciente que sofreu PCR primeiro.

d) frente à simultaneidade dos eventos e à gravidade de fazer uma escolha desta ordem, com real prejuízo para o não escolhido, não atenderia aos dois pacientes.(não entendi esta pergunta)

e) dividiria a equipe de atendimento, com a finalidade de atender a ambos os pacientes, mas com real prejuízo na qualidade dos dois procedimentos.

f) realizaria um sorteio com o objetivo de tornar a escolha do paciente a ser atendido aleatória, evitando a discriminação pelo prognóstico ou por fatores sociais."

No final deste capítulo, apresentaremos as questões ética envolvidas no caso e as possibilidades de desfecho ético.

Introdução

No seu dia a dia, os médicos pautam o seu agir profissional por normas ou regras provenientes do Código de Ética Médica, que disciplinam o exercício da medicina. Entretanto, na atualidade, torna-se difícil orientar todas as suas condutas por estas normas, pois alguns dos problemas que surgem na prática profissional sequer estão contemplados em tais normas (Clotet,1993).

A reflexão sobre o conflito moral no exercício da medicina, realizada apenas sob o referencial do código de ética, que essencialmente é deontológico, pode levar a uma visão distorcida e muito restrita da questão ética implicada.

Segundo Clotet[1], alguns fatores tiveram um impacto tão grande na prática médica a ponto de tornar o Código de Ética Médica insuficiente para a discussão dos aspectos ético desta prática. Dentre tais fatores, podemos citar:

a) o inquestionável progresso das ciências biológicas e biomédicas que alterou os processos da medicina tradicional. Os conhecimentos científicos, inéditos e vertiginosos. forçam-nos a perguntar: devemos fazer tudo o que podemos?

b) a socialização do atendimento médico e o consequente reconhecimento do direito de todo o cidadão de ser atendido em sua saúde, tornando os conflitos entre os direitos e deveres dos cidadãos, do Estado e dos profissionais muito frequentes.

c) a progressiva participação do médico na vida diária das pessoas, o que implica em uma maior aproximação da sociedade com o mundo da medicina, do que decorre uma série de problemas e que exigem o estabelecimento de prioridades a serem atendidas.

d) a emancipação dos pacientes, que repercute na prática médica, fazendo com que esta não fique alheia à linguagem reinvidicatória dos direitos.

e) a criação e funcionamento de Comitês de Bioética e de Ética em Pesquisa Envolvendo Seres Humanos, com a função de proteger os indivíduos em sua integridade, pois o imperativo tecnológico ou o princípio que permite realizar sem distinção tudo o que a ciência ou a tecnologia tem capacidade de fazer apresenta, certamente, seus limites.

f) a necessidade de uma padrão moral que possa ser compartilhado por pessoas de moralidades diferentes. Constata-se, atualmente, uma apatia e fragmentação moral, em grande parte pelo caráter pluralista de nossa sociedade. Exige-se, então, o estabelecimento de alguns princípios comuns para que se resolvam problemas também comuns, decorrentes do progresso das ciências biomédicas e da tecnologia científica aplicada à saude.

g) o crescente interesse de vários segmentos da sociedade pelos temas que se referem à vida, reprodução e morte do ser humano, fazendo com que a discussão de tais temas não se restrinja mais somente aos profissionais da saúde mas envolva a sociedade como um todo.

Todas estas questões, incluídas no dia a dia da relação médico-paciente-sociedade fazem emergir uma nova ciência, denominada Bioética (Clotet, 1993).

Para melhor entendimento da relação entre a bioética, especialmente a bioética clínica, e a prática médica, destacamos alguns conceitos:

Moral

A moral estabelece regras que são assumidas pelos seres humanos como uma forma de garantir o seu bem-viver, independentemente das fronteiras geográficas e garante uma identidade entre pessoas que sequer se conhecem, mas utilizam o mesmo referencial moral comum.

Direito

O direito busca estabelecer o regramento de uma sociedade delimitada pelas fronteiras do Estado. As leis tem uma base territorial, elas valem apenas para aquela área geográfica onde uma detemrinada população vive. O direito civil, que é o referencial utilizado no Brasil, baseia-se na lei escrita.

Inúmeras situações demonstram que pode haver conflitos entre a moral e o direito, o que leva a concluir que nem toda a lei (regra obrigatória) é moralmente aceitável. Quando argumentos morais impedem que determinadas pessoas acatem uma lei, ocorre o que se chama desobediência civil.

Ética

A ética, por sua vez, é o estudo geral do que é bom, mau, justo ou injusto e um de seus objetivos é buscar justificativas para as regras propostas pela moral e pelo direito. A ética não estabelece regras, o que a diferencia da moral e do direito. O que acaracteriza é a reflexão sobre a ação do ser humano. Estas três áreas do conhecimento são distintas, porém, têm grandes vínculos e, às vezes, se sobrepõem (Kipper, Clotet, Loch, 2004).

Bioética

Van Rensselaer Potter, em 1970, que trabalhava na área de oncologia nos Estados Unidos da América e, através de suas publicações, contribuiu fortemente para a popularização do termo "bioética". Potter concebia esta ética aplicada como uma nova relação entre o homem e o meio ambiente, baseada em valores mais adequados. Inicialmente, portanto, a bioética foi considerada como um campo de reflexão muito amplo sobre a utilização dos recursos tecnológicos disponíveis sobre todas as formas de vida do planeta. Progressivamente, esta área do conhecimento foi se definido mais especificamente para os cuidados com a saúde dos seres humanos e esta visão difundida nos meios científicos, fortificada e amparada por centros de estudo internacionais como o Kennedy Institute of Ethics e o Hastings Center, promoveu uma nova concepão do termo – bioética – propondo, então, como uma ampliação do conceito tradicional de ética médica. O reflexo desta corrente, predominantemente nas décadas posteriores, encontra-se na definição encontrada na Encyclopedia of Bioethics: "Bioética é o estudo sistemático da conduta humana no âmbito das ciências da vida e da saúde, enquanto esta conduta é examinada à luz dos valores e princípios morais"(Reich, 1978).

De acordo com O'Neal (2002) podemos também dizer que a bioética não se configura como uma nova disciplina, mas como um campo comum – um ponto de encontro – entre diferentes disciplinas, discursos e organizações, que se ocupa das questões éticas, sociais e legais originadas dos avanços na medicina, na ciência e na biotecnologia. Podemos dizer também que a bioética é uma "ponte" entre as ciências biomédicas e os fundamentos éticos e filosóficos que devem reger o modo de agir de todos aqueles que estão comprometidos com a assistência à saúde.

Com o surgimento da bioética, na década de 70 do século passado, foi necessário estabelecer uma metodologia para analisar os casos concretos e os problemas éticos que emergiam da prática da assistência à saúde.

Em 1979, Tom L. Beauchamp e James F. Childress (1994) publicam um livro chamado *Principles of Biomedical Ethics*, em que expõem uma teoria, que passou a se constituir na Bioética Principialista, fundamentada em quatro princípios básicos: *Não-maleficência; Beneficência; Respeito à autonomia e Justiça*.

Estes quatro princípios não possuem um caráter absoluto, nem têm prioridade um sobre o outro, mas servem como referenciais de análise na orientação para a tomada de decisão frente aos problemas éticos e para, de certa forma: ordenar os argumentos nas discussões de casos que envolvem dilemas éticos, na prática clínica.

O principialismo baseia-se em teorias éticas deontológicas e consequencialistas, mais precisamente nas ideias de William David Ross e William Frankena. Em seu livro *The Right and the Good*, de 1930, William David Ross expressa o conceito de que a vida moral está fundamentada em alguns princípios básicos, evidentes e incontestáveis, que todos os seres humanos aceitam como obrigatórios em uma primeira consideração, e chamou-os de deveres prima facie. Estes deveres são obrigações que devem ser cumpridas a não ser que sejam conflitantes, em uma situação determinada, com uma outra obrigação igual ou mais forte. Para os autores do principialismo, o ponto de partida para orientar qualquer discussão ética deve ser a análise destas quatro condições e de como elas podem ser melhor respeitadas em cada caso.

Desde o seu surgimento, o principialismo gerou críticas, pelo relativismo dos princípios, fazendo com que surgissem conflitos entre eles porque, na prática, nem sempre se pode respeitá-los igualmente. Por outro lado, tem a vantagem de ser operacional, constituindo-se em parte necessária, apesar de nem sempre suficiente, para a tomada de decisão.

Não obstante tantos outros referências para a discussão das questões relacionadas com os conflitos gerados pela prática médica destacamos os fundamentos do principialismo como ponto de partida para o entendimento conceitual da bioética clínica.

Princípio de Não-malficência

De acordo com este princípio, o profissional de saúde tem o dever de, intencionalmente, não causar mal e/ou danos a seu paciente. Trata-se, portanto de um mínimo ético, um dever profissional que, se não cumprido, coloca o profissional de saúde numa situação de más práticas ou de práticas negligentes da medicina ou das demais profissões da área biomédica.

A não-maleficência tem importância porque, muitas vezes, o risco de causar danos é inseparável de uma ação ou procedimento que está moralmente indicado. No exercício da medicina, este é um fato comum, pois quase toda intervenção diagnóstica ou terapêutica envolve um risco de dano. Do ponto de vista ético, eventuais danos podem ser justificados se o benefício esperado com o procedimento for maior que o risco. Quanto maior o risco de causar dano, maior e mais justificado deve ser o objetivo do procedimento para que este possa ser considerado um ato correto eticamente.

Princípio de Beneficência

Beneficência quer dizer fazer o bem. De uma maneira prática, isso significa que temos a obrigação moral de agir para o benefício do outro. Este conceito, quando utilizado na área dos cuidados com a saúde, que engloba todas as profissões das ciências biomédicas; significa fazer o que é melhor para o paciente, não só do ponto de vista técnico-assistencial, mas também do ponto de vista ético. Também obriga o profissional da saúde a ir além da não-maleficência e exige que ele contribua para o bem estar dos pacientes, promovendo ações para: 1. Prevenir e remover o mal ou dano que, neste caso, é a doença e a incapacidade; 2. Fazer o bem, aqui entendido como saúde física, emocional e mental. Além disso, é preciso avaliar a utilidade do ato, pesando benefícios versus riscos e/ou custos.

Princípio de Autonomia

A autonomia refere-se à capacidade que a pessoa possui para decidir sobre aquilo que ela julga ser o melhor para si. Para considerar uma pessoa autônoma, são necessárias duas condições. Primeiramente, ela deve possuir a capacidade para compreender, analisar logicamente uma situação (racionalização) e a habilidade para escolher entre várias hipóteses (deliberação) com o objetivo de decidir-se intencionalmente por uma das alternativas que lhe são apresentadas. Em segundo lugar, esta escolha só poderá ser considerada autônoma, própria, se a pessoa estiver livre de qualquer influência para tomar esta decisão (voluntariedade). Baseia-se na dignidade da pessoa humana e, em consequência, há um dever moral de tratar as pessoas como um fim em si mesmas e nunca utilizá-las apenas como um meio para atingir determinado objetivo.

No relacionamento da equipe de saúde com o doente, o respeito ao princípio da autonomia favorece o diálogo, o entendimento e a confiança mútua que permitem ao paciente dar seu consentimento para a realização de intervenções sobre seu corpo, propostas pelo médico com a intenção de melhorá-lo ou curá-lo. É obrigação do profissional dar ao paciente a mais completa informação possível, a fim de promover uma compreensão adequada do problema, discutindo com ele as opções diagnósticas e terapêuticas cabíveis, ajudando-o a escolher aquela que lhe é mais benéfica. Este processo é conhecido como consentimento informado, consentimento livre e esclarecido ou consentimento pós-informação. Pode ser definido como "uma decisão voluntária, verbal ou escrita, protagonizada por uma pessoa autônoma e capaz, tomada após um processo informativo, para aceitação de um tratamento específico ou experimentação, consciente de seus riscos, benefícios e possíveis consequências".

O significado ético do consentimento informado e seu mérito como uma salvaguarda do respeito à pessoa – seja paciente ou participante de pesquisa – deriva da maneira pela qual os valores e escolhas da pessoa possam ser reconhecidos, expressos e respeitados através de uma autonomia autêntica.

As crianças e adolescentes, bem como aqueles adultos com problemas neurológicos ou psiquiátricos graves, são considerados incapazes para decidir sobre si próprios, devendo ser representados por um familiar ou responsável legal.

Existem outras circunstâncias especiais que limitam ou impedem a obtenção do consentimento informado: 1. Nas situações de urgência, quando se necessita intervir e não se pode obtê-lo porque o paciente está inconsciente ou em risco de morte; 2. Na obrigação legal de comunicar algumas doenças infecciosas às autoridades sanitárias; 3. Nos casos em que a patologia ou informações reveladas pelo paciente possam afetar gravemente a saúde ou a vida de outras pessoas, cuja identidade é conhecida – situação que obriga o médico a revelar dados confidenciais mesmo que o paciente não autorize; 4. quando o próprio paciente se recusa a receber esclarecimento ou participar das decisões sobre seu tratamento.

Princípio de Justiça

A justiça está associada, preferencialmente, às relações entre grupos sociais, e com a equidade na distribuição de bens e recursos considerados comuns, numa tentativa de igualar as oportunidades de acesso a estes bens. O conceito de justiça, do ponto de vista filosófico, tem sido explicado com o uso de vários termos. Todos eles interpretam a justiça como um modo justo, apropriado e eqüitativo de tratar as pessoas em razão de alguma coisa que é merecida ou devida a elas.

Com a crescente socialização dos cuidados com a saúde, as dificuldades de acesso e o alto custo destes serviços, as questões relativas à justiça social são a cada dia mais prementes, e necessitam ser consideradas quando se analisam os conflitos éticos que emergem da necessidade de uma distribuição justa de assistência à saúde das populações.

BIOÉTICA CLÍNICA

A bioética clínica é uma ética aplicada, cujo caráter prático possibilita a análise de problemas de natureza moral, propondo cursos de ação para resolvê-los. A metodologia utilizada é uma discussão de caso, muito semelhante àquela usada nos "rounds" clínicos ou reunião clínica. Nas discussões bioéticas, além dos fatos e circunstâncias de cada caso, são analisados também os valores que fazem com que os pacientes e a equipe de saúde optem por indicar, aceitar ou recusar determinado procedimento diagnóstico ou terapêutico.

Segundo Patrão Neves (2002), a enunciação de uma ética clínica parte do explícito e comumente aceito pressuposto de que as condições atuais da prática da medicina determinam, frequentemente, que os casos clínicos se encontram envolvidos por complexas questões éticas que têm de ser consideradas simultaneamente com os problemas profissionais, na garantia da humanização da prestação dos cuidados de saúde bjetivando a melhoria destes tanto no plano técnico como humano.

Essa ideia de uma ética clínica já havia sido mencionada, em 1803, por Sir Thomas Percival, em seu livro *Medical Ethics*, quando propôs a criação de um órgão colegiado onde os médicos pudessem trocar opiniões sobre novos procedimentos (Goldim, Francisconi, 2006).

Teel, pediatra, já havia sugerido em um artigo, publicado em 1975, a criação de comitês de ética em hospitais, com o objetivo de possibilitar o diálogo em situações clínicas individuais como forma de dividir responsabilidades.

No âmbito da Justiça a criação dos comitês de ética foram criados a partir do pedido de um juiz dos Estados Unidos da América que encontrou dificuldade para tomar uma decisão com relação à interrupção de medidas que mantinham viva uma paciente em coma, Karen Ann Quinlan, 1976 (Goldi, Francisconi, 2006).

Segundo Marques Filho (2004) a melhor definição de bioética clínica por ele encontrada aparece com Levi e Lemos de Barros, que a conceituam como: "Trata a ética clínica das condutas desejáveis no âmbito da relação que se forma entre o profissional da área da saúde e seus pacientes., criando-se, com isso, condições para que, por um lado, os valores pessoais dos seres humanos envolvidos sejam preservados e respeitados e, por outro, a prestação de serviço que constitui o objeto especial de sua relação possa alcançar a máxima eficácia possível"

Métodos de Análise de um Conflito Moral

A metodologia utilizada para a análise de um conflito, problema ou dilema moral pode se valer de vários modelos. Todos esses modelos têm procurado desenvolver metodologias adequadas para discutir e solucionar os conflitos morais que surgem na prática assistencial. A questão fundamental é encontrar e utilizar métodos que possibilitem um estudo racional, sistemático e objetivo destes problemas, a fim de que a tomada de decisão se constitua em um ato bom e correto.

Todos os modelos utilizados permitem chegar a um resultado satisfatório, se algumas condições prévias, ao debate, nas comissões de ética e ou de bioética, forem cumpridas:

a) a deliberação ética deve partir de um princípio fundamental: o respeito pelo ser humano;

b) devem participar da análise todos os que têm interesses envolvidos;

c) todos os profissionais envolvidos no cuidado do doente, o próprio paciente ou um familiar que o represente; comitês de ética ou de bioética poderão ser constituídos por representantes dos usuários, da instituição e de indivíduos das áreas de ciências humanas para a análise de casos, pessoal ou virtualmente;

d) os participantes devem ter uma atitude compreensiva e tolerante para com os valores e posicionamentos divergentes e todos devem utilizar argumentos racionais para defender seus pontos de vista e justificá-los moralmente (Kipper, Clotet, Loch, 2004).

Os métodos mais utilizados para a análise de um conflito moral são os de Diego Gracia, de Albert R. Jonsem, o método paternalista e o método de Thomasma.

Para o objetivo deste texto será analisado o método do Modelo Deliberativo de Diego Gracia.

É interessante relatar algo sobre a evolução deste modelo de análise de conflitos morais. Ele teve origem com Hipócrates, que era filho de um médico, e tinha muito interesse nas questões relacionadas à medicina. Gracia (1998) que além de médico, é especialista em Bioética e em História da Medicina, adaptou e aperfeiçoou o modelo deliberativo de Hipócrates para a análise de conflitos morais em bioética clínica.

Para Gracia: "Certamente os métodos da bioética não são tão complexos nem tão sofisticados como uma citometria de fluxo. Por isso, prefiro compará-los a um procedimento mais simples e, sem dúvida, mais importante que ela: refiro-me à história clínica. Este é um excelente método de análise e resolução de problemas clínicos".

E continua: "... no processo de elaboração clínica, a lógica da medicina está baseada em fatos ou coisas que são perceptíveis através dos sentidos. A inspeção, a palpação, a ausculta e a percussão são maneiras do médico utilizar os sentidos para conhecer os fatos. Nem tudo, porém, se resume em achados. À medida que os fatos são percebidos, o médico procede a uma estimação de valor".

Prossegue: "...Além dos juízos clínicos, o profissional faz outra espécie de estimação de valor, os juízos morais, que consistem na análise de qual é a melhor opção, entre as alternativas disponíveis, para chegar ao melhor resultado possível, naquela situação específica e para aquele paciente em particular".

"Assim como o juízo clínico, um juízo ético também se origina na percepção dos fatos, opiniões e circunstâncias, porém é na avaliação da importância ética destes achados em determinada situação concreta, que eles ganham significado".

"Objetivo principal de todos os métodos até hoje propostos em bioética é articular as dimensões técnica e ética do ato médico. Isso significa que, para discutir um problema ético é necessário primeiro aclarar todas as dúvidas técnicas (juízos clínicos) para depois analisar os conflitos de valores".

Gracia (1998) considera que: "a deliberação é um processo em que cada envolvido na análise do caso é considerado um agente moral válido, obrigado a dar as razões para seus pontos de vista e a considerar as posições e razões dos outros e que as dimensões morais devem levar em conta não apenas princípios e ideias, mas também emoções, valores e desejos".

O modelo deliberativo de Gracia é composto pelos seguintes passos:

1. Deliberação sobre os fatos:

O caso deve ser apresentado pela pessoa responsável pela tomada da decisão, identificando os problemas morais sobre os quais deve decidir. Os problemas éticos sempre estão conectados a conflitos de valor, e os valores devem estar relacionados com os fatos. Quanto mais expressivos forem os fatos, mais acurada será a identificação dos valores em conflito. Por isso, na apresentação do caso devem ser avaliados: os aspectos técnicos; o paciente e os fatores externos.

Nos aspectos técnicos, a comissão de ética ou de bioética deve analisar: a situação atual do paciente; a probabilidade de certeza do diagnóstico e/ou prognóstico; a conduta padrão no caso específico e para aquele paciente em particular; a expectativa de vida e a qualidade de vida com ou sem o curso de ação proposto; as vantagens e desvantagens das condutas alternativas, se existirem e a expectativa da equipe de saúde.

Na avaliação do paciente, devem ser levadas em consideração as suas reflexões, os seus valores, a sua qualidade de vida, as suas escolhas e a sua capacidade de compreensão e avaliação do problema.

Na avaliação dos fatores externos, devem ser considerados o papel da família, os fatores sociais, legais, coercitivos, religiosos e econômicos.

2. Identificação dos problemas morais que emergem para quem atende o paciente:

3. A pessoa responsável pelo paciente escolhe o problema moral que lhe diz respeito e que deseja analisar;

4. Determinar os valores em conflito e analisar os princípios (beneficência, não-maleficência, autonomia e justiça);

5. Determinar quais são os deveres que emergem da análise do caso e qual é o dever principal;

6. Estabelecer pelo menos três ou mais cursos de ação;

7. Determinar qual é o melhor curso de ação;

8. Decisão final;

9. Controle da consistência da decisão;

Teste da legalidade: é uma decisão legal?

Teste da mídia: você estaria preparado para defender publicamente sua decisão?

Teste do tempo: você tomaria a mesma decisão, passadas algumas horas ou alguns dias?

É importante ressaltar que, em cada caso em particular, devem ser avaliadas as prováveis consequências e deverá ser determinado se pode ser feita uma exceção aos princípios.

Do ponto de vista ético, o que pode representar sua opção na situação apresentada:

Atender ao paciente, sem saber da história – contempla o critério de acesso provável; atender o paciente de melhor prognóstico – contempla o critério de prognóstico, baseado na efetividade, voltado para ações futuras;

Atender o primeiro paciente, sabendo da história – também contempla o critério de acesso provável, porém gerando mais ansiedade para a equipe;

Não atender os dois pacientes – contempla o critério de acesso real, apesar de tecnicamente inadequado (se não há recurso para dois, não deveria haver nenhum, pois ninguém pode se salvar às custas da vida de outra pessoa);

Dividir a equipe de atendimento – contempla o critério de necessidade, voltado para ações do presente (deve ser atendido o paciente que tem mais necessidade, apesar de seu prognóstico).

Realizar um sorteio com o objetivo de tornar a escolha aleatória – contempla o critério de acesso provável, apesar de tecnicamente inadequado.

REFERÊNCIAS BIBLIOGRÁFICAS

BEAUCHAMP,T.L., CHILDRESS,J.F. *Principles of Biomedical Ethics*.4.ed. New York: Oxford University Press, 1994.

BRASIL.Comissão Nacional de Residência Médica. Resolução n.4, de 23 de dezembro de 2003. *Diário Oficial da União*. Brasília, DOU 252, 2003.

BRASIL.Conselho Federal de Medicina. Lei n. 3.288/57 de 30 de setembro de 1957. *Diário Oficial da União* .DOU 4 out.1957.

BRASIL.Conselho Nacional de Saúde. Resolução 196/96 sobre pesquisas envolvendo seres humanos. *Diário Oficial da União* Brasília, DOU de 16 out.1996.

CLOTET, J. Por que Bioética? *Bioética*, v. 1, n.1, pp. 13-19, 1993.

EMANUEL,E.J., EMANUEL,L.L. Four Models of the Physicia Patient Relationship. *JAMA* v. 267, n. 16, pp. 2221-8, 1992.

FERRER,J.J. Historia y fundamentos de los comitês de ética. IN: MARTINEZ, J. L. (ed.). *Comitês de Bioética* Madrid: Comillas, 2003. 195p.

GOLDIM,J.R., FRANCISCONI,C.F. *Os Comitês de Ética Hospitalar*. 2006. Disponível em <www.ufrgs.br/bioetica/com.itatm.htm> Acesso em: 11 dez. 2006.

GRACIA,D. *Ética y Vida*.Bioética Clinica. Santa Fé de Bogotá DC: Editorial El Búho, 1998. v. 2 (Estúdios de Bioética)

KIPPER,D.J., CLOTET, J., LOCH,J. O Impacto da Bioética na Prática Clínica. In:SOCIEDADE BRASILEIRA DE CLÍNICA MÉDICA(org.). *Programa de Atualização em Clínica Médica*. Porto Alegre: Artmed/Panamericana Editora, 2004. pp. 43-81.

MARQUES FILHO, J. Bioética Clínica.*Rev. Bras. Reumatol.*, v. 44, n.2, pp. 7-9, 2004.

NEVES,M.C.P. *Comissões de ética*. Das bases teóricas à Actividade Quotidiana. 2.ed.Coimbra: Gráfica Couimbra, 2002.

O'NEAL, O. *Autonomy, trust and bioethics*. London: Cambridge, 2002.

PESSINI, L. Declaração Universal sobre bioética. *Bioética*, v. 13, n. 1, pp. 157-161, 2005.

REICH,W.T. (editor). *Encyclopedia of Bioethics*. New York: The Free Press; Londo: Collier Macmilan Publisher, 1978.

UNESCO. *Bioethics Committees at Work:* Procedures and Policies. Guide.n.2 Paris: UNESCO, 2005. Disponível em <portal.unvesco.org/shs/ethics>.

6

Didática, Formação de Professores e Ensino em Bioética

Sérgio Rego
Margaréte May Berkenbrock Rosito
Kiyomi Nakanishi Yamada

Introdução

O surgimento da Bioética no Brasil só ocorreu após a aprovação da Constituição de 1988. Tal coincidência não é fruto do acaso, pois um ambiente onde as liberdades individuais e coletivas e os direitos individuais, e sociais não eram plenamente reconhecidos e respeitados, não era um terreno fértil para a difusão de uma disciplina cuja prática está ancorada no debate e na tomada de decisões racionais. Da mesma maneira, tanto os campos de prática da assistência médico-sanitária como os espaços de formação de pessoal para essa prática, também estavam permeados por uma cultura autoritária e excludente. Com a redemocratização do país, um sopro democrático tem percorrido esses dois ambientes sociais, contaminando-os com a reflexão crítica, a diversidade de argumentos e o respeito pela diferença.

Embora essa mudança já venha sendo observada em diferentes *campi* e unidades de prestação de serviço, entendemos que ela depende de ações concretas que estimulem/promovam essas transformações. Entendendo que a formação de pessoas comprometidas com o diálogo, respeitadoras dos direitos humanos e com os que divergem de suas posições não ocorrerão espontaneamente, verifica-se que diversos autores têm focado em seus trabalhos o problema da formação moral e ética dos profissionais de saúde. Neste trabalho procuraremos contribuir com esse esforço enfocando especificamente alguns aspectos da formação dos docentes em geral e dos docentes em Bioética em especial.

Para Boff (2000) o cuidado deve ser uma preocupação sobre a vida planetária nas suas diferentes formas e também uma capacidade humana realizada através da comunicação entre pessoas. O ser humano é a um só tempo físico, biológico, psíquico, cultural, social, histórico. Esta unidade complexa da natureza humana é desintegrada na educação por meio de disciplinas, tendo se tornado impossível aprender o que significa ser humano. Desse modo, a condição humana deveria ser o objeto essencial de todo o ensino (Morin, 1999).

Segundo Lenoir (1996) é perfeitamente compreensível a preocupação trazida pelos avanços das ciências da vida; elas levantam questões que concernem à intimidade de cada um de nós, quer se trate da procriação artificial, do aconselhamento genético, dos testes genéticos ou, ainda, dos novos alimentos provenientes das biotecnologias. Como as diferentes sociedades têm avaliado o que a ciência tem se mostrado capaz de produzir? Como ponderar sobre a aceitabilidade de uma nova tecnologia levando em consideração os bens e riscos concretos que muitas vezes andam juntas. Como ponderar os interesses individuais em relação aos interesses coletivos para fins de alocação de recursos?

Apesar dos avanços no Sistema Único de Saúde (SUS) não dá para negar que a saúde brasileira ainda não logrou cumprir seus princípios norteadores, garantindo a assistência integral e de qualidade para todos, especialmente quando se constata o sucateamento de muitos hospitais públicos, falta de leitos e esperas intermináveis para a realização de procedimentos especializados. Nem mesmo o atendimento básico à saúde no Brasil está ao alcance de todos, embora tenhamos uma situação infinitamente melhor do que a que existia antes da criação do SUS.

Garantir que toda a população tenha acesso aos benefícios da medicina, que os recursos disponíveis sejam distribuídos de forma justa e resgatar a dignidade e a qualidade de vida população brasileira são desafios a serem enfrentados. E enfrentar esses desafios implica tomar decisões baseadas em critérios racionais e imparciais e, por que não dizer, em realizar escolhas trágicas, uma vez que os recursos não são infinitos.

Algumas iniciativas recentes, como os Programas de Humanização da Assistência Hospitalar e o Humaniza SUS, criados pelo Ministério da Saúde, pretendem modificar o panorama atual da assistência à saúde no país, mas não deixam de ser iniciativas pontuais que serão insuficientes para resolver tal situação se não forem cotejadas também algumas das raízes do problema e não apenas seus efeitos visíveis nos serviços de saúde. O problema deve ser trabalhado desde a formação dos profissionais de saúde.

Transformar o atual paradigma centrado na tecnologia e na intervenção aos agravos dentro de espaços físicos dos serviços hospitalares; sair do território do ensino centrado em normas deontológicas; inserir a bioética como "seiva" ao longo dos cursos; preparar o corpo docente em geral, e os que se dedicam especificamente ao trabalho com os conteúdos da Bioética para garantir consistência das discussões; viabilizar o cuidado como um direito de cidadania são alguns dos grandes desafios na formação dos profissionais em saúde.

TRANSFORMAÇÃO DO ENSINO DAS PROFISSÕES DE SAÚDE

A Lei Federal 9394/96 estabelece as diretrizes gerais e normativas para o ensino em todo o território nacional nos diferentes níveis assim distribuídos – Educação Infantil, Ensino Fundamental, Ensino Médio, Educação de Jovens e Adultos, Educação Profissional e Educação Superior.

Em um processo iniciado no final da década de oitenta do século passado, uma parte das escolas médicas, lideradas pela Associação Brasileira de Educação Médica, tem discutido caminhos e perspectivas para uma nova reforma do ensino, que vá além de simples revisão curricular e que represente de fato uma mudança no processo de formação médica e, principalmente, no tipo de médico que é formado. São seguidos os seguintes eixos de orientação no processo de transformação:

a) Reorientação teórica – privilegiando-se a produção de conhecimento que atenda às necessidades do sistema de saúde e do conjunto da população brasileira e não apenas do que é do interesse da indústria farmacêutica e da parcela da população que se insere no sistema de saúde privado.

b) Reorientação pedagógica que estimule a reflexão crítica e os processos de desenvolvimento das capacidades individuais de busca da informação e construção do conhecimento.

c) Diversificação dos cenários de prática, na perspectiva de que a prática é fundamental na construção do conhecimento e de se promover uma profunda relação entre o sistema educacional em saúde e o de prestação de serviços.

Esta formulação estratégica foi desenvolvida em consonância com o que havia sido consolidado nas diretrizes curriculares para o curso médico e tem sido bastante útil nas formulações das estratégias de outras formações. As Diretrizes Curriculares Nacionais constituem a base para fundamentação dos projetos político pedagógicos das instituições de ensino superior. Para os cursos da área da saúde eles definem uma formação plena do cidadão para atuar em sua área profissional nos processos de transformação social com condições efetivas de perceber a realidade, questioná-la e transformá-la diante dos problemas que emergem da sociedade contemporânea. O ensino tradicional, que utiliza métodos de ensino aprendizagem que reservam aos alunos um papel passivo, não tem dado logrado atingir ao propugnado no Relatório da Comissão Internacional sobre Educação para o século XXI (UNESCO, 1998) em relação aos aspectos da integralidade no cuidado em saúde, utilizando-se dos quatro pilares da educação contemporânea – aprender a conhecer, aprender a fazer, aprender a ser e aprender a conviver.

A bioética, segundo Lenoir (1996), deve ser ministrada nos cursos universitários, de forma interdisciplinar e o seu ensino não deve estar restrito aos ciclos básicos, sendo recomendável que módulos de formação continuada sejam oferecidas ao longo dos cursos, tendo como bases:

1. Abordagem pluridisciplinar das relações entre o homem e a ciência deve ser objeto de um ensino específico;
2. O ensino específico deve integrar as bases científicas e técnicas necessárias para desencadear as interrogações fundamentais da ética, e promover uma ética da liberdade e da responsabilidade;
3. Deve estar presente em todos os níveis, seguindo fórmulas apropriadas em cada caso, sempre revestida de um caráter prático (estudo de caso, diálogo com pesquisadores e técnicos) e não se limitar apenas à reflexão geral de princípios;
4. Deve preparar os indivíduos para o exercício das escolhas democráticas em uma sociedade em parte condicionada pelos progressos das ciências e das técnicas;

5. Deve, enfim, ser um aprendizado a respeito do outro, de sua identidade, de sua dignidade, de sua própria cultura. É de sua natureza contribuir para a paz e a justiça no mundo.

Quando se resgata o sentido do cuidado com foco na integralidade, diversidade, interdisciplinaridade na formação dos profissionais de saúde, propõe-se a ampliação do significado incluindo aspectos da subjetividade humana, como valores, solidariedade e dignidade.

Segundo Erdman et al (2005) o ensino da ética não tem acompanhado o desenvolvimento dos recentes avanços da biotecnologia. Em muitos cursos regulares de saúde a ética aparece como disciplina optativa; existe mais interesse nas técnicas do que na ética, como se esta não fosse inerente ao cotidiano destes profissionais.

Munõz (2005) afirma que ensinar aos alunos as normas que regem o exercício profissional é um objetivo importante, porém, mais relevante do que isso é dotá-lo de sensibilidade para identificar problemas. Para ele, ética não se ensina, se discute.

Para Rego et al (2005) é responsabilidade do aparelho formador agir de forma sistemática e concreta no campo da educação moral. Eles defendem a concepção de que o ensino da ética e dos direitos humanos deva ter como objetivo o desenvolvimento da capacidade do indivíduo de fazer uso crítico da razão e desenvolver seu compromisso com o diálogo e o respeito aos outros.

O ensino tradicional da ética profissional oferece respostas aos dilemas éticos com base no cumprimento heterônomo das leis, estatutos, códigos e resoluções da categoria profissional. Já o ensino da bioética, tendo como característica a interdisciplinaridade, o respeito pela diversidade cultural e a autonomia do sujeito na solução dos conflitos morais surgidos no desenvolvimento das profissões ou na relação profissional – paciente, não pode incorrer no erro de repetir métodos que reforçam o comportamento heterônomo ou amparar-se em uma compreensão equivocada de que o docente ao ser um exemplo para seus alunos poderia ser também o principal agente de transformação dos futuros profissionais de saúde. Não é. A transformação que pode ocorrer através do processo educativo tem que ter como agente e objeto o próprio indivíduo.

Como já nos referimos, as questões da contemporaneidade nos remetem à sociedade do conhecimento. Um dos pilares da educação é aprender a aprender. Para Trocmé-Fabré (2004) aprender não é uma reta, que seguimos sem olhar para o passado e para o interior da bagagem que carregamos. A formação de professores não se resume a metodologias e técnicas de ensino, tem uma dimensão ontológica: o ser professor.

A Bioética pede sensibilidade no cuidar da saúde e da educação para conservar os vestígios de nossa humanidade, para não levar milhares de pessoas a viverem na indignidade.

O Lugar do Morto na Prática Pedagógica

O "modismo pedagógico" domina os modelos de prática de ensino pela lógica da ênfase, como no jogo de *Bridge*, um elemento fica no lugar do morto. A metáfora do "triângulo pedagógico" (Houssaye,1996) apresenta a definição de prática pedagógica constituída pela interlocução de eixos complementares, os sujeitos: professor, aluno, conteúdo e as ações de ensinar, aprender, formar. A lógica da ênfase, coloca um sujeito e uma ação no lugar do morto, o que provoca uma loucura no sistema. Supõe-se que reside aqui a razão da atribuição da culpa pelo fracasso escolar, ora ao professor, ora ao aluno, ora ao conteúdo.

Quem fica no lugar do morto? Na Escola Tradicional, o eixo professor-conteúdo prioriza a ação de ensinar, põe o aluno no lugar do morto. Já a Escola Nova prioriza o eixo aluno-conteúdo, a ação do aprender, coloca o professor no lugar do morto. Na escola libertária, libertadora, a ênfase recai no eixo da relação professor-aluno, prioriza a ação do formar, colocando o conteúdo no lugar do morto. O que importa dizer é que o lugar do morto afeta a relação pedagógica, devendo-se evitar a simplificação, que restringe e empobrece em demasia a complexidade daquilo que é tecido em conjunto: parte e todo.

Se priorizamos os eixos conteúdo-metodologia de ensino e conteúdo-didática, o processo de ensino entra em colapso, ao perder de vista como ocorre a aprendizagem dos sujeitos-alunos, partes interligadas de um processo que implica/coimplica outros processos. O paradigma positivista, ao utilizar-se do pensamento cartesiano de deslocar a parte para compreender o todo, enfatiza a questão da teoria, do método, da didática. Se não há participação dos sujeitos-alunos e sujeitos-professores, ensinar, aprender e formar tornam-se um produto sem vida e sem beleza.

A qualidade da prática pedagógica passa pela participação de todos os envolvidos no processo de ensinar, aprender e formar. Na perspectiva de Paulo Freire, a formação de professores e a organização curricular são processos em permanente construção social e política, pressupõem a participação da comunidade na tomada de decisões que priorizem a cultura do aluno e a incorporação das expectativas e interesses dos segmentos que fazem parte da escola.

Porém, é preciso saber lidar com a indiferença quando os sujeitos-alunos e sujeitos-professores são convidados a participar de tomadas de decisões. A indiferença não é natural, mas de caráter histórico. É possível dizer que a participação é ainda algo estranho aos alunos e à comunidade, o que é fruto do autoritarismo que permeia a instituição escola nas suas mais diversas formas de manifestação, implícitas e explícitas, que, por sua vez, são fruto do "obscurantismo educacional e cultural" (Fernandes, 1991, p. 9). A discussão dos princípios de uma gestão democrática: autonomia, participação e descentralização, causa impacto a possibilidade de pensar a escola como espaço do exercício da cidadania. Democracia, na perspectiva de Bobbio (1987), é o acesso da maioria da população aos bens públicos: saúde, educação, moradia, estradas, transportes, lazer. Se a maioria da população não tem acesso a esses bens, tal situação fere na raiz os princípios de uma sociedade democrática.

A dinâmica interativa, portanto, educativa, pressupõe o diálogo e a participação pela consciência dos deveres e direitos, acreditar em si mesmo, na sua capacidade de transformar e transformar-se, do ser menos para ser mais. A autonomia, autoria e emancipação são aspectos constituintes de conquista, corresponsabilidade, que ocorrem na reflexão sobre a experiência.

A experiência de professores e alunos tem ocupado o lugar do morto nos processos formativos. É lugar comum relacionar competência com experiência. Rios (2005) apresenta a metáfora quadripolar do conceito de competência levando em consideração as seguintes dimensões: técnica (saber/fazer: conteúdo/metodologia), política, Ética e Estética (saber-ser) professor. Na formação de professores a Ética e a Estética têm ficado no lugar do morto.

Segundo Paul Hazard (1950), Verney, vive na "época sem poesia". No Verdadeiro Método de Estudar, não há estética. A retórica, não sedutora, terá que ser demonstrada na perspectiva da razão. Os valores estéticos da língua de nada valem. São apenas um meio de investigação da verdade histórica e teológica (línguas clássicas) e de transmissão de ideias (línguas modernas), sem qualquer sensibilidade estética.

A atitude ética também é imprescindível. Para Dussel (2000) o projeto pedagógico tem como objetivo o desenvolvimento das potencialidades criativas e criadoras do ser humano, contempla a ética em sua raiz: a dignidade humana, fundamenta-se nos sentimentos, valores e virtudes dos seres humanos e realiza-se por meios de princípios como democracia, diálogo, autonomia, respeito, compaixão, responsabilidade para o desenvolvimento integral de cada um (vida).

Para Paulo Freire (1997) falar de ética é também falar de estética, que juntas têm como compromisso proporcionar a beleza, a mais alta potencialidade do ser humano, a força de transformação da sociedade. A Ética e a Estética, emergem na convivência harmoniosa do eu, outro e do contexto.

A Formação do Professor

A concepção de professar tem conduzido o processo de ensino, apresentando conceitos prontos e acabados de disciplinas, cabendo ao aluno a apropriação e a devolutiva, no momento da prova. O vício de "professar," apaixonado e pleno de convicção, poderá não dar espaço à voz dos sujeitos-alunos. Ás vezes, essa atitude provoca o estrangulamento do processo de autoria e o desenvolvimento do potencial criativo, tanto de professores como de alunos, porque não envolve o sujeito no seu próprio projeto de ensino-aprendizagem.

Alguns professores buscam nas teorias modelos para resolver os problemas enfrentados em sala de aula. Essa atitude implica o risco de transformar os enfoques teóricos em muros que impedem o encontro com o aluno real, buscando o aluno ideal, o que favorece a criação de rótulos que capturam os sujeitos, dificultando o seu desenvolvimento.

Pérez-Gomes (1992) observa que é ilusão estabelecer relação direta e mecânica entre a intervenção didática e referências teóricas. O caráter inacabado e mutante do desenvolvimento do sujeito e a sua natureza singular, constituído nas interações dentro e fora da sala de aula, evidenciam o divórcio entre o real e a teoria.

As teorias de aprendizagem são aproximações parciais e restritas a aspectos e áreas da aprendizagem. Dificilmente constituem um corpo integrado de conhecimentos capazes de explicar a complexidade que envolve os fenômenos que ocorrem na aprendizagem escolar, desde os fatores materiais, pessoais e metodológicos da instituição até as conexões da experiência dentro e fora do campo escolar, da dimensão cognitiva até a afetiva (Pérez–Gomes, 1992).

O processo de aprendizagem implica transformação. Se não ocorre transformação, não houve aprendizagem, como um efeito dominó. A transformação, às vezes, passa longe dos conteúdos e da didática, tidos como eficazes. No entanto, se as teorias não oferecem respostas definitivas para enfrentar os desafios da docência, disponibilizam conceitos e princípios que podem se transformar em ferramentas para a ampliação da consciência das práticas pedagógicas e compreensão dos modelos internalizados, maneira de pensar, sentir e agir dos professores.

Pimenta (1999, p. 20) comenta:

Quando os alunos chegam ao curso de formação inicial já tem saberes sobre o que é ser professor. Os saberes de sua experiência de alunos que foram de diferentes professores em toda a sua vida escolar. Experiência que possibilita dizer quais foram os bons professores, quais eram bons em conteúdo, quais eram os bons em didática, isto é, não sabiam ensinar. Quais professores foram significativos em sua vida.

Na obra Como nasce um professor?, Furlanetto (2003) identifica as matrizes pedagógicas como um processo de individuação do professor, de identificação do professor interno em cada um, os modelos de professores de que fomos nos apropriando, a concepção de professor ideal, que se manifesta em nossas escolhas de forma inconsciente.

Qual a matriz pedagógica que cada um carrega consigo? Que modelo está por trás das práticas daqueles que foram nossos professores e como se manifestam no nosso agir?

É no diálogo com o outro e com a cultura que cada um é constituído, desconstruído, reconstruído, cotidianamente. O acesso aos bens culturais é meio de sensibilização pessoal que possibilita, ao sujeito, apropriar-se de múltiplas linguagens, tornando-o mais aberto para a relação com o outro, favorecendo a percepção de sua identidade e alteridade.

A investigação do si mesmo rompe com a concepção positivista, que prioriza a dimensão da racionalidade instrumental em que o sujeito produz ciência com neutralidade científica e generalização dos resultados. Quem leu Bachelard, Bourdieu, Capra e Morin sabe que "ninguém pode ser epistemologicamente virgem" (Charlot, 2000, p. 15).

Nóvoa (Portugal), Charlot (França), Tardif e Gauthier (Canadá), Perrenoud (Suíça) discutem a temática da formação de professores numa perspectiva sociológica, que os saberes da experiência dos docentes, a fim de identificar os constituintes da identidade profissional, habilidades e as atitudes que se requerem no exercício do fazer cotidiano.

Essa concepção de formação que se ancoram "nos saberes da experiência" o desafio de não secundarizar o lugar das teorias sobre aprendizagem e ensino, quando se propõe ao assumir a crença na reflexão do professor sobre sua prática e trajetórias de formação (Pimenta, Ghedin, 2002; Misukami *et al*, 2002).

O pressuposto nessa perspectiva de formação de professores é o de que quando os docentes refletem sobre as experiências formativas procuram estudar, apropriar e incorporar criticamente na prática pedagógica, diminuem-se os espaços para reprodução de princípios teóricos formulados em e para outros fins que não a sala de aula concreta e cotidiana (Batista, 2002).

Cabe ao professor tomar para si sua própria formação continuada por estratégias individuais ou coletivas, pois o poder da formação pertence àquele que se forma e este o fará a partir da lógica de seu próprio percurso individual, partilhando espaços e experiências. Mas os sentidos da formação serão sempre individuais, na medida em que as experiências ganham significados em seu próprio percurso e na maneira singular de traçá-lo. Formar identifica-se com formar-se. (Warschauer, 2001, p. 135)

Pineau (2000) e Josso (2002), entendem o percurso formativo dos professores como possibilidade de articulação passado e presente, perceber as circunstâncias em que está inserido, como afeta e é afetado. A formação contempla a aprendizagem de adultos, um tema pouco explorado pelas pesquisas.

O professor é um sujeito sempre em formação, apenas a didática não dá conta da formação. É o sujeito que se forma, a formação esta enraizada em seu percurso de vida, em suas experiências, em sua maneira singular de aprender. Mas ser professor que se ocupe de discussões morais e da discussão ética demanda alguns requisitos também, como Rego et al (2005) afirmaram. Um docente comprometido com a formação moral e ética de seus alunos, com o propósito de contribuir com a formação de pessoas autônomas tem que estar comprometido principalmente com a provocação de conflitos cognitivos em seus alunos, surpreendê-los com teses que contradigam o senso comum ou o politicamente correto, possibilitando a eles que reconstruam seus pontos de vista. Esse processo de formação contribuirá, em última análise, para a libertação do indivíduo, a passagem da consciência ingênua para uma consciência crítica, em uma expressão freireana.

REFERÊNCIAS BIBLIOGRÁFICAS

BATISTA, S.S.S. O professor universitário: desafio e possibilidades. In: SEVERINO, Antônio Joaquim e FAZENDA, Ivani (orgs.) *Formação docente:* rupturas e possibilidades. Campinas-SP: Papirus, 2002.

BERKENBROCK-ROSITO, M.M. *Aulas Régias:* Curriculum, Carisma, Poder- um teatro clássico? Universidade Estadual de Campinas-UNICAMP/ SP, 2002 (Tese de Doutorado).

BOBBIO, N. *Estado, governo, sociedade* – por uma teoria geral da política. Rio de Janeiro: Paz e Terra, 1987.

BOFF, L. *Saber Cuidar* – Ética do humano: compaixão pela terra. 5. ed. Petrópolis: Vozes, 2000.

DUSSEL, E. *Ética da Libertação:* na idade da globalização e da exclusão. Petrópolis: Vozes, 2000.

ERDMANN, A.L., REIBNITZ, K.S., RAMOS, F.R., PRADO, M.L. Educação em Bioética: desafios para a formação crítico – criativa dos profissionais de Enfermagem. São Paulo. *O Mundo da Saúde*, v. 29, n. 3, pp. 418-424, jul/set, 2005.

FREIRE, P. *A Pedagogia da Autonomia:* saberes necessários à prática educativa. São Paulo: Paz e Terra, 1997.

FURLANETTO, E. *Como nasce um professor?* São Paulo: Paulus, 2003.

HOUSSAYE, J. Lê triangle pédagogique, ou comment comprender la situation pédagogique. In: HOUSSAYE J. (dir.). *La pédagogie:* une encyclopédie pour aujourd' hui. Paris:ESF éditeur, 1996. pp. 13-24.

JOSSO, M-C. *Experiências de vida e formação*. Lisboa: Educa, 2002.

LENOIR, N. Promover o ensino da bioética no mundo. *Bioética* v. 4, n. 1, pp. 65-70, 1996.

MUNÕZ, D. R. O ensino da bioética nas escolas médicas. São Paulo. *O Mundo da Saúde*, v. 29, n. 3, p. 435, jul/set, 2005.

NÓVOA, A. (org.) *Vidas de professores*. 2ª ed. Porto/Portugal: Editora Porto, 2000.

PERÉZ-GÓMEZ, A. O pensamento prático do professor: A formação do professor como profissional reflexivo. In: NÓVOA, A. (org.) *Os professores e a sua formação*. Lisboa: Dom Quixote, 1992. pp. 93-113.

PERRENOUD, P. *Práticas pedagógicas, profissão docente e formação*. Lisboa: Dom Quixote, 1993.

PINEAU G. O sentido do sentido. In: *Educação e transdisciplinaridade*. São Paulo: Triom, 2000

REGO, S., PALACIOS, M., SCHRAMM, F.R. Competência Bioética do Profissional na Assistência Materno-Infantil In: SCHRAMM, F.R., BRAZ M. (org.) *Bioética*: Novos tempos para mulheres e crianças? Rio de Janeiro: Ed. Fiocruz, 2005. pp. 81-104.

RICOEUR, P. *A metáfora viva*. Porto-Portugal: Editora Rés, [199].

RIOS, TA. *Ética e competência* (15ª ed.). São Paulo:Cortez, 2005.

TARDIF, M. Saberes profissionais dos professores e conhecimentos universitários. *Revista Brasileira de Educação*. Rio de Janeiro, n. 13, pp. 5-24, jan/abr., 2000.

TROCMÉ-FABRE, H. *A árvore do saber-aprender*. São Paulo: Triom, 2003.

UNESCO. *Relatório da Comissão Internacional sobre Educação para o século XXI*. São Paulo: Cortez, 1998.

7

Nascimento e Desenvolvimento da Bioética no Brasil

William Saad Hossne
Maria Clara Albuquerque
José Roberto Goldim

No conjunto desta obra, a presente contribuição parte do pressuposto que a Bioética nasce de iniciativas concretas por parte de pessoas que assumem em seus contextos a reflexão ética. Para notar como isso se dá no Brasil, procuramos recolher alguns aspectos que nos parecem significativos. O tom de depoimento, por vezes aqui assumido, decorre do intuito de mostrar a relação do crescimento da Bioética com as vivências e iniciativas que vão sendo tomadas. Assim, após algumas considerações iniciais, procuramos fazer uma leitura retrospectiva sobre a trajetória da Bioética no Brasil, lançando em seguida um olhar prospectivo com vistas a seu futuro próximo.

Bioética: Considerações Gerais

De acordo com alguns historiadores (Chauí, 2002) a filosofia vigente no Ocidente teria data e local de sua formação entre o final do século VII a.C. e o início do século VI a.C., nas colônias gregas da Ásia Menor. Na busca da *physis* do cosmos, Tales de Mileto (Akmê 597 ou 548 a.C.) teria sido, talvez o primeiro "físico" ou filósofo. No entanto, a palavra "philo-sophia" (philia + sophia) teria sido instituída por Pitágoras, de Samos (Akmê 540-53 a.C.).

Pode-se notar neste breve aceno que a filosofia tinha desde seu início um conteúdo preciso na cosmologia. Somente no século de Péricles (404 – 440 a.C., "século" de 36 anos) ocorre o deslocamento da reflexão filosófica da cosmologia para a política, para a ética e para a teoria do conhecimento, iniciando-se com Sócrates e os sofistas, particularmente nos séculos V e IV a.C.

A ética está incluída desde o início neste processo de reflexão. Assim, em Pitágoras, já havia uma ética deduzida da cosmologia. Do mesmo modo, Demócrito, ao lado da *physis* atomista, nos deixou 297 fragmentos éticos e técnicos, tais como: "Belo é conter o homem injusto". "Aquele que comete injustiça é mais desgraçado do que aquele que a sofre". Contudo, o desenvolvimento da ética se consolida, à época de

Sócrates, seguido pelas contribuições do pensamento de Platão e Aristóteles.

Esta menção ao início da filosofia visa apenas introduzir a pergunta sobre o nascimento da Bioética. Enquanto construção ética, ela se insere nesta longa história do pensamento. Mas enquanto se reveste de características específicas em nosso tempo, ela pode ser também de algum modo datada e particularizada. Assim, Potter em 1971 é por muitos considerado um *pai* da Bioética. De fato lhe conferiu um nome e pautou alguns de seus importantes objetivos. Seus conteúdos deviam, entretanto, ainda ser mais bem definidos.

A Bioética nasceu em momento talvez de *angústia* e de profunda reflexão crítica. Diante das possibilidades de mau uso dos avanços da biologia molecular essa angústia se expressou no neologismo: *bios + ethica,* buscando na ética uma solução em favor da sobrevivência humana e ambiental. Resulta então claro que a Bioética é uma atividadefilosófica, enquanto a ética é um ramo da filosofia. Este caráter reflexivo há de estar sempre presente ao se falar em desenvolvimento da Bioética, embora outros aspectos devam ser considerados para que ela possa se realizar.

Mas se a Bioética é uma área da ética, o que a caracteriza como tal? Um rápido olhar sobre diversos textos iniciais de Bioética permite verificar um fato: os autores não apresentam ali uma definição ou mesmo caracterização do que vem a ser Bioética. Há livros até mesmo básicos e introdutórios, que incluem capítulos sobre diversos tópicos de Bioética sem oferecer uma clareza a respeito de sua conceituação. Isso permite dizer que ela nasce com grandes preocupações, mas sem um corpo doutrinário organizado, que devia ainda se formar e desenvolver.

A Bioética cresceu deste modo sem *amarras.* Agora já se apresenta adulta e marca presença definitiva nas atividades humanas, exigindo que dela se tome conhecimento como área de conhecimento. Mas continua necessitando de reflexões mais profundas para ganhar definição e estabilidade frente aos desafios e fatores adversos.

Deve existir Bioética como área de conhecimento? Suas características suportam tal posição? Vejamos alguns aspectos que talvez possam ajudar no encaminhamento desta questão:

Um primeiro aspecto que pode ser considerado é o *campo de atuação* da Bioética: ela é a ética das (e nas) ciências da vida, da saúde e do meio ambiente. Trata-se de um campo bastante abrangente. Contudo, seria isso por si só um elemento suficientemente forte para sustentar a Bioética como área específica, embora dentro da ética? Isoladamente, esta característica parece não justificar no momento um espaço próprio, mas talvez associada a outras características possa dar apoio à criação de espaço próprio.

Outro aspecto a ser considerado neste assunto está na característica multi e transdisciplinar da Bioética, que a torna aberta à pluralidade. A reflexão bioética exige, não só *multidisciplinaridade*, no sentido da participação de outras áreas do conhecimento além da ética, como também e sobretudo, a *transdisciplinaridade*, isso é a incorporação da visão ética de uma disciplina nas outras e vice-versa. Essa característica da multi e da transdisciplinaridade necessária para a Bioética parece ser suficientemente forte para o reconhecimento da Bioética como merecedora de espaço próprio dentro da ética.

Ainda outro aspecto intimamente ligado a essa característica consiste na necessária participação de todos os atores e agentes da sociedade que possam estar envolvidos na questão ética em discussão. Assim, por exemplo, na discussão bioética da relação médico-paciente, não basta a reflexão apenas dos médicos como corre na ética médica; requer-se uma participação efetiva de outros setores da sociedade, incluindo as próprias pessoas doentes, que contribuem com a reflexão a partir de sua experiência concreta. A isso se pode somar, em um âmbito maior, a equivalente necessidade de se assumirem, na reflexão bioética, as interfaces e interações entre os campos das ciências da vida, da saúde e do meio ambiente, avaliando suas consequências para o presente e o futuro da vida.

Esse conjunto de características que marcam a Bioética parece subsidiar o reconhecimento da Bioética como área específica do conhecimento, concedendo a ela espaço próprio, com corpo doutrinário e conceitual em franca evolução.

BIOÉTICA NO BRASIL: UMA LEITURA RETROSPECTIVA

Passando agora a uma leitura retrospectiva sobre a Bioética no Brasil, procuramos recolher alguns aspectos significativos neste processo de nascimento e maturação da reflexão brasileira. Após algumas observações iniciais sobre o ambiente em que a Bioética brasileira emerge, comentamos brevemente algumas iniciativas específicas, reconhecendo desde já a dificuldade em contemplar devidamente a todas.

Um contexto prévio

Na época em que surgia a Bioética no início da década de 70, o Brasil passava por um regime político de exceção, com restrições à liberdade democrática, inclusive com torturas e guerrilhas. Na área acadêmica universitária e na comunidade científico cultural havia igualmente restrições ao debate aberto sobre ideias e comportamentos. Assim, é compreensível que as questões de cunho humanístico não tivessem espaço na sociedade como um todo. Mas na área médica e, por extensão na área biomédica, os avanços científicos e tecnológicos já traziam consigo os desafios éticos.

Na 2ª metade da década de 80, com o movimento das diretas já e com a redemocratização, os debates na sociedade se abrem e se intensificam. A consciência social se manifesta em importantes momentos entre os quais a 8ª Conferência Nacional de Saúde, que propicia a Lei Orgânica da Saúde e a implantação do SUS; a promulgação de nova Carta Magna, com o estabelecimento dos Direitos Sociais – onde se estabelece a saúde como dever do Estado e como direito do cidadão - e Direitos Fundamentais; a revisão do Código de Ética Médica, incorporando os princípios hipocráticos de não maleficência, de beneficência, de autonomia, da justiça; e dos Códigos de Ética dos profissionais da saúde. Vale lembrar ainda a criação, com atribuições importantes, dos conselhos de controle social, notadamente o Conselho Nacional de Saúde e o desenvolvimento do SUS com os princípios éticos da equidade, universalidade, terminalidade. Os cientistas da área de humanas e sociais incrementam por sua vez as preocupações políticas, sociológicas, históricas, econômicas, geográficas e de meio ambiente, no cotidiano e nas projeções futuras. A publicação de arbitrariedades e escândalos envolvendo pesquisas médicas durante a guerra impactavam a opinião pública.

Neste contexto merece destaque a publicação do livro *Experimentação com seres humanos*, em 1987 e sua repercussão junto ao Conselho Nacional de Saúde e ao Instituto de Estudos Avançados da USP. Já no ano seguinte, a 1ª Resolução do CNS (Resolução 01/88) era exatamente sobre diretrizes éticas na pesquisa em seres humanos. Tratava-se de norma relacionada à ética médica, embora ainda sem características de Bioética. Este conjunto de fatores criava um ambiente propício para a o surgimento da Bioética.

Sociedade Brasileira de Bioética

A Sociedade Brasileira de Bioética é certamente um importante marco desta retrospectiva. Foi criada em 18 de agosto de 1992, por proposta do Professor de Cirurgia da Faculdade de Medicina de Botucatu-SP. Contava inicialmente com apenas 7 pessoas, às quais foram se juntando gradativamente outras até que aos 18 de fevereiro de 1995, contando com mais de 30 membros, foram aprovados seus estatutos e eleita sua primeira Diretoria.

Parece ter sido importante para a implantação e desenvolvimento da Bioética no Brasil o fato de que, desde a primeira gestão, se tenha tomado como uma das principais metas agregar todas as pessoas procedentes das várias áreas do conhecimento, que estivessem interessadas na Bioética. Essa preocupação visava se formassem correntes hegemônicas distanciadas do necessário diálogo e mútua colaboração. Sabia-se que algumas áreas particularmente da biomedicina tivessem certa predominância sobre os rumos da bioética. Mas se assumia com indispensável a participação de pessoas vindas de outras áreas.

Com esses objetivos realizaram-se dois importantes seminários em 1977, reunindo cada vez cerca de 40 membros da

Sociedade, provenientes de áreas diversas, para discussão de 4 temas, durante 3 dias, em grupos de debate. Os seminários permitiam, além da discussão teórica, a convivência entre os associados durante três dias, o que pareceu favorecer a aproximação entre as pessoas. Entre os temas para as discussões dos grupos estavam as questões conceituais e de método, e relações da Bioética com tópicos específicos como a exclusão social, saúde reprodutiva, manipulação genética, o direito, equidade social e políticas de saúde, Códigos de Ética de profissionais da saúde, ensino da Bioética.

Pode-se notar a atualidade dos temas, que geraram interessantes debates nos grupos. A metodologia se prestou para aproximar as pessoas não obstante a diversidade das áreas de conhecimento, ao mesmo tempo em que se levava para a prática os ideais do diálogo interdisciplinar.

Em 1996 realizou-se o 1º Congresso Brasileiro de Bioética, em São Paulo, contando apenas com bioeticistas brasileiros, já em número suficiente para tal atividade. Merece destaque a respeitabilidade adquirida em tão pouco tempo pela SBB, a ponto de ser solicitada a dedicar um período do Congresso para discussão daquela que veio a ser a Resolução 196/96, criando um sistema de avaliação ética dos projetos envolvendo seres humanos.

A partir daí, graças aos esforços e dedicação de suas diretorias, a SBB realizou 6 Congressos Nacionais, com destaque para o Congresso Mundial de Bioética, realizado em Brasília, em 2002, que contou a mais ampla participação até agora conhecida em eventos internacionais de Bioética. A Sociedade dispõe de sede própria em Brasília, e edita seu próprio periódico, a RBB – Revista Brasileira de Bioética, desde 2005. Gozando de prestígio, a SBB tem sido convidada e tem participado de inúmeros Congressos de Bioética nacionais e internacionais; vem sendo prestigiada pela OPAS – Organización Panamericana de Salud, da UNESCO; e tem sido contemplada com a edição de números especiais de revistas científicas internacionais.

O número de participantes nos Congressos da SBB cresceu de forma significativa, demonstrando a influência da SBB no desenvolvimento da Bioética brasileira. Por ocasião da realização do 2º Seminário de Bioética em 1997, o número de associados era 191. Atualmente a SBB conta com cerca de 700 associados, provenientes de diferentes áreas de conhecimento e práticas profissionais.

Conselho Federal de Medicina e Revista Bioética

O Conselho Federal de Medicina, já no início da década de 90 demonstrou seu interesse pela Bioética, vindo a editar a 1ª revista no campo, no Brasil. O periódico *Bioética*, sem sombra de dúvida, é um marco importante na implantação e desenvolvimento da bioética brasileira. Em seu primeiro número (1993), na apresentação da revista, se lê que o objetivo do CFM, ao editar a revista *Bioética* é o despertar a reflexão e o debate sobre as questões éticas em nosso país, particularmente a ética na saúde.

A revista *Bioética* até recentemente era o único veículo destinado a artigos na área de Bioética e significou em importante incentivo à reflexão brasileira na área. Desde o início, a revista contou com um Conselho Editorial composto por pessoas de diferentes áreas de formação, evidenciando cabal adesão à pluralidade, intrínseca à Bioética. Ficava ao mesmo tempo clara a intenção de abordar os temas, mesmo que fossem da área médica, com os enfoques da Bioética. Somando-se à iniciativa do periódico, o CFM publicou em 1998, a obra "Iniciação à Bioética", contendo capítulos bem estruturados e redigidos por vários bioeticistas. Para o desenvolvimento da bioética no Brasil, o Conselho Federal de Medicina tem portanto desempenhado um papel altamente relevante.

Sistema CEP/CONEP

A criação do sistema de Comitês de Ética em Pesquisa (CEP) e Comissão Nacional de Ética em Pesquisa (CONEP) pelo Conselho Nacional de Saúde, Ministério da Saúde, exerceu uma influência muito significativa para o desenvolvimento e consolidação da Bioética no Brasil. Voltado para a normatização da ética em pesquisas envolvendo seres humanos, este sistema deu um enorme impulso à Bioética como um todo ao trazer a reflexão sobre os referenciais da Bioética para uma rede ampla de comitês; provocava ao mesmo tempo por parte dos pesquisadores, de seus patrocinadores das pesquisas, das instituições de pesquisa como um todo, e dos próprios sujeitos de pesquisa, um conhecimento sobre os referenciais de Bioética.

Para se ter uma ideia mais exata, os Comitês registrados atualmente na CONEP somam cerca de 700, envolvendo perto de 7.000 provenientes das diversas áreas de conhecimento, que por sua vez se colocam em constante diálogo para a avaliação ética dos projetos de pesquisa. Ocorre, além disso, uma renovação frequente na composição do CEP; o que multiplica o envolvimento, permitindo estimar que mais de 15.000 pessoas já se aproximaram até o momento dos conceitos da Bioética através deste processo.

É interessante notar que a instauração do sistema CEP-CONEP, que se deu pela Resolução 196/96 CNS-MS, adotou uma metodologia participativa, em que os referenciais da Bioética estiveram desde o início presentes. Criou-se um Grupo Executivo de Trabalho de composição interdisciplinar, envolvendo além de expressões da Medicina, também da Farmacologia, Direito, Teologia, Filosofia, Odontologia, Engenharia Biomédica, Empresas e um representante de usuários.[1] Os resultados do trabalho deste GET foram abertos à ampla consultação pública, com endereçamento a cerca de 30.000 pessoas e/ou entidades que pudessem dar sua contribuição, e foram feitas duas audiências públicas, em busca de sugestões e melhorias. Este processo, além da captação de contribuições, significava colocar de algum modo a Bioética em pauta nacional. Abriu também canais de comunicação com o exterior ao se procurar documentos similares em outros países e exigir ampla revisão bibliográfica referente ao assunto.

Pode-se dizer que o sistema CEP-CONEP mantém na sua concepção, no seu conteúdo conceitual e doutrinário, e na sua

---

1. Foram membros do GET: William Saad Hossne (Coordenador), Albanita Viana de Oliveira, Alvaro Antonio da Silva Ferreira, Antonio Fernando Infantosi, Artur Custódio Moreira de Souza, Fátima Oliveira, Jorge Bermudez, Leocir Pessini, Márcio Fabri dos Anjos, Marília Bernardes Marques, Omilton Visconde, Sergio Ibiapina Ferreira da Costa, Simone Nogueira.

operacionalização, a essência Bioética. Pauta-se até o momento por um sistema de controle autônomo, livre, independente, vinculado estritamente ao controle social, corporificado pelo Conselho Nacional de Saúde. Mantém-se vivo na análise ética dos inúmeros projetos de pesquisa e tem elaborado Resoluções complementares levando a reflexão da Bioética para áreas específicas, através de seu método participativo. Assim, por exemplo, na Resolução 304/00, relativa à pesquisa com povos indígenas, foram ouvidas as lideranças indígenas relacionadas, bem como os pesquisadores da área. O mesmo ocorreu com a Resolução 340/05 relativa às pesquisas na área da genética. Sua atuação se faz sentir, além disso, na área de biosegurança, na medida em que existe interação com Conselho Nacional de Biotecnologia, como pode ser ilustrado pela Instrução Normativa nº 9 desse Conselho.

A importância do sistema CEP-CONEP se mostra palpavelmente na publicação dos *Cadernos de Ética em Pesquisa*, com artigos originais e diferentes modos veicular temas da Bioética. Perceptível também sua importância pela participação de seus membros com suas temáticas em eventos de Bioética.

Como toda medida que estabelece diretrizes éticas era de esperar que a Resolução encontrasse não só apoio, mas também resistências. As diretrizes éticas colocam necessariamente limites éticos que provocam algum tipo de reação. A Resolução 196/96 de perfil bioético, não cartorial, não autoaplicável, enquanto supõe atitudes de reflexão ética, dá lugar a dois tipos básicos de comportamento. De um lado, aqueles que se identificam com o conteúdo ético da Resolução e a utilizam como um processo para seu próprio enriquecimento conceitual e doutrinário na área da ética. Para estes a Resolução enseja e subsidia o processo de autorreflexão sobre valores e uma autorrevisão constante, que comporta eventuais divergências, salutares enquanto reflexivas. De outro lado, estaria quem reage à Resolução, pelo receio de ver feridos alguns interesses. Em meio a isso se podem colocar as compreensíveis questões relacionadas a ajustes operacionais.

De qualquer modo, o saldo altamente positivo da contribuição trazida pela Resolução 196/96 para a Bioética no Brasil parece inegável, particularmente talvez por provocar ampla participação na reflexão bioética a partir de questões e desafios concretos relacionados com a ética em pesquisas envolvendo seres humanos.

Instituições de apoio e grupos de atuação

A Bioética brasileira tem contado com diferentes formas de apoio para seu desenvolvimento. Mencionamos aqui brevemente algumas destas instâncias que nos parecem bastante significativas, reconhecendo ao mesmo tempo a impossibilidade de fazer a este respeito um elenco completo.

a) Conselho Nacional de Pesquisas (CNPq) – Ainda na década de 90, foram estabelecidos contatos de alguns bioeticistas com a direção do CNPq no sentido de criação, por parte do órgão de fomento à pesquisa, de mecanismos para o amparo às pesquisas na área da Bioética. A Resolução 196/96 influenciava positivamente com o apoio da supervisão ética sobre os projetos. Em 2004 finalmente se conseguiu junto ao CNPq um tratamento adequado para os projetos de pesquisa em Bioética, abrindo-se a solicitações de apoio a pesquisas na área, com promissoras perspectivas.

b) Núcleos de Bioética – Na virada deste século vem crescendo o número de núcleos de Bioética. Eles reúnem pessoas interessadas no estudo e discussão de temas da Bioética, muitas vezes estimulados pelas questões colocadas pela ética em pesquisas e por desafios no exercício profissional. Alguns deles se desenvolveram de tal forma a se constituírem como associações municipais e/ou estaduais, filiadas à SBB. Os núcleos exercem grande importância no estímulo à reflexão local e regional da Bioética e lhe conferem visibilidade de atuação.

c) Comitês de Bioética – Em algumas unidades universitárias existem Comitês de Bioética atuando em hospitais; destacam-se o da URGS em Porto Alegre e o da USP em São Paulo. A inegável importância da Bioética em situações clínicas tem favorecido a constituição de Comitês de Bioética, além dos Comitês de Ética Médica nas instituições de saúde. Embora sem o nome de comitê, pode ser aqui lembrada com destaque a Câmara Técnica de Bioética do CREMESP, criada em janeiro de 2002, e desde então com notável atuação. A bioética na área da pesquisa envolvendo seres humanos se desenvolveu e estruturou todo um sistema que vai do corpo de doutrina até a operacionalização e ao controle (social e autônomo). Na área clínica de assistência e cuidados há, ainda, todo um espaço a ser preenchido. No programa de Pós Graduação stricto sensu vêm sendo desenvolvidos estudos visando a apresentar propostas para o preenchimento dessa lacuna, em perspectiva nacional.

d) *Conselho Nacional de Bioética* – Por iniciativa do Ministério da Saúde foram realizados estudos com o objetivo de se criar um Conselho Nacional de Bioética. O grupo de trabalho concluiu as atividades e apresentou projeto, que se encontra em análise no governo. Se adotada a ideia de instaurar este Conselho, espera-se que seus termos sejam amplamente discutidos na sociedade, de modo a se contar com um colegiado de alto nível, autonomia independente, de composição e atribuições efetivas adequadas a exercer as funções condizentes com os ideais da Bioética.

e) *ANIS – Instituto de Bioética, Direitos Humanos e Gênero* – A Anis – Instituto de Bioética, Direitos Humanos e Gênero é uma organização não-governamental, com sede em Brasília, voltada para a pesquisa e capacitação em Bioética. Desenvolve suas atividades desde 1999, e está hoje cadastrada junto ao Conselho Nacional de Pesquisa como instituição de pesquisa em Bioética. Promove a pesquisa e o ensino da Bioética, relacionando-a à temática dos direitos humanos, do feminismo e da justiça entre os gêneros. Como se verá em outro capítulo, a ANIS desenvolve uma série de publicações na área da bioética.

f) *Rede de informação sobre bioética – bioética e teoria feminista e antirracista* – Trata-se de organização que incentiva o estudo e a divulgação da Bioética, com grande ênfase nas questões que envolvem os direitos da Mulher, particularmente seus direitos reprodutivos; os problemas derivados da discriminação racial e das diferenças de classes sociais. A contribuição que daí se origina tem especialmente importante para colocar a Bioética em contato direto com problemas e desafios sociais nesta área.

Bioética nos Cursos de Graduação

A Bioética certamente se coloca em um plano educativo que supera as simples tarefa da informação. Jaeger (1986) quando ao se referir à *Paideia* diz "Todo povo que atinge certo grau de desenvolvimento sente-se naturalmente inclinado à prática da educação"; e completa dizendo que "antes de tudo, a educação não é uma propriedade individual, mas pertence por essência à comunidade". Estas afirmações parecem integrar a consciência de quem se dedica à Bioética no Brasil, ao assumir o desafio de se fazer presente nos cursos de graduação no território nacional.

Ainda na década de 90 assistiu-se a um duplo movimento. De um lado alguns professores responsáveis pelo ensino da medicina legal e ética médica procuravam desvincular a ética da medicina legal, objetivando caracterizar a importância não só da deontologia como o da ética, caminhando assim para a Bioética. De outro lado, a Comissão de Especialistas de Ensino Médico, do Ministério da Educação, contava com professores atuantes na área da Ética e da Bioética. Coube a essa Comissão a tarefa de elaborar as diretrizes curriculares na área médica, no bojo do plano de diretrizes curriculares no ensino superior, então em desenvolvimento pela Secretaria de Ensino Superior do MEC.

A Comissão de Ensino Médico recomendou a criação de espaço próprio para a Ética, de preferência Bioética, na grade curricular. Recomendou ainda que a ética fosse ministrada durante todo o curso médico, do primeiro ao 6º ano; e fosse sempre integrada às várias disciplinas, inclusive com a participação dos docentes das mesmas. A educação deveria ser do tipo formativo e não apenas informativo, voltando-se para a problemática das disciplinas que estariam sendo ministradas em cada fase do curso médico.

Assim, por exemplo, no curso de anatomia, com participação dos docentes dessa disciplina, seriam abordados temas como a *morte, respeito ao cadáver*; nas disciplinas do curso básico, temas como *ética no uso dos animais de laboratório, fraude em ciência*, nas disciplinas profissionalizantes temas como *aborto, eutanásia, transplantes*; e, sempre que possível sob forma de seminários com participação de docentes de outras áreas e de pessoas da sociedade. Como consequência, alunos da graduação dos cursos de biologia e da área da saúde, por iniciativa própria, vêm incluindo a Bioética em cursos, semanas, jornadas, simpósios que organizam.

Bioética e Pós-Graduação

Diante de demanda cada vez maior de pessoas interessadas em Bioética, vários grupos dentro de instituições acadêmicas estruturam cursos de especialização ou pós-graduação *lato sensu* em Bioética. Quando se faz busca na internet encontram-se cursos em diversas regiões do país, particularmente São Paulo, Rio de Janeiro, Paraná, Minas Gerais, Distrito Federal, Bahia. Além desses programas identificados, devem existir outros já constituídos ou em vias de estruturação. Alguns desses cursos já formaram várias turmas de alunos, procedentes de diversas áreas do conhecimento, mostrando a expansão da Bioética.

Em termos de pós-graduação *stricto sensu* em Bioética é preciso antes de tudo notar que as dissertações e teses têm ocorrido em todo o país de forma indireta, ou seja, através de outros programas especialmente de Ciências da Saúde. Em São Paulo foi possível constituir um grupo para instalar, no Centro Universitário São Camilo, um programa específico de Pós Graduação em Bioética devidamente recomendado pela CAPES e incluído na área de Programa Multidisciplinar. Este já se consolida em seu 4º ano de funcionamento, com a adesão de cerca de 80 alunos e 35 docentes, e mantendo secção permanente em periódico indexado. O corpo docente é pluridisciplinar e o alunado inclui profissionais da área da saúde, de humanas e sociais e das ciências exatas e tecnológicas; o programa mantém convênio com o Kennedy Institute norte-americano. Por enquanto único, este programa certamente contará em breve com outros da mesma especificidade.

BIOÉTICA: PROSPECTIVAS

Tendo chegado ao ponto atual, que perspectivas se abrem para a Bioética brasileira? A relevância de sua contribuição e o desenvolvimento obtido até o momento permitem pensar em prospectivas auspiciosas. Por outro lado parece indispensável olhar também com cautela e crítica para alguns aspectos presentes que poderiam influenciar negativamente o futuro do seu desenvolvimento. Façamos neste sentido algumas ponderações:

A Bioética diante do fascínio midiático

O prestígio da Bioética na grande mídia vem certamente associado ao interesse que despertam as notícias sobre novas conquistas e possibilidades das ciências e tecnologias. O risco da Bioética nesse ponto estaria em se deixar ofuscar pelo fascínio midiático das informações, abrindo mão de sua função específica de colocar em pauta as questões éticas que acompanham tais conquistas. Isso requer obviamente competência para a análise dos aspectos éticos. A credibilidade da Bioética se garante exatamente pela capacidade em mostrar as razões e significados subjacentes aos procedimentos científicos e seus usos. Isso leva à pergunta sobre quem se apresenta com respeitabilidade no papel de bioeticista e quem de fato estaria mais se aventurando pelo interesse em explorar os espaços de imagem que ali se abrem. A qualidade das intervenções serão cada vez mais importantes para que a Bioética não seja desacreditada, mas ao contrário, ganhe consistência e respeitabilidade.

Reducionismos

A Bioética, desde seu nascimento, corre o risco de se ver reduzida apenas a um campo, com prejuízo de sua maior abrangência. Cada área tem sua importância, mas não se pode reduzi-la apenas a um campo. Todas as partes são importantes não apenas por uma questão de abrangência, mas também pela necessidade de interação entre as áreas específicas de conhecimento. Potter, ao conceber a Bioética em termos da sobrevivência no futuro, deu-lhe enorme abrangência. Mas logo em seguida, também de forma pioneira, Hellegers limitou o campo da Bioética à Biomedicina e mais diretamente, à Medicina. O impacto e o prestígio do centro por ele dirigido acabaram levando muitas pessoas a encarar a Bioética como Ética biomédica, limitada às ciências da saúde e não às ciências da vida de modo geral e ao meio ambiente, como propunha Potter. Isso gerou uma pergunta que persiste até hoje sobre a abrangência a ser dada à Bioética.

Nesta mesma linha se colocaria uma compreensão reducionista em torno do principialismo norte-americano da autonomia, beneficência, não maleflcência, e justiça. São conhecidas as críticas levantadas a este respeito, especialmente por estar voltado a nortear pesquisas biomédicas e não propriamente a referendar a Bioética como um todo. Daí a necessidade de ir além do principialismo, buscando referenciais (Hossne, 2006) mais amplos que lhe deem sustentação.

Em outra direção se colocaria também a redução da Bioética ao âmbito da legalidade ou da simples deontologia. Os muitos problemas e dilemas que vão surgindo se apresentam à Bioética às vezes com uma expectativa de respostas prontas e acabadas, tendo para tudo resposta firme, taxativa, certa, boa, correta e válida sempre. Como expressão de Ética ela não deveria perder sua capacidade de reflexão crítica, sendo portadora de juízo de valores. Nestes poucos exemplos se percebe como o reducionismo em qualquer de seus aspectos desvaloriza a Bioética e agride sua *physis*. Por outro lado, as prementes interrogações sobre o futuro contribuem para despertar uma crescente conscientização que se opõe a toda sorte de reducionismo.

A Bioética: os adjetivos e o corporativismo

É conhecida a importância dos adjetivos que acompanham os substantivos. Assim, a Bioética é também frequentemente adjetivada. Entre as razões deste fato estão talvez algumas de simples efeito semântico, em busca de sonoridade, respeitabilidade, ou mesmo para se ganhar espaço nas citações. Outras visam explicitar uma área em que se aplica a reflexão da Bioética. Neste caso parece importante garantir este conceito de Bioética aplicada *em* determinada área, para que ela não seja reduzida à atividade *da* área em questão. O problema a que isso leva é principalmente o da fragmentação da Bioética em que se perdem seus referenciais comuns ao se desenvolver sua reflexão aplicada a uma área, tema ou tópico.

A isso se pode associar o cerceamento da interdisciplinariedade em Bioética. O reducionismo aqui passaria da circunscrição temática para a área de conhecimento. Parece claro que a falta de inter e transdisciplinariedade significam a esterilização da Bioética.

A questão dos corporativismos implica em um assunto mais amplo, em que a demanda em Bioética cresce hoje em vários sentidos. Aumenta o número de pessoas que buscam sua formação e os interesses em prestar os seus serviços. Surge espontaneamente a pergunta sobre o que se propõem as pessoas a prestar quais serviços de Bioética. O ambiente humano dos tempos atuais é diferente do passado ditatorial, mas como se coloca a consciência social? Recentemente (FSP – 15/04/07) Clovis Rossi invocava a necessidade de "mais democracia para mais envolvimento do cidadão, hoje anestesiado". Esta observação ajuda a interrogar sobre o uso da Bioética enquanto ética social.

Há dois elementos que podem ser destacados neste particular. De um lado está a pergunta sobre a capacitação dos bioeticistas para o exercício da crítica ética sobre os caminhos da vida social, seja em suas grandes linhas, como nas expressões institucionais e relações entre as pessoas. O ambiente neste sentido não parece ser propício. Passa-se com muita facilidade da informação para um tipo de conhecimento "sem metabolização", isso é sem o crivo da crítica indispensável em Bioética.

De outro lado assiste-se a uma tendência frequente no meio social, de se atuar como corporação. Ao se eleger, escolher ou indicar alguém para representar os justos anseios do segmento representado, espera-se que o mesmo atue imbuído de tal responsabilidade. Mas facilmente a representatividade se transforma em defesa de interesses corporativos, onde os valores e critérios éticos perdem o vigor de reflexão e de proposta. Hoje, qualquer associação, de qualquer natureza, corre tal risco, estando exposta ao jogo de interesses e de influências. O exercício da Bioética estaria livre destas ambiguidades? É aconselhável estar sempre atento para conferir.

Bioética e consciência social

As perspectivas da Bioética passam certamente pela consciência social, enquanto a sociedade se entende como um conjunto. Já no século XIX se chamava a atenção para o fato de que a sociedade não é apenas uma somatória de cidadãos. Ela implica em características que lhe conferem identidade, através dos interesses e valores que lhe são comuns e não simplesmente resultantes de soma dos interesses e valores de seus cidadãos.

Desta consciência social participa a Bioética para seu desenvolvimento e exercício. Dela recebeu, na década de 80, um ambiente propício para se firmar como instância de reflexão ética. Mas por isso mesmo, a Bioética integra a consciência social de modo interativo e criativo para que a sociedade em nosso tempo possa se constituir de modo ético. A tarefa dos bioeticistas que daí decorre é exigente em termos de profundidade e de articulação. Requer, entre outras, cuidar da formação de pessoas que possam levara adiante esta função na sociedade, tanto em âmbito de estudantes de nível superior como nos diversos segmentos da sociedade, contribuindo exatamente para a formação de uma cultura ética.

Relembrando a *República* de Platão (Livro V), diríamos que a Bioética não poderá se assentar em *philodoxia* e sim em *philosophia*; o que na expressão de Sócrates fica bem claro que importa cultivar a busca do saber, *sophia*, e não apenas a opinião, *doxa*. Esta será certamente uma perspectiva gloriosa para a Bioética brasileira, se conseguir ser no corpo social um vigoroso impulso de saber e de sabedoria para a formação da consciência social.

REFERÊNCIAS BIBLIOGRÁFICAS

BRASIL. Ministério da Saúde. Conselho Nacional da Saúde. Resolução 196/96. Disponível em: <www.conselho.saude.gov.br>.
CHAUI, M. *Introdução à história da filosofia*. São Paulo: Companhia das Letras, 2002, v. 1, p. 16.
HOSSNE, W. S. Bioética – princípios ou referenciais? *O Mundo da Saúde*, São Paulo, v. 4, pp. 673-676, 2006.
JAEGER, W. *Paideia e a formação do homem grego*. São Paulo: Martins Fontes, 1986. p. 3.
VIEIRA, S.; HOSSNE, W. S. *Experimentação com seres humanos*. São Paulo: Moderna, 1987.

Linhas Temáticas da Bioética no Brasil

8

José Eduardo de Siqueira
Dora Porto
Paulo Antonio de Carvalho Fortes

Por mais de vinte anos, a reflexão bioética brasileira permaneceu cativa do modelo estadunidense da ética dos princípios. A proposta, originalmente concebida por Beauchamp e Childress, em 1979, resumia em quatro princípios o instrumental básico para encaminhar a solução de conflitos morais presentes em qualquer situação clínica. Este modelo, que tem seu foco voltado à solução de problemas referentes a dilemas éticos individuais na prática clínica ou na pesquisa, exerceu grande fascínio sobre os profissionais de saúde por permitir identificar e tratar as questões morais, considerando essencialmente os interesses do paciente.

A orientação de casos que envolviam conflitos éticos passou, assim, a dispor de instrumento reflexivo de fácil manuseio, que demonstrou eficiência em casos clínicos no cotidiano dos profissionais da área da Saúde. Diante de qualquer caso clínico, os profissionais tentavam identificar os problemas morais existentes e, aplicando a ética principialista, buscavam soluções pragmáticas para aquela situação. Para que a tomada de decisão fosse a mais razoável possível, era necessário ter clareza se a conduta proposta atendia adequadamente os seguintes princípios: a) expressava a vontade autônoma do paciente; b) oferecia-lhe o melhor benefício possível; c) não lhe trazia malefício significativo. O princípio da justiça era considerado apenas tangencialmente, quando a decisão adotada para o caso promovesse expressiva injustiça na alocação de recursos públicos.

O reducionismo da bioética à área biomédica, contrariando a característica essencial desse campo, acarretou sérias implicações, pois a bioética passou a ser vista quase como um assessório dos códigos deontológicos, destinado a regular falhas, arbitrar sobre conflitos éticos, minimizar os danos da pesquisa e a aplicação ética das biociências e da biotecnologia. Tal situação, no entanto, revelou-se incômoda para os bioeticistas brasileiros, muitos deles atores em movimentos sociais, como os movimentos de mulheres, o movimento negro, a Teologia da Libertação e, principalmente, a Reforma Sanitária, a qual culminou com a incorporação do direito à Saúde na Constituição Federal.

Considerando a extrema desigualdade social no país, cruamente apontada por esses movimentos, os bioeticistas brasileiros passaram a formular propostas que melhor atendessem aos dilemas morais que afligiam nossa comunidade. Tal preocupação alimentou um processo de crítica e revisão epistemológica direcionado à superação da visão principialista. Em relação a esse processo, é fundamental enfatizar a importância da Reforma Sanitária que já apontava os rumos para a reflexão crítica que marca a bioética brasileira, mostrando que problemas enfrentados pela área da Saúde não poderiam ser resolvidos apenas na clínica, uma vez que tinham origem na pobreza e na desigualdade social, na qual vivia a imensa maioria dos brasileiros.

Em 1995, a criação da *Sociedade Brasileira de Bioética* e a implementação de cursos de bioética em pós-graduação foram fatores determinantes para agregar a esse campo de estudo profissionais de diferentes áreas do conhecimento, circunstância que favoreceu ainda mais a reflexão autóctone. Este ensaio visa a apresentar, ainda que sumariamente, as principais características de seis escolas do pensamento bioético brasileiro que veem emergindo desse processo:

1. Bioética de Reflexão Autônoma;
2. Bioética de Proteção;
3. Bioética de Intervenção;
4. Bioética e Teologia da Libertação;
5. Bioética Feminista;
6. Bioética de Proteção Ambiental.

1. BIOÉTICA DE REFLEXÃO AUTÔNOMA

Em 1995, a editora da Universidade de São Paulo (EDUSP) publicou *Bioética*, obra de Marco Segre e Cláudio Cohen que defende o pressuposto que a eticidade das ações humanas está condicionada à percepção dos conflitos da vida psíquica, território de manifestação da emotividade e racionalidade de cada pessoa. Os autores consideram que a tomada de decisão ética se fundamenta em três pré-requisitos:

a) percepção dos conflitos, manifesta no nível da consciência individual;
b) reflexão autônoma, que consiste na condição pessoal de posicionar-se ativamente entre a emoção e a razão quando da tomada de decisões frente a dilemas morais;
c) coerência atitudinal.

Considerando que quaisquer decisões assumidas no âmbito da moralidade devem submeter-se somente à análise pessoal do ser humano afetado, proposições oriundas de outras fontes, que não do próprio indivíduo, constituem a negação de sua autonomia, sendo os exemplos mais emblemáticos as normas contidas em códigos deontológicos ou religiosos, que seriam, por definição, fontes de decisões morais heterônomas.

Percebem os autores uma significativa diferença entre ética e moral, sendo esta imposta de fora para dentro, enquanto a primeira tem origem na intimidade da própria pessoa. Sob o enfoque psicanalítico, a moral seria território de ação do superego controlador, enquanto a ética teria sua origem no ego libertador (Segre, Cohen, 1995).

A bioética de reflexão autônoma considera que todo instrumento normativo somente terá valor se aceito após livre análise e acolhimento individual, pois a ética deve ser manifestação predominante da pessoa. As normas codificadas constituem sempre expressão de poder heterônomo, portanto, precárias. Nesse sentido, devem ser consideradas eticamente legítimas as ações que visam a controlar e direcionar os processos e funções biológicas, até mesmo na busca de reprogramar o próprio processo de caracterização fenotípica do ser humano. Em outros termos, devem ser consideradas adequadas às práticas que propõem transformar a biologia humana na busca de uma melhor qualidade de vida das pessoas, desde que isso seja feito com razoável segurança científica (Segre, Schramm, 2001). Desconsiderando as situações que envolvem decisões relativas à fronteira do conhecimento, como, por exemplo, a clonagem humana reprodutiva, que constitui por si só território quase que puramente especulativo, deve-se considerar que a bioética de reflexão autônoma é importante instrumento de aperfeiçoamento da ética codificada. Para exemplificar a abrangência teórica da proposta dessa vertente da bioética brasileira, apresentamos um processo de reflexão empreendido pelo Conselho Federal de Medicina (CFM), que aprovou recentemente Resolução sobre cuidados a doentes terminais que bem exempliflca a necessidade de permanente reflexão para atualização dos códigos deontológicos.

O código normativo vigente, datado de 1988, prevê em seu artigo 66 ser *vedado ao médico utilizar, em qualquer caso, meios destinados a abreviar a vida do paciente, ainda que a pedido deste ou de seu responsável legal* (Conselho Federal de Medicina, Resolução CFM n. 1246/88). A reflexão autônoma na prática profissional, no entanto, tem mostrado que era necessário elaborar nova orientação para os médicos, especialmente nos casos em que a obstinação terapêutica acabava por aumentar o sofrimento dos pacientes e de suas famílias. Assim, pela nova Resolução, aprovada pelo CFM, está *permitido ao médico limitar ou suspender procedimentos e tratamentos que prolonguem a vida do doente em fase terminal, de enfermidade grave e incurável, respeitada a vontade da pessoa ou de seu representante legal* (Conselho Federal de Medicina, Resolução CFM n. 1805/06). Sintetizando, a ética de reflexão autônoma é instrumento essencial para a construção de uma bioética que pretenda responder adequadamente aos dilemas morais da modernidade.

2. BIOÉTICA DE PROTEÇÃO

Esta escola tem como principal representante o filósofo Fermin Roland Schramm. Identifica na origem filológica da palavra *ethos* o sentido de guarida, abrigo para acolher o ser humano contra ameaças naturais ou de terceiros, alcançando o sentido pleno da ideia de *proteção*. O autor aponta para a necessidade de elaborar reflexão bioética que evite o reducionismo do olhar biomédico, cativo da ética principialista, assim como da percepção extremamente generalizada do olhar biocêntrico, que não consegue articular adequadamente os problemas da biosfera aos do ser humano real (Schramm, 2003).

Entende que a bioética deva ser ética aplicada, ocupando-se de duas tarefas inseparáveis: a descrição e compreensão dos conflitos de valores envolvidos nos atos humanos (*descritiva*) e prescrição de comportamentos eticamente adequados e aceitos por todos os envolvidos nos conflitos morais (*normativa*). Embora distintos, os planos *descritivo* e *normativo* devem ser considerados como tendo o mesmo denominador comum, a defesa dos interesses legítimos dos afetados pelos atos humanos. A Bioética de Proteção propõe, então, que a ação *protetora* seja, simultaneamente, defensiva e pró-ativa, com as finalidades de proteger o vulnerado contra as situações que promovem o adoecimento e implementar ações que promovam sua autonomia visando a alcançar maior qualidade de vida (Schramm, Kottow, 2001).

Schramm resgata as propostas de Hans Jonas (2004) e Emanuel Lèvinas (1993), respectivamente, responsabilidade ôntica ou *"para com o ser"* e responsabilidade diacônica ou *"para com o outro"* e salienta que os dois modelos têm fragilidades comuns, pois desconsideram a figura central da pessoa interessada, situando a ação moral como algo oferecido gratuitamente por um agente movido por virtude especial centrado apenas nos *"amigos morais"* e não necessariamente nos *"estranhos morais"*, o que caracterizaria um dever imperfeito. Portanto, considera as propostas de Jonas e Lévinas desprovidas de conteúdos finais claros, programas ou agendas para obtenção de benefícios específicos e deixam de apresentar meios adequados para realização dos objetivos desejados. Conclui afirmando que responsabilidade sem obrigação de responder a alguém por algo concreto é instrumento precário para uma ética aplicada. Propõe, então, a substituição do princípio de responsabilidade pelo de proteção, este sim, um guia seguro e comprometido com a solução de problemas humanos concretos.

Schramm identifica como insatisfatória a noção de responsabilidade do modelo jonasiano. Segundo este autor, Jonas, ao reconhecer como paradigma de responsabilidade aquela exercida do pai sobre o filho e do político sobre o cidadão comum, não se está fazendo outra coisa senão retomar a proposta aristotélica de defesa da assimetria natural de competências humanas. Assim como Habermas (2002), Schramm (2005) reconhece que a causa central dos desajustes da modernidade reside no fato das relações sociais terem se tornado monetarizadas e burocratizadas, a ponto de converter tudo em mercadoria, incluindo aí o ser humano e seus interesses vitais.

Além disso, a Bioética de Proteção diferencia a vulnerabilidade existencial, inerente à fatuidade da vida, da vulneração, relativa às circunstâncias sociais que aumentam a vulnerabilidade em decorrência de processos sociais que discriminam e estigmatizam grupos, segmentos ou populações. A vulneração é a situação na qual, de fato, a vulnerabilidade potencial dos seres humanos (e de todos os seres vivos) acentua-se, *devido a contingências, como o pertencimento a uma determinada classe social, a uma determinada etnia, a um dos gêneros ou dependendo de suas condições de vida, inclusive ao estado de saúde* (Schramm, 2005).

Quando aplicada às questões de saúde pública, a Bioética de Proteção é instrumento de reflexão imprescindível, pois oferece propostas concretas para tomadas de decisões no campo dos direitos que subsidiam a implementação de autêntica cidadania. Resgatando a tese de Ralws (1979) sobre justiça como equidade, considera justo o sistema sanitário que privilegia, quando necessário, os menos favorecidos, com a finalidade de reduzir as injustiças naturalmente existentes na sociedade.

O conceito de proteção aplicado aos problemas de saúde pública pretende integrar responsabilidade moral e eficácia pragmática, condição indispensável para legitimar políticas sanitárias universalistas como a do Sistema Único de Saúde (SUS). Considera, outrossim, que não se pode conceber um Estado democrático moderno sem que o mesmo tenha competência para proteger os direitos básicos de cidadania, como moradia, educação, segurança pessoal, emprego, meio ambiente saudável e assistência à saúde, sendo esta essencial para a qualidade de vida das pessoas. Reconhece o papel protagonista do Estado no exercício desta tarefa, pois a dinâmica social que tende a isolar cada vez mais os indivíduos dificulta a criação de mecanismos eficientes para promover a qualidade de vida e prevenir ou tratar as enfermidades (Schramm, 2003).

Se a Bioética de Proteção propugna o reconhecimento da garantia da qualidade de vida como um componente essencial das funções do Estado, dando amparo aos excluídos das políticas públicas por meio de medidas compensatórias de saúde, propõe, também, em uma dimensão ampliada do conceito de *proteção*, atuar propositivamente a fim de elaborar um projeto coletivo de transformação sociopolítica (Jonas, 2004).

3. BIOÉTICA DE INTERVENÇÃO

Os principais autores dessa linha de reflexão atuam no Núcleo de Pesquisa da Cátedra UNESCO de Bioética da Universidade de Brasília, destacando-se entre eles, Volnei Garrafa, Dora Porto e Mauro Machado do Prado. O documento referencial *Intervention Bioethics: proposal for peripheral countries in a context of power and injustice* foi apresentado no VI Congresso Mundial de Bioética da *International Association of Bioethics*, realizado em 2002, em Brasília (Garrafa, Porto, 2003). A Bioética de Intervenção pode ser caracterizada por seu âmbito de atuação, os sujeitos aos quais se refere, os marcos teóricos para identificação desses sujeitos, bem como por seus referenciais norteadores.

Em relação ao primeiro ponto, a Bioética de Intervenção pretende canalizar seus esforços de construção epistemológica e metodológica para abranger também a dimensão social, considerada como o âmbito real da produção do adoecimento. Delineia-se, portanto, a partir do reconhecimento da ideia de saúde como qualidade de vida, expandindo-se em direção ao reconhecimento do contexto social como campo legítimo de estudos e intervenção bioéticos (Garrafa, Porto, 2003).

Dado que considera como campo de atuação a dimensão social, a Bioética de Intervenção entende a necessidade de abarcar a totalidade dos sujeitos sociais, analisando as relações de poder entre os indivíduos, grupos e segmentos e os padrões éticos que orientam tais relações, a fim de revelar e provocar a reflexão sobre as desigualdades sociais.

Considerando as enormes e aviltantes desigualdades socioeconômicas que impactam a realidade do Brasil, a supressão de um considerável contingente populacional do processo produtivo e a exclusão da maioria dos brasileiros das condições que caracterizam a qualidade de vida, e levando em conta também que, frente à sociedade de mercado é imprescindível fomentar e fortalecer a noção coletiva de pertencimento a uma mesma sociedade, moldada sob a égide de uma cidadania em comum, partilhada por todos. A Bioética de Intervenção busca uma aliança concreta com o lado historicamente mais frágil da sociedade, apontando que a intervenção deve estar essencialmente orientada para os sujeitos mais vulneráveis. Assim, preconiza como moralmente justificável na esfera pública a priorização de políticas públicas que privilegiem o maior número de pessoas durante o maior espaço de tempo possível e que resultem no bem comum, ou seja, nas melhores consequências para toda a coletividade, situação que só pode ser atingida a partir de políticas voltadas à promoção da equidade. Os autores consideram pouco satisfatória a alternativa proposta pelos defensores da bioética de proteção, por entenderem estratégia insuficiente para a superação da assimetria de poder entre quem protege (Estado) e quem é protegido (cidadão). Identificam no modelo da bioética de proteção apenas um humanismo paternalista.

Quanto aos marcos teóricos para identificação dos sujeitos, essa vertente defende a ideia de que a necessidade de intervenção pode ser mensurada a partir do corpo mesmo das pessoas e das sensações de prazer e dor. O corpo materializa a existência do ser no mundo porque constitui, ao mesmo tempo, o Eu, enquanto entidade fenomênica inscrita na realidade, e o reflexo dessa mesma realidade nesse Eu, que só se reconhece como ente e pessoa pela interação como ambiente e pelo olhar do outro.

A definição do corpo como critério orientador da necessidade de intervenção relaciona-se diretamente ao fato da experiência corpórea ser modulada pela dor e pelo prazer, sensações que atuam na percepção como marcadores somáticos autorregulados. Para perceber e definir o que é fundamental à vida do indivíduo e da sociedade, ou seja, para estipular os elementos que identificam a qualidade de vida, deve-se recorrer a esses marcadores somáticos, o *universal óbvio*, considerando as funções essenciais à existência do ser enquanto entidade fenomênica e também a projeção na dimensão coletiva desse ente concreto, sintetizado em sua condição de pessoa. Dessa forma, prazer e dor podem se tornar indicadores da intervenção à medida que refletem a satisfação (ou não) das necessidades físicas e sociais de sujeitos concretos.

A Bioética de Intervenção considera que, como há necessidade de eleger um valor universal para pautar a ética nas relações, tal valor seja a existência mesma da pessoa, sua vida orgânica e social que na dimensão individual é o maior valor para todas as pessoas. Então, pode-se dizer que no *corpo*, o "mínimo", que permite o diálogo entre as distintas vertentes e visões da bioética, se encontra com o "máximo", que é o valor que cada indivíduo, em qualquer sociedade, atribui à vida humana.

Relacionados à condição de pessoa, implicada no reconhecimento da existência factual dos seres humanos a partir do marco de sua corporeidade, os parâmetros norteadores para as estratégias de intervenção remetem aos tratados internacionais de Direitos Humanos. Seguindo as recomendações desses tratados, a intervenção deve ocorrer para preservar para todos os seres humanos os direitos de primeira geração, relacionados ao reconhecimento da condição de pessoa como o requisito único, universal e exclusivo para a titularidade de direitos, considerando-se como direito inalienável a sobrevivência física e social dos seres humanos. Além desses direitos individuais, propõe o reconhecimento dos direitos econômicos e sociais, de segunda geração, que se manifestam na dimensão material da existência e dizem respeito à diferença entre o simples existir e o viver, relacionando-os às condições essenciais para a manutenção da existência com qualidade de vida.

No campo privado e na dimensão individual, a Bioética de Intervenção aponta para a necessidade de fomentar o empoderamento, sustentar a libertação e garantir a emancipação dos sujeitos sociais (Garrafa, 2005), buscando, assim, alcançar sua inclusão plena na dinâmica relacional da sociedade. Esses três conceitos, que têm origens em linhas de pensamento distintas, foram utilizados pela Bioética de Intervenção, articulando-se em um contínuo englobante, que pressupõe um processo que contempla o plano individual, o nível das inter-relações na coletividade e se estende à dimensão social, com a plena construção da cidadania.

A ideia de **libertação**, originalmente cunhada pelo educador Paulo Freire (2001), considera o saber como domínio imprescindível para o alcance do poder. No entendimento do autor, só por meio da educação libertadora é possível ao ser humano apropriar-se das condições para o exercício da autêntica cidadania. Consoante à essa perspectiva e expandindo-a à área da saúde, a Bioética de Intervenção considera que o gozo desses direitos essenciais na dimensão individual são pré-requisitos para a qualidade de vida a que fazem jus todos os seres humanos, preconizada nos tratados internacionais de direitos humanos.

A ideia de **empoderamento**, traduzido do inglês *empowerment*, foi inicialmente apresentada por Amartya Sen (2000) como condição essencial para que o ser humano disponha de poder pessoal suficiente para libertação da fome, pobreza e todas as iniquidades geradas pela sociedade de mercado, inclusive as relativas à preservação ambiental. Considerada pela Bioética de Intervenção como referente à dimensão relacional, à forma como se processam as relações interpessoais em sociedade, a ideia de empoderamento diz respeito à superação de estereótipos e estigmas que reproduzem comportamentos assimétricos nas relações sociais em função de características identitárias, como sexo, cor, idade e classe social.

O terceiro conceito utilizado pela Bioética de Intervenção é **emancipação**. Partindo da definição legal, esse conceito engloba os demais, uma vez que é considerada emancipada a pessoa que é capaz de exercer plenamente sua cidadania. Ao superar os condicionantes que podem impedir a libertação, conquistar saúde e educação, os fatores condicionantes da falta de poder pessoal, como a vitimização aos preconceitos e discriminação, é possível romper a dependência e alcançar a emancipação. Ao adquirir consciência sobre os poderes que movem as inter-relações sociais, bem como as relações entre os países (e entre estes e o mercado), é possível atuar segundo padrões éticos e morais que priorizem a noção de responsabilidade individual e social sobre as próprias escolhas e orientá-las no sentido de que possam trazer mais qualidade de vida ao maior número de pessoas e pelo maior tempo possível.

Os conceitos de libertação, empoderamento e emancipação, como trabalhados pela Bioética de Intervenção, pretendem traçar uma trilha que conduza da equidade à igualdade, definindo parâmetros para a tomada de decisões em políticas públicas na dimensão individual e coletiva. Essa vertente da bioética considera que para a emancipação se traduzir em verdadeira inclusão social, é preciso ir além das políticas públicas voltadas apenas a proteger os indivíduos vulnerabilizados por sua condição e situação de vida, dádiva de alguém ou do Estado, típica dos modelos paternalistas de governos pseudo-democráticos (Garrafa, 2005). A inclusão social deve ser também conquista pessoal, resultado da ação cotidiana de pessoas concretas que agem politicamente considerando o bem coletivo para construir uma sociedade que respeite todas as formas de vida.

A importância desses três parâmetros para a Bioética de Intervenção decorre da crítica à forma como o poder pessoal foi percebido (e distorcido) pela visão anglo-americana de autonomia. Ao privilegiar tomadas de decisões individualistas, etnocêntricas e antropocêntricas, essa interpretação conduz ao que Foucault descreve como a imposição assimétrica do poder dos mais fortes sobre os mais fracos. Por isso, essa vertente chama a atenção para a inadequada utilização da bioética como instrumento neutro de interpretação acrítica dos graves conflitos morais da sociedade de mercado. Mostra que, amparada no desenvolvimento científico e tecnológico, a lógica capitalista transformou as sociedades humanas em ambiente de troca de interesses onde sempre acaba prevalecendo a força sobre a razão, desconsiderando-se quaisquer parâmetros éticos que visem à construção de sociedade mais justa e solidária.

Portanto, frente a isso, devem os intelectuais de países periféricos dedicar suas atenções para o reconhecimento do eixo causal entre exclusão social e concentração do poder, globalização econômica e pobreza. A Bioética de Intervenção propõe incluir estes temas na pauta para reflexão de todos os pesquisadores que desejam trabalhar por uma bioética transformadora, comprometida e identificada com a dura realidade dos problemas persistentes que envergonham a humanidade que ingressa neste novo milênio já envelhecida moralmente. Avalia que somente utilizando-se o instrumento da luta política pode-se garantir a libertação da imensa legião dos marginalizados sociais que o modelo capitalista gerou. Conclama os intelectuais dos países periféricos a não mais aceitarem o crescente processo de despolitização dos conflitos morais proposto pelos modelos de reflexão oriundos dos países centrais.

Finalmente, a Bioética de Intervenção considera imprescindível que os seres humanos se libertem da ditadura do mercado, que propõe modelos de comportamento e corporeidade artificiais no afã de gerar lucros sempre crescentes. Nesse sentido considera-se aqui que é importante as pessoas compreenderem o ensinamento de Amartya Sen ao afirmar que o capitalismo, ao tentar mostrar com incomparável riqueza de detalhes que a economia com base científica deve flutuar ao sabor do mercado liberal, não tem como objetivo defender a democracia social, mas sim a liberdade de ações dos grandes capitais internacionais, que, como provado pela história contemporânea, conduziu ao enorme crescimento das desigualdades sociais e a mais perversa exclusão de cidadania já registrada na história da humanidade (Sen, 2000).

4. Bioética e Teologia da Libertação

Como representante desta escola, temos o teólogo Márcio Fabri dos Anjos, que com sólida argumentação oferece a teologia como protagonista essencial para o diálogo bioético, sobretudo neste momento histórico em que a voz compassiva das religiões encontra-se silenciada por ruidosos discursos fundamentalistas. É importante ressaltar que a Bioética amparada na Teologia da Libertação foi a primeira escola a reconhecer claramente a vulnerabilidade na dimensão social relacionando-a à pobreza e à exclusão, a partir da classificação dos conflitos éticos como micro, midi e macro social, segundo a dimensão na qual se manifestam (Anjos, 1994; Anjos, 2000).

Fabri argumenta que o discurso teológico não tem aplicação restrita à comunidade interna das igrejas, podendo, sim, colaborar eficazmente na desconstrução do modelo injusto da sociedade capitalista que na mesma medida em que fez crescer o poder concentrado nas mãos de poucos promoveu injustiça para enorme parcela de despossuídos. Reconhece que, embora os antecedentes das relações de poder entre Igreja e a opressão promovida pelas oligarquias tenham sido muito estreitas até bem pouco tempo, há que se reconhecer que vivemos atualmente um novo momento, com a libertação da teologia, a partir da segunda metade do Século XX, sobretudo após o Concílio Vaticano II, que favoreceu a retomada por parte do cristianismo da defesa dos vulneráveis sociais (Anjos, 1997).

Há lugar para teologia na construção do ideário bioético brasileiro? Fabri responde que sim. Recordando que, embora o discurso científico e o teológico sejam distintos, não é correto superestimar essa diferença a ponto de impedir a interlocução entre ambos, pois a bioética nutre-se exatamente do diálogo interdisciplinar. Além disso, há que se reconhecer que se a interface entre religião e ciência trouxe significativa mudança no discurso religioso, desatrelando-se do conservadorismo e assumindo a defesa de teses libertadoras dos segmentos mais pobres da população, também o discurso da ciência começa a refletir sobre a quebra de paradigmas, que se expressam na relativização de alguns de seus pressupostos básicos. Entretanto, a teologia da libertação aponta verdadeiros dogmas ainda presentes em diferentes discursos científicos, como, por exemplo, a definição do ser humano como expressão exclusiva de seus genes por uma ampla gama de cientistas.

A antiga arrogância do domínio do saber, que fez Adorno considerar que a filosofia se havia permitido ser subestimada pela ciência, vem sendo substituída por um discurso científico menos autossuficiente e mais acolhedor de teorias sobre a complexidade do conhecimento. Prevalece em todos os campos de reflexão que a realidade é por demais complexa para ser compreendida por uma só forma de percepção do saber. Obviamente não se trata de exigir pensadores desprovidos de valores, interesses e/ou convicções pessoais, mas sim que todos os participantes de uma comunidade de diálogo tenham humildade e sensibilidade para acolherem argumentos diferentes dos seus.

Quando a Organização Mundial de Saúde (OMS) reconhece nos seres humanos as dimensões biológica, psicológica, social e espiritual, quer nos dizer que para além dos dados verificados empiricamente, existem fatos que devem ser tratados na esfera do atemporal. Para cumprir seu compromisso essencial de ciência da sobrevivência, apresentado por Potter, a bioética deve ser, como propõe a metáfora de Marco Segre, um enorme guarda-chuva que acolhe todas as manifestação do pensamento humano. Cada segmento filosófico faz prevalecer versões próprias da verdade, e cada uma delas deve ser considerada como transitória. Ciência e religião precisam desconsiderar o absolutismo de suas certezas e colaborar para a construção de sociedade sintonizada com o ser humano real e integral (Anjos, 2003).

Em suma, a bioética pode ser verdadeira ponte entre ciência e religião e servir como canal de diálogo respeitoso e enriquecedor. A teologia da libertação, que foi gestada no ventre do sofrido continente latino-americano, tem sua atenção voltada para o sofrimento dos excluídos e marginalizados socialmente e, ao fazer sua opção preferencial pelos pobres, apresenta total coerência com a fé cristã. Defende com determinação a dignidade dos pobres e vulneráveis e não o faz guiada por proposições abstratas, mas sim apontando os responsáveis pelas mazelas sociais e identificando caminhos para a libertação.

A contribuição que faz a teologia da libertação é a de indicar com vigor que não bastam iniciativas governamentais para distribuir parcos recursos com a finalidade de mitigar a fome dos miseráveis por meio de planos assistencialistas precários e episódicos, mas sim a de exigir programas permanentes do Estado, para promover a cidadania integral. Considerando que "a doença e a morte têm raízes sociais na fome, na insalubridade da moradia, na falta de saneamento básico, de água e esgoto, nas precárias condições de trabalho, na falta de educação sobre os cuidados sanitários e mesmo na falta de condições econômicas para pô-los em prática" (Anjos, 1997), a Bioética da Teologia da Libertação busca responder ao dilema cotidiano da legião de excluídos da sociedade brasileira.

5. Bioética Feminista

A bioética feminista no Brasil apresenta duas importantes vertentes: a Bioética Crítica de Inspiração Feminista e a Bioética Feminista e Antirracista. A primeira dessas perspectivas, com discurso mais universalista e acadêmico, volta-se à abordagem das questões relativas à vulnerabilidade das mulheres, as quais são vistas de forma estereotipada e marginalizada pela sociedade. A outra vertente, a Bioética Feminista e Antirracista, tem como expoente máximo a médica Fátima de Oliveira, docente da Universidade Federal de Minas Gerais. Sendo, de fato, pioneira em estudos feministas em bioética no país, Oliveira vem desenvolvendo uma reflexão articulada ao movimento de mulheres e ao movimento negro.

As representantes de maior visibilidade da Bioética Crítica de Inspiração Feminista desenvolvida no contexto brasileiro são Débora Diniz e Dirce Guilhem, docentes da Universidade de Brasília[21], que aplicam à realidade nacional as proposições da bioética feminista internacional. Concernente à perspectiva feminista, esta escola critica as relações assimétricas entre os sexos e suas consequências em termos de saúde e adoecimento. Volta seu foco temático à área biomédica, discutindo as questões relativas aos conflitos éticos relacionados com as doenças sexualmente transmissíveis, bem como àqueles que se originam do uso das novas tecnologias, em especial as voltadas à reprodução humana artificial.

Um exemplo é o trabalho de Diniz, que trata com sensibilidade a perversa assimetria de gênero. Ao abordar, em artigo perspicaz, a interrupção da gestação em casos de fetos anencefálicos, revela desde o título *Quem autoriza o aborto seletivo no Brasil? Médicos, promotores e juízes em cena* a posição marginal ocupada pelas mulheres na sociedade brasileira. Este trabalho relata um caso de denso sofrimento pessoal, a situação de Maria dos Santos, mulher solteira, grávida de feto anencefálico (Diniz, 2005).

Considerando o artigo 5° da Constituição Federal, que prevê que ninguém poderá ser submetido a tortura ou tratamento desumano e degradante, o advogado de defesa sustentou a tese de que nesta circunstância o aborto seletivo teria amparo constitucional. Este argumento, porém, foi desconsiderado diante da exposição de motivos do promotor público que, ignorando por completo o fato de que a anencefalia é anomalia incompatível com a vida, argumentou que o conceito apresentado pela defesa refletia uma postura moral de repúdio aos deficientes. A tese da promotoria foi acolhida pelo juiz, que emitiu sentença considerando improcedente o pedido de interrupção da gestação de Maria dos Santos.

Este caso reproduz a história de muitas outras mulheres submetidas a sofrimentos injustificados, figurando como vítimas passivas de sentenças judiciais que privilegiam argumentos falaciosos que se contrapõem a verdades científicas e são insensíveis ao sofrimento feminino. Diante de casos como esses, a Bioética Crítica de Inspiração Feminista argumenta que é necessário construir uma sociedade que ouça a voz das mulheres e promova mudanças no quadro ontológico de referências, para que todas as deliberações políticas e/ou sanitárias contemplem as complexas variáveis relacionais que envolvem as pessoas, promovendo, finalmente, a reforma do caduco modelo normativo elaborado por legisladores masculinos.

A outra vertente, a Bioética Feminista e Antirracista, revela um processo de reflexão autóctone desenvolvido por Oliveira, que deixa transparecer uma intensa e profícua articulação com os movimentos sociais (Oliveira, 2000; Oliveira, 1998). De fato, a autora deixa claro que além das questões morais atinentes à vida, entende a bioética como movimento social, campo de luta que deve aglutinar diferentes movimentos populares e incorporar as perspectivas de gênero, feministas e antirracistas, adquirindo uma postura política ativa e crítica. Assim, a Bioética Feminista e Antirracista não se detém na questão de gênero, mas avança no reconhecimento da vulnerabilidade das mulheres sob a perspectiva da discriminação étnico/racial da qual decorrem diferentes formas de desigualdades: social, política, econômica e educacional (Oliveira, 1997).

Na contextualização da discussão feminista à realidade brasileira, a Bioética Feminista e Antirracista aprofunda a discussão fundamental do feminismo, apontando as flagrantes distinções entre as condições de vida das mulheres negras e brancas. Segundo essa vertente, tais distinções decorrem do racismo e da discriminação por cor, que marcam a sociedade brasileira, relacionando-se diretamente à situação de pobreza ou riqueza das mulheres e, consequentemente, às desigualdades no acesso aos bens e serviços entre elas.

Oliveira critica a situação que denomina *generalismo ético*, praticado por "bioeticólogos", intelectuais que se prendem em demasia à reflexão acadêmica esquecendo as demandas mais urgentes dos problemas cotidianos da sociedade. Denuncia que as supostas "boas intenções" nesses discursos são insuficientes diante da flagrante discriminação em que vivem as mulheres. Destaca que palavras, como poder, injustiça, vulnerabilidade, exclusão social, proteção, autonomia e equidade tornam-se conceitos vazios se não fortemente atadas a compromissos políticos que possam promover mudanças radicais na sociedade neo-liberal, paralisada por normas voltadas ao interesse do capital, muito distantes de uma ética guiada pela justiça social (Oliveira, 2003).

Além disso, essa vertente desenvolve uma crítica ideológica às bases conceituais e ao estatuto epistemológico de perspectiva hegemônica da bioética, considerando que *durante a conformação do campo que denominamos bioética, venceu a perspectiva supostamente apolítica, a da institucionalização, que até hoje se impõe na elaboração das "regras", ou melhor, dos caminhos que a bioética deve trilhar* (Oliveira, 2003).

Para a Bioética Feminista e Antirracista, feminismo é uma visão de mundo libertária, que implica que as mulheres devem viver em condições que propiciem o desenvolvimento de todo seu potencial criativo, contribuindo, assim, para que suas capacidades humanas possam ser aproveitadas plenamente. Compreende que a opressão de gênero é um fenômeno pancultural e que lutar contra o *status quo* objetiva assegurar às mulheres todas as conquistas da cidadania, garantindo-lhes o desfrute, em condições de igualdade, de todos os direitos humanos.

Embora voltadas a segmentos populacionais nem sempre coincidentes, as duas vertentes são, de alguma forma, complementares. Enquanto a Bioética Crítica de Inspiração Feminista proposta por Diniz e Guilhem reconhece valor na liberdade de decisão individual da mulher como ser humano relacional, o modelo defendido por Oliveira tem sua base argumentativa no fundamento da Justiça social, de gênero e antirracista, percebendo as mulheres como segmento mais vitimizado pelas desigualdades sociais.

Ao romper com os pressupostos do individualismo egóico e propor a condição relacional como marca essencial do ser humano, as reflexões do movimento feminista forneceram aporte fundamental às questões relativas ao equilíbrio de poder para quase todas as áreas do conhecimento. Em relação ao campo da bioética, tais proposições ganham vigor ao incorporar princípios e conceitos atinentes ao debate bioético universal, que propiciam maior transparência à discussão.

A importância desse debate na bioética fica evidenciada quando se considera o conceito de liberdade pessoal, máxima que constitui a pedra de toque das teorias políticas liberais do Estado moderno. Transfere-se, assim, equivocadamente para o modelo democrático de governo, a responsabilidade de tutelar e amparar as decisões de cada pessoa na busca individual com plena liberdade de escolhas de metas para suas vidas particulares. O conceito de cidadania adotado é o de que cada pessoa é possuidora de direitos e bens particulares, o que a tornam independente das demais e do coletivo social, desprezada a possibilidade de responsabilidade solidária. Ao Estado cabe apenas garantir que os interesses privados sejam tratados com idêntica consideração, em total neutralidade moral. Nestas circunstâncias, ocupando os homens quase que sistematicamente as posições de comando do território responsável pelas tomadas de decisões atinentes à moralidade pública, restaria às mulheres o acolhimento silencioso das normas e ditames morais, sendo que, não fosse o contraponto da reflexão feminista na busca de resgatar os direitos humanos das mulheres, as tomadas de decisões seriam revestidas de profundas iniquidades.

6. BIOÉTICA AMBIENTAL

Corrente de reflexão bioética brasileira que tem sua linha argumentativa voltada à proteção do meio ambiente. Seu maior representante é José Roque Junges, da Universidade do Vale do Rio dos Sinos (Unisinos), em São Leopoldo, Rio Grande do Sul.

A Bioética Ambiental parte de uma análise bastante crítica do paradigma sociocultural da modernidade, que promoveu significativo enfraquecimento dos laços comunitários, privilegiando o poder de decisão do indivíduo como eu-isolado. Nas sociedades tradicionais, prevalecia a figura do eu-integrado, e a identidade das pessoas era construída de forma relacional pela comunidade, não havendo representação de qualquer ser humano fora de seu grupo, já que os laços comunitários é que o identificavam como sujeito. Já o indivíduo autônomo da sociedade moderna caracteriza-se pelo que o diferencia dos demais e não pelo que o identifica com sua comunidade de origem.

A dinâmica cultural do individualismo moldou a atual sociedade de mercado que promoveu gradativa e inexorável superação do sistema cooperativo da dádiva, que caracterizou a sociabilidade das culturas pré-modernas. As relações interpessoais, baseadas na confiança mútua e no compromisso comunitário, foram substituídas por normas de mercado regulamentadas por legislação que confere ao Estado a condição de entidade neutra com atribuição exclusiva de proteger o patrimônio pessoal dos indivíduos.

O individualismo exacerbado decorrente de tais condições levou a um processo de desagregação social, que culminou na desconstrução da perspectiva coletiva e na transformação dos indivíduos em meros consumidores compulsivos sem qualquer preocupação relacional. Esse processo deforma a liberdade individual, tornando-a expressão de narcisismo predatório, povoando as sociedades modernas de seres atomizados, descompromissados com projetos de lealdade comunitária.

Junges (2006) entende que este modelo de comportamento pessoal fez acentuar o dualismo entre o ser humano e a natureza. A exploração irracional dos recursos naturais, o desenvolvimento de tecnologias com forte impacto na produção de desequilíbrios ambientais irreversíveis nos mostram claramente que o aparente êxito da tecnociência ofereceu-nos uma curta folia antropocêntrica e nos fez caminhar a passos rápidos para uma catástrofe ambiental já anunciada pela desertificação, proibitivas concentrações atmosféricas de dióxido de carbono, queda nas reservas de água doce, aquecimento irreversível do planeta, o que já compromete o direito das futuras gerações de viverem em ambiente saudável.

O paradigma ecológico defendido pela Bioética Ambiental, além de criticar o modelo autonomista de consumo irracional, pede pelo exercício da construção de valores intersubjetivos que incluam as interdependências entre seres vivos, ecossistemas e biosfera. A novidade dessa proposta é identificar como pertencentes ao mesmo campo de reflexão acadêmica o binômio saúde humana–integridade do ambiente extra humano, colocando sob uma mesma área de interesse, sustentabilidade ecológica, qualidade de vida, justiça social, democracia e direitos humanos. O meio-ambiente é integrado à compreensão de saúde e não mais reconhecido em seu aspecto físico e algo exterior a vida humana (Junges, 2006).

Passa a ser necessário, portanto, compreender a vida como um todo integrado formado por uma rede complexa de interdependências e não como simples agregado de partes como imaginado pelo modelo cartesiano de conhecimento. Se na definição da OMS a saúde pessoal é o completo estado de bem-estar físico, psíquico, social e espiritual, deve ser considerada como elemento inseparável das condições de vida ambiental saudável.

Finalmente, salienta que as condições e requisitos para a saúde humana são: paz, educação, moradia, saneamento, alimentação adequada, ecossistema estável, justiça social e equidade. Assim, o desenvolvimento sustentável não pode ser reduzido a um simples acordo entre progresso econômico e proteção ambiental como pretendem os tecnocratas de países centrais.

A implantação deste modelo de bioética ambiental pressupõe o reconhecimento da necessária mudança do paradigma antropocêntrico que molda a relação do ser humano com a natureza e torna obrigatória a superação do comportamento irresponsável do consumo compulsivo. Defende a imperiosa necessidade de evoluir-se da atitude do eu-isolado para a do eu-integrado, da autonomia egocêntrica para a autonomia solidária.

Conclusão

Sumarizando, podem-se identificar algumas características comuns às diferentes escolas da bioética brasileira:

1) Defesa do vulnerável: considerando como vulnerável tanto o indivíduo fragilizado quanto o meio ambiente em que ele vive. Com relação ao ser humano, as condições apontadas pelas diferentes escolas identificam as variáveis, sexo, raça/etnia, exclusão social, desamparo espiritual e existencial. As soluções sugeridas para alcançar a superação da condição de vulnerabilidade variam desde perspectivas intimistas, como a proposta pela Ética de Reflexão Autônoma, até a intervenção do Estado para fazer prevalecer a justiça social, como nos modelos de Bioética de Proteção e Intervenção.

2) Exercício do diálogo: Embora seja consensual a característica prevalentemente laica da bioética brasileira, todas as escolas manifestam-se com ênfase pela construção conjunta, por meio do diálogo includente, o que pressupõe convivência de moralidades antagônicas em ambiente de profícuo diálogo entre adeptos dos modelos laicos com os defensores da bioética de inspiração na teologia da libertação.

3) Defesa da dignidade da pessoa humana: Esta é uma característica presente em todas as escolas, que defendem a dignidade da pessoa humana a partir de recortes distintos. Para a bioética brasileira, a dignidade está diretamente associada ao *respeito* ao indivíduo, a grupos e segmentos sociais, respeitando ainda eventual ênfase a segmentos mais vulneráveis, como o apontado pela bioética feminista, ao defender os direitos humanos das mulheres.

Por sua reconhecida importância para o enriquecimento do diálogo inter-cultural, a Sociedade Brasileira de Bioética foi convidada a organizar um número especial da Revista *International Journal of Bioethics*, que será dedicado exclusivamente à reflexão bioética realizada no Brasil, com publicação prevista para 2008.

REFERÊNCIAS BIBLIOGRÁFICAS

ANJOS, M. F. Bioethics in a liberationistic key. In: DUBOSE, E., HAMEL, R., O'CONNELL, L. *A matter of principles?* Fermente in U. S. bioethics. Trinity Press Int., 1994.

ANJOS, M. F. Bioética e Teologia: janelas e interpretações. *O Mundo da Saúde*, v. 21, n. 1, pp. 43-46, 1997.

ANJOS, M. F. Bioética em perspectiva de libertação. In: GARRAFA, V., PESSINI, L. *Bioética:* poder e injustiça. São Paulo: Loyola, 2003.

ANJOS, M. F. Bioética, abrangência e dinamismo. *O Mundo da Saúde*, v. 21, n. 1, 1997.

ANJOS, M. F. Teologia da Libertação e Bioética. In: PRIVITERA, S. *Dicionário de bioética*. Aparecida: Santuário, 2000.

BRASIL. Conselho Federal de Medicina. Resolução CFM n. 1246/88. *Código de Ética Médica*. 4ª ed. Brasília, 1996.

BRASIL. Conselho Federal de Medicina. Resolução CFM n. 1805/06. *Bioética*, v. 13, n. 2, pp. 127-132, 2005.

DINIZ, D. Quem autoriza o aborto seletivo no Brasil? Médicos, Juízes e Promotores em cena. In: DINIZ, D. (Org.). *Admirável Nova Genética*: Bioética e Sociedade. Brasília: UnB/Letras Livres, 2005.

DINIZ, D., GUILHEM, D. Bioética Feminista: o resgate do conceito de vulnerabilidade. *Boletim da Sociedade Brasileira de Bioética*, n. 3, p. 8, 2000.

FREIRE, P. *Pedagogia da autonomia*. São Paulo: Paz e Terra, 2001.

GARRAFA, V. Inclusão social no contexto político da Bioética. *Revista Brasileira de Bioética*, v. 1, n. 2, pp. 122-32, 2005.

GARRAFA, V., PORTO D. Intervention bioethics: a proposal for peripheral countries in a context of power and injustice. *Bioethics*, v. 17, n. 5/6, pp. 399-416, oct. 2003.

HABERMAS, J. *A inclusão do outro*. São Paulo: Loyola, 2002.

JONAS, H. *O Princípio Vida*. Petrópolis: Vozes, 2004.

JUNGES, J. R. A proteção do meio ambiente na Declaração Universal sobre Bioética e Direitos Humanos. *Revista Brasileira de Bioética*, v. 2, n. 1, pp. 21-38, 2006.

LÉVINAS, E. *Humanismo do outro homem*. Petrópolis: Vozes, 1993.

OLIVEIRA, F. Feminismo, raça/etnia, pobreza e bioética: a busca da justiça de gênero, antirracista e de classe. In: GARRAFA, V., PESSINI, L. *Bioética:* poder e injustiça. São Paulo: Loyola, 2003.

OLIVEIRA, M. F. *Bioética*: uma face da cidadania. São Paulo: Moderna, 1997. p. 116.

OLIVEIRA, M. F. Opressão de gênero, feminismo e bioética: algumas considerações para o debate. *Mesa Redonda Gênero e Bioética*. RAGCyT – Red Argentina de Gênero, Ciencia y Tecnologia. Buenos Aires, 5 dez. 1998.

OLIVEIRA. M. F. Por uma bioética não-sexista, antirracista e libertária. *Dossiê*. São Paulo: Rede Feminista de Saúde Direitos Sexuais e Direitos Reprodutivos, 2000.

RAWS, J. *Teoria de la Justicia*. Madrid: Fondo de Cultura Económica, 1979.

SCHRAMM, F. R. A Bioética da Proteção em Saúde Pública. In: FORTES, P. A. C., ZOBOLI, E. L. C. P. (Orgs.). *Bioética e Saúde Pública*. São Paulo: Loyola, 2003.

SCHRAMM, F. R. Bioética sin universalidad? Justificación de una bioética latino americana y Caribeña de Protección". In: GARRAFA, V., KOTTOW, M., SAADA, A. (Orgs.). *Estatuto epistemológico de la Bioética*. México: Universidad Nacional Autónoma de México / Red Latinoamericana y del Caribe de Bioética de la UNESCO, 2005. pp. 165-85.

SCHRAMM, F. R., KOTTOW, M. Principios bioéticos en Salud Publica: limitaciones y propuestas. *Cadernos de Saúde Pública*, v. 1, n. 4, 2001.

SEGRE, M., COHEN, C. *Bioética*. São Paulo: EDUSP, 1995.

SEGRE, M., SCHRAMM, F. R. Quem tem medo das (bio)tecnologias de Reprodução Assistida? *Bioética*, v. 9, n. 2, pp. 43-56, 2001.

SEN, A. *Desenvolvimento como liberdade*. São Paulo: Companhia das Letras, 2000.

9

Desafios Globais e Participação da Bioética Brasileira

Marlene Braz
Armando Raggio
José Roque Junges

Ao Volnei Garrafa por toda sua luta pela bioética no Brasil

Introdução

Neste início do novo milênio, o mundo está se tornando cada vez mais a "aldeia global", anunciada por McLuhan (1967) quando apenas existia rádio e televisão. Isso se deve ao avanço tecnológico, com o acesso às informações em tempo real pela internet, rádio, televisão, telefone celular, tecnologias que interligaram o planeta. Fronteiras físicas caem assim como a ideia de Estado soberano e para este fenômeno se cunhou o termo globalização.

Apesar desses fatos, a "aldeia global", ideia de uma humanidade interligada em que todos fossem beneficiados pela disseminação do conhecimento, por meio dos meios de comunicação de massa, revelou-se utópica até agora. Isso pode ser imputado a duas causas: a primeira é que a maioria das emissoras de canal aberto e as rádios se preocupam muito mais em divertir o público, a grande massa, com programas de baixa qualidade do que instruí-lo; a segunda se deve ao acesso restrito à internet e aos computadores pessoais, apesar de cada vez mais baratos. Até o momento e no futuro mais próximo, o acesso gratuito a uma variada gama de conhecimentos continua e continuará restrito, pela pobreza da maioria das nações e das populações que nelas habitam. A aldeia global, de fato, tornou-se globalização, um conceito visto de forma ambivalente pelos autores. Ora é percebida como um benefício, ora como malefício tanto para o meio ambiente quanto para as pessoas.

Entendendo a globalização

Globalização é um termo que abarca vários fenômenos e se relaciona com uma suposta perda do poder dos Estados soberanos. Para Hardt e Negri (2002), os Estados-nações ainda mantêm sua importância porque cumprem valiosas funções, como a elaboração e a regulamentação das normas políticas, econômicas e culturais, mas perderam, indubitavelmente, em muitos aspectos, sua soberania. Estes autores propõem o conceito de Império para designar a globalização, ou, em seus termos, "a disposição global contemporânea" (p. 15).

O conceito tenta dar conta dos problemas advindos da globalização, analisando, de forma neutra, este fenômeno multifacetado. De acordo com os autores, o Império seria uma nova forma de soberania, com mudanças no Estado-nação soberano, já que suas fronteiras não têm demarcações, são flexíveis e em constante mutação. O Império contém em si as três formas de governo existentes no antigo Império Romano: a monarquia, a aristocracia e a democracia, combinadas e unificadas por um estatuto soberano.

O Império pós-moderno é monárquico, podendo ser visto em toda sua força pela ação dos EUA, via Pentágono com seus armamentos militares, muitas vezes superiores a qualquer outra potência. Também, o poder monárquico pode ser visualizado nos organismos supranacionais, como a Organização Mundial do Comércio, o Banco Mundial e o FMI. De outro modo, o Império é aristocrático porque é regido por uma pequena elite de nações, aquelas que compõem o grupo do G-8, ou pela autoridade (quando exercida), por meio do Conselho de Segurança da ONU, como também pelas corporações transnacionais. O Império também é democrático porque se coloca como representando todas as pessoas do mundo através da Assembleia Geral da ONU.

Se for assumido, hoje em dia, que os Estados-nações não mais representam seus povos, pode-se apelar para as organizações não-governamentais, espaço considerado democrático e/ou representativo da sociedade civil como um todo.

Resumindo, o Império é, segundo Hardt e Negri (2002):

> "[U]m sujeito soberano único, que abrange dentro de sua lógica, todas as três formas ou níveis clássicos de estatutos, o monárquico, o aristocrático e o democrático. O Império, em outras palavras, é uma forma distinta de soberania, dada a sua capacidade de incluir e gerir as diferenças no seio de sua constituição" (p. 16).

Os Estados-nações já não são as últimas autoridades e quem assume esta posição é o Império, mas estas mudanças só ocorreram nos Estados-nações dominantes porque as subordinadas jamais foram soberanas, como é o caso do Brasil. De qualquer forma, as mudanças no mundo afetam a todas as nações, sejam elas dominantes ou subordinadas. Há reflexos na democracia e na forma de representação do povo. Com a flexibilidade das fronteiras nacionais se perde tanto o espaço que pertence a cada nação, como a realidade política, havendo uma impossibilidade do povo vir a ser representado. As instituições criadas pelo capitalismo, como o Banco Mundial, o FMI e a OMC, retiram das mãos dos Estados quaisquer decisões sobre "política econômica e social" (Hardt e Negri, 2002, p. 19). Pode-se ver isso claramente no modo como as políticas econômica e social têm sido conduzida por este Império supranacional. Há uma determinação de se acumular um superávit na balança comercial retirando-se investimentos das áreas que podem implicar desenvolvimento econômico e humano, garantindo e movimentando o "cassino informacional global" (Castells, 1999, p. 500), representado pelo jogo econômico de investimentos em papéis e não na produção. Como escreve Castells sobre o capital financeiro:

> "Têm duas características distintas fundamentais: é global e estruturado, em grande medida em uma rede de fluxos financeiros. O capital funciona globalmente como uma unidade em tempo real e é percebido, investido e acumulado principalmente na esfera de circulação, isto é, como capital financeiro. (...) A acumulação de capital prossegue, e sua realização de valor é cada vez mais gerada nos mercados financeiros globais estabelecidos pelas redes de informação no espaço intemporal de fluxos financeiros. A partir dessas redes, o capital é investido por todo o globo e em todos os setores de atividade: informação, negócios de mídia, serviços avançados, produção agrícola, saúde, educação, tecnologia, indústria antiga e nova, transporte, comércio, turismo, cultura, gerenciamento ambiental, bens imobiliários, práticas de guerra e de paz, religião, entretenimento e esportes. (...) Qualquer lucro (...) é revertido para a metarrede de fluxos financeiros, na qual todo o capital é equalizado na democracia da geração de lucros transformada em *commodities*. Nesse cassino global eletrônico, capitais específicos elevam-se ou diminuem drasticamente, definindo o destino de empresas, poupanças familiares, moedas nacionais e economias regionais. O resultado da rede é zero: os perdedores pagam pelos ganhadores" (Castells, 1999, p. 500).

A globalização também implica uma espécie de "pensamento único" (Ramonet, 1995), o outro nome do que se denomina o neoliberalismo, que se tornou hegemônico nas últimas décadas do século XX e que se originou no pós-guerra, em 1944, quando o economista austríaco Friedrich Hayek lançou o livro *O Caminho da Servidão* (Cardoso, 2006). Este é considerado um marco da fundação do neoliberalismo e foi uma reação forte contra o Estado intervencionista e de bem-estar social. Segundo Anderson (1995, citado por Cardoso), "*o igualitarismo deste período, promovido pela construção do Estado de bem-estar na Europa e pelo New Deal norte-americano, destruía a liberdade dos cidadãos e a vitalidade da concorrência, da qual dependia a prosperidade de todos*" (p. 10). Cabe lembrar que desde a crise de 1930, nos Estados Unidos, e o retraimento do crescimento no pós-guerra, configurou-se uma crise do capitalismo. Para Hayek e seus discípulos, as causas da crise, principalmente na década de 70 do século XX, eram devidas ao modelo econômico, no qual se destacava o excesso de poder dos sindicatos, do movimento operário. Eles corroeram "*as bases de acumulação capitalista com suas pressões reivindicatórias sobre os salários e com sua pressão parasitária para que o Estado aumentasse cada vez mais os gastos sociais.*" (Anderson, 1995, p. 10, citado por Cardoso, 2006).

Como saída para a crise, ocorreu um enfraquecimento do Estado-nação, ainda soberano na implementação de políticas econômicas e sociais que desmobilizaram os sindicatos e, menos intervencionista, permitindo a privatização da infra-estrutura e em relação às políticas sociais. A hegemonia deste programa e do "pensamento único" triunfou após a queda do muro de Berlim e o fim do comunismo, ganhando corpo o capitalismo dos dias atuais.

Para os países subordinados, periféricos, surgiu o receituário que ficou conhecido como "Consenso de Washington", expressão cunhada por John Williamson, em 1990, "*para referir-se a um conjunto de ideias e políticas econômicas defendidas unanimemente pelas principais burocracias econômicas norte-americanas e pelos organismos internacionais sediados na cidade de Washington*" (Cardoso, 2006) e tinham como proposta a "desregulação dos mercados financeiro e do trabalho; privatização das empresas e dos serviços públicos; abertura comercial; e garantia do direito de propriedade dos estrangeiros, sobretudo nas zonas de fronteira tecnológica e dos novos serviços" (Fiori, 2001).

Este ideário alcançou êxito tão expressivo que a ele ninguém consegue se contrapor, no sentido de que não aparecem alternativas para os seus dogmas e aos quais todos os países, assumindo ou negando, acabam por ter de se adaptar. Isso significa que absolutamente tudo está submetido ao denominado "pensamento único".

Entretanto, existem resistências e propostas, não contra a globalização dos mercados, das informações, da circulação de pessoas, mas sim contra o pensamento hegemônico em relação ao receituário econômico. Hardt & Negri apostam em outro conceito de forma a contrapor ao "pensamento único". Assim, em vez do povo, eles preferem falar em multidão, que é definida do seguinte modo:

> "É uma multiplicidade de corpos, cada um com seus entrecruzamentos de poderes intelectuais e materiais de razão e comoção; são corpos ciborgues que se movimentam livremente, sem consideração às antigas fronteiras que separavam o humano do instrumental. Estes múltiplos corpos da multidão são monstruosos, irrecuperáveis na lógica capitalista, que tenta sempre controlá-los na organização do Império. Os corpos da multidão são, enfim, corpos estranhos, insensíveis às forças da disciplina e da normatização, sensíveis apenas aos seus próprios poderes de invenção" (Hardt e Negri, 2002, p. 30).

A invenção à qual os autores se referem é um contrapoder e ao mesmo tempo condição *sine qua non* para a sobrevivência do Império. A invenção que a multidão tem que fazer é a de uma nova democracia, *"não vinculada, imensurável"* (p. 31), isto é:

> "Uma democracia de multidões poderosas, não apenas de indivíduos iguais, mas de poderes abertos uniformemente à cooperação, à comunicação, à criação. Neste sentido não há programas a propor – e quem ousaria ainda hoje fazer tal coisa? Todos os protagonistas modernos – os sacerdotes, os jornalistas, os pregadores, os políticos – ainda po-

dem ser úteis para o poder imperial, mas não para nós. Os elementos filosóficos e artísticos, as práticas de trabalhar na carne e de lidar com suas multiplicidades irredutíveis, os poderes da invenção não vinculada – são essas as principais características da multidão. Além da nossa democracia não realizada, há um desejo de uma vida comum que deve ser realizado" (Hardt e Negri, 2002, p. 31).

Para Castells (1999a), a globalização se deu a partir de três processos independentes: a revolução da informação, a crise do capitalismo e do Estado e suas reestruturações, e o aparecimento de movimentos sociais e culturais, tais como: "*o libertarismo, direitos humanos, feminismo e ambientalismo*" (p. 412). A interação desses processos ocasionou a emergência do que Castells (1999a) denomina de "sociedade em rede", isto é, uma economia informacional e a cultura da virtualidade real.

A tecnologia da informação é a base de toda a geração de riqueza, exercício de poder e os novos códigos culturais. Essa tecnologia foi e é uma ferramenta indispensável para a reestruturação socioeconômica. Esta tecnologia possibilita a formação de redes, flexíveis e expansivas no modo de organização das atividades das pessoas e isso transformou todos os domínios da vida, seja do ponto de vista social, seja do econômico.

A crise econômica por que passou o capitalismo e o estatismo (países comunistas) implicou uma reestruturação, quando os países com economia capitalista, empresas e governos firmaram acordos que acabaram por configurar um novo capitalismo, que tem como características: globalização da economia, flexibilidade das organizações e aumento do poder dos dirigentes face ao trabalhador. Houve um incremento da competição, o trabalho se tornou flexível e precário com o enfraquecimento dos sindicatos. Como consequência, Castells (1999a) apontou para a redução dos recursos que garantiam o Estado de Bem-Estar Social, base do controle na era industrial.

O aparecimento de novas potências econômicas no Pacífico, os novos modos de produção e a expansão dos mercados estabeleceram uma base "*multicultural de interdependência econômica*" (Castells, 1999a, p. 413).

Este quadro trouxe, por outro lado, um malefício, qual seja, o surgimento de uma "conexão perversa", onde o crime organizado promoveu o desenvolvimento da economia do crime global com o objetivo de *"satisfazer o desejo proibido e fornecer mercadorias ilegais à contínua demanda de sociedades e indivíduos abastados"* (Castells, 1999, p. 413).

De outro modo, o estatismo soviético não foi capaz de assimilar as tecnologias de informação, o que paralisou seu crescimento econômico, enfraquecendo sua fonte de poder, o aparato bélico. Ocorreu, assim, o colapso do estatismo, o fim da maior experiência do século XX e o fim da Guerra Fria. Em menos de uma década, o capitalismo invade todos os países que ainda não eram capitalistas. Pela primeira vez, apesar da diversidade de culturas e sociedades, o mundo é regido por um "pensamento único", se organizando em torno de um conjunto de regras a que todos devem seguir, sob pena de não se desenvolverem ou até mesmo decrescerem.

Todos estes fatos não bastam, entretanto, para se definir tudo o que é o mundo hoje. Castells (1999a) afirma que a sociedade não é só o resultado dos avanços tecnológicos e dos rearranjos econômicos. Também tem a ver com as pessoas e estas se mobilizaram na década de 60. Primeiramente foi um movimento libertário, aquele de 1968, quando havia o desejo de mudar a vida e não tomar o poder, reação ao poder arbitrário, revolta contra a injustiça e busca da experiência pessoal. Disso resultou a formação de outros movimentos, como o ambientalismo, o feminismo, a defesa dos direitos humanos, a liberdade sexual, contra discriminação étnica. Era a afirmação da autonomia individual, a multidão dos monstros inteligentes (Hardt e Negri, 2002) contra o Estado e o capital. Esses movimentos começaram, por outro lado, a questionar o consumismo e, ao mesmo tempo, tinham um caráter cosmopolita e internacionalista, avesso ao poder do Estado, ao paternalismo e ao intervencionismo deste na vida privada, como também às tradições, vistas como forças conservadoras e retrógradas.

Todos estes fatores reunidos redundaram por preparar o terreno para uma profunda divisão a que assistimos hoje: por um lado, uma elite bem informada, interconectada, ativa e com a cultura definida a partir de suas próprias premissas (de novo os monstros inteligentes) e, por outro lado, aquilo que Castells denomina de *"grupos sociais inseguros"* (1999: 416), que não contam com recursos, poder e informação.

Nas palavras de Castells (1999):

> "A revolução da tecnologia, a reestruturação da economia e a crítica da cultura convergiram para uma redefinição histórica das relações de produção, poder e experiência em que se baseia a sociedade" (p. 416).

As novas relações de produção apresentam algumas características, segundo este autor: a inovação (produtividade) e a flexibilização (competição). Estas duas são as principais porque há que se maximizar a inovação e a flexibilidade para a acumulação do capital e isso implica uma redefinição da mão-de-obra. Existem dois grupos: a mão-de-obra genérica e a autoprogramável, sendo que a diferença entre os dois é a educação. Ter conhecimentos especializados (obsoletos) não é suficiente, é preciso ser educado, isso é, os trabalhadores devem adquirir a *"capacidade para uma redefinição constante das especialidades necessárias à determinada tarefa e para o acesso às fontes de aprendizagem dessas qualificações especializadas"* (Castells, 1999a, p. 417). A educação torna-se o diferencial em função das constantes inovações e o trabalhador tem o dever de se reprogramar para o desempenho de tarefas em constante mutação. A mão-de-obra genérica só recebe tarefas e não está preparada para se reprogramar; não recebe educação, só é treinada para receber e executar ordens. Esses *"terminais humanos"* (Ibidem) são facilmente substituídos por máquinas ou por outros corpos/terminais humanos, pouco importando ser da própria cidade, país ou região do mundo.

A flexibilidade instituída nas organizações impõe jornadas flexíveis, trabalho autônomo e terceirizações. E se o trabalho mudou, o capital também. A norma continua sendo maximizar os lucros. Há, no entanto, uma mudança importante de como ocorre a apropriação de lucros e quem são os capitalistas atuais. Há três níveis a serem considerados: a) os que detém os direitos de propriedade (acionistas, proprietários familiares, empreendedores); b) os administradores (aqueles que controlam os bens em nome dos acionistas); c) os mercados financeiros internacionais. Os últimos são a grande novidade e causam forte impacto nas sociedades e nos Estados-nações. Isso porque o resultado que advém das aplicações dos lucros das empresas nos mercados financeiros é muito maior do que aqueles aplicados na produção. É o *"cassino informacional global"*, a *"mãe de todas as acumulações"* (Castells, 1999a, p. 419). O mundo financeiro pode ser considerado o centro nervoso do capitalismo atual.

Todos esses processos trazem consequências sobre as relações das classes sociais. Entre as mais citadas estão:

a) aumento da desigualdade e a polarização (distanciamento entre os dois extremos: ricos e pobres) em função da mão-de-obra descartável; do enfraquecimento dos sindicatos, do fim do Estado de Bem-Estar Social.

b) exclusão de um grande número de pessoas dentro desta nova lógica de produção, porque não servem nem como produtores, nem como consumidores. Já não se trata de desemprego, mas de empregos precários, ou de mergulhados na informalidade ou no crime.

c) outra nova questão é quem produz e quem se apropria dos produtos do trabalho. Os novos produtores deste capitalismo informacional são aqueles que geram conhecimento e processam a informação, tais como os administradores, os profissionais especializados e os técnicos, representando 1/3 da população empregada. Os outros são a mão-de-obra genérica. Esses trabalhadores precisam dos produtores informacionais, mas estes não necessitam deles, *"levando à dissolução progressiva dos remanescentes da solidariedade de classe existente na sociedade industrial"* (Castells, 1999a, p. 422). A apropriação dos excedentes do trabalho ainda é feita pelos empregadores, sendo que a diferença consiste na forma de pagamento do produtor, já que as relações são individualizadas, havendo um acordo diferente para cada um deles. Parte destes produtores é independente e não quer um trabalho assalariado e pratica também estratégias de mercado. Por último, as receitas vão para os mercados financeiros globais *"alimentados exatamente pelo segmento abastado da sociedade da população global, de maneira que eles também são proprietários coletivos de capital coletivo, ficando dependentes do desempenho dos mercados de capital"* (Castells: 1999a: 422).

d) o aparecimento de comunas independentes e refratárias à globalização.

Para Bauman (1999), a globalização é definida em um sentido mais profundo como:

> "Caráter indeterminado, indisciplinado e de autopropulsão dos assuntos mundiais; ausência de um centro, de um painel de controle, de uma comissão diretora, de um gabinete administrativo. A globalização é a 'nova desordem mundial'" (p. 67).

O autor argumenta que a palavra globalização veio a substituir a ideia de universalização, discurso moderno e ultrapassado, preocupado com as questões mundiais. Bauman cita outros conceitos clássicos da modernidade, como: civilização, desenvolvimento, convergência e consenso que, com a universalização, transmitiam *"a esperança, a intenção e a determinação de se produzir a ordem; além do que os outros termos afins assinalavam, ela indicava uma ordem universal – a produção da ordem numa escala universal, verdadeiramente global"* (Bauman, 1999, p. 67).

A ideologia da universalização continha em si a vontade de transformar o mundo e as pessoas, no sentido de igualar e tornar melhor as condições de vida. A globalização de hoje refere-se não a ideais, mas aos efeitos do pensamento hegemônico neoliberal. Diz Bauman que a *"'globalização` não diz respeito ao que todos nós, ou pelo menos os mais talentosos e empreendedores, desejamos ou esperamos fazer. Diz respeito ao que está acontecendo a todos nós"* (Ibidem, p. 68).

Como outros pensadores da globalização, Bauman coloca como causa o enfraquecimento do Estado e consequentemente da sua soberania. Os Estados, segundo o autor, *"não têm recursos suficientes nem liberdade de manobra para suportar a pressão – pela simples razão de que 'alguns minutos bastam para que empresas e até Estados entrem em colapso'"* (Bauman, 1999). Ao Estado só resta o monopólio da violência ou, em suas palavras, o poder da repressão, tornando-se *"um mero serviço de segurança para as mega-empresas"* (Comandante Marcos, citado por Bauman, 1999, p. 74). A política deve ser desvinculada da economia e a única coisa a ser realizada neste campo é manter o equilíbrio do orçamento. O Estado fraco e a fragmentação política interessam à globalização econômica, desde que continuem Estado. Como já apontado, no início deste capítulo, o Brasil obedece ao ideário do "pensamento único", tendo pouca margem de manobra no que se refere à política econômica, comandada com mão-de-ferro pelo Ministério da Fazenda e pelo Banco Central. O que aparece como diferencial refere-se à política social em que recursos orçamentários são destinados aos mais pobres, por meio do bolsa família, no intuito de amenizar os reflexos do superávit primário, o controle da inflação e o absurdo patamar de juros, que só faz aumentar a dívida do Estado com os mercados financeiros. É necessário ter reservas para pagar as dívidas e para se proteger dos ataques especulativos que já afetaram muito o nosso país.

Ao lado da desregulamentação global expressa pela desenfreada liberdade do capital financeiro, assiste-se ao esfacelamento das redes de segurança proporcionadas pelo Estado de Bem-Estar Social. A insegurança, que diz respeito a todos, se origina do mundo onde vivemos, isso é, desregulamentado, flexível, plural, competitivo e repleto de incertezas, onde cada um está deixado por conta própria. Como assinala: *Somos convocados (...) a buscar soluções biográficas para contradições sistêmicas; procuramos salvação individual de problemas compartilhados* (Bauman, 2003, p. 129). O mundo volátil e mutante à nossa volta induz a um investimento naquilo que podemos ou supomos controlar, qual seja, a nossa autopreservação. Para tanto, o paliativo para a insegurança é a busca por segurança de nossa integridade corporal, nossas propriedades, nossa "comunidade" e que faz do estranho o inimigo a ser evitado ou combatido.

Bauman (2003) coloca em cena o que as agendas sociais de hoje deixaram de lado: a questão fundamental da justiça distributiva diante das diferenças e a defesa da igualdade de direitos por recursos da grande maioria da população.

Há dificuldade em se implementar uma justiça distributiva porque existe uma *"secessão dos bem-sucedidos"*, expressão usada pelo autor para se referir ao *distanciamento, indiferença, desengajamento* dos afortunados (Bauman, 2003, p. 49). Nessa situação, como falar em redistribuição de renda? "A *"secessão dos bem-sucedidos"* é o abandono do compromisso com os pobres e, como preferimos, a *"pilatos-zação"* das responsabilidades" (Braz, 2004). Os ricos não precisam mais da comunidade e, mais grave, não podem perceber o que ganhariam *na* e *com* a comunidade que já não tivessem obtido por esforço próprio, mas não deixam de pensar no que perderiam. Este comportamento é enfeitado pela ideia de autonomia e sob a égide da falta de espaço cada vez mais sentida por todos e que encobre o distanciamento da intimidade.

O comunitarismo é uma filosofia dos fracos porque estes são os indivíduos de *jure*, isso é, aqueles indivíduos que não são capazes de praticar a individualidade de *fato*, aqueles deixados de lado e que têm de resolver seus problemas sem contar com ninguém. Os indivíduos de fato são aqueles que venceram; donos de seu próprio destino, com liberdade de opções com seus guetos voluntários. Aos fracos à comunidade real e obrigatória dos guetos verdadeiros pela sua incapacidade de *"exibir alguma capacidade especial"* (Braz, 2004, p. 57) e, por isso, condenados a uma vida de submissão. Nesta sociedade meritocrática, por excelência, o importante é fama e dinheiro. Não há impedimento de ser o que se é ou de ser diferente do que se é.

Os líderes locais, as autoridades de ontem, foram substituídos por duas autoridades: a dos *experts* e a dos números. Essa é a comunidade estética. Ela atua mais pela estética do que pela ética. Os ídolos de hoje são os grandes jogadores, os artistas e as *top models* e eles são efêmeros. É o *impacto máximo e obsolescência instantânea* (Braz, 2004, p. 66), característica das invenções culturais da "cultura dos cassinos".

A comunidade estética não provoca responsabilidades éticas e nem compromissos a longo prazo. São vínculos sem consequências. Essa não é a comunidade a que os indivíduos de *jure* aspiram. Estes indivíduos que querem, em vão, se tornar indivíduos de *fato* procuram uma comunidade ética quase que oposta à comunidade estética. Os compromissos éticos seriam os do "compartilhamento fraterno", garantindo os direitos previdenciários contra os riscos que a vida oferece. Os indivíduos de jure percebem como comunidade a *garantia de certeza, segurança e proteção* (Braz, 2004, p. 68). É tudo que faz falta em seu cotidiano incerto, inseguro e desprotegido e isso não pode ser conseguido isoladamente e com os parcos recursos que possuem.

Uma das causas apontadas pelo autor estaria no fato de que tanto os operadores políticos como os porta-vozes culturais abandonaram a premissa da justiça social e a substituíram pela dos direitos humanos. Embora os direitos humanos se destinem a reconhecer o direito à diferença sem temor de represálias, eles só podem ser obtidos e garantidos de forma coletiva. Para tanto, é preciso agrupar um grande número de indivíduos, o que demanda restrição da liberdade de agir, pois requer lealdade de cada membro barrando o acesso dos diferentes. Ser diferente, assim, implica luta para permanecer diferente e por essas razões a luta pelos direitos humanos acaba por catalizar e estimular a *"produção e perpetuação da diferença"* (Braz, 2004, p. 71) como possibilidade de se construir uma comunidade em seu entorno.

Esta situação existe porque há uma separação entre a política cultural da diferença e a política social da igualdade. A *"justiça requer tanto a redistribuição quanto o reconhecimento"* (Braz, 2004, p. 71). As guerras de reconhecimento levam a um fundamentalismo, para a absolutização da diferença. As demandas por reconhecimento podem se tornar sectárias.

Se antes se explicava a desigualdade como fruto da inferioridade de certas raças, hoje isso é substituído por uma visão compassiva das desigualdades como um direito inalienável que toda comunidade tem de viver conforme sua preferência. A diferença na visão dos culturalistas é errada porque esconde que a desigualdade é a maior causa das diferenças e que estas não são um direito de escolha e sim um dos maiores obstáculos à liberdade e à perpetuação do abismo. Ninguém tem nada a dizer sobre qual a forma preferida do viver humano, daí o refúgio no multiculturalismo que seria a *"ideologia do fim da ideologia"* (Braz, 2004, p. 113). Existe uma indiferença das elites ilustradas, e o sucesso do multiculturalismo se deve, segundo Bauman, ao desengajamento (nova estratégia de poder) e ao excesso (substituto da regulamentação normativa).

Uma contrapartida séria deste excesso é o excesso de opções. Há que *"decidir para que lado virar e que destino seguir"* (Braz, 2004, p. 118). Não há mais normas, só experimentando, e isso exige trilhar vários caminhos alternativos. O excesso e o desperdício não parecem errados. É só neste tipo de sociedade que pode vicejar o multiculturalismo. Com o direito à diferença vem o direito à indiferença. Quando a tolerância entre os diferentes prevalece e se alia com a indiferença, as culturas podem conviver lado a lado, mas não dialogam entre si e se o *fazem costumam usar o cano das armas como telefone* (Braz, 2004, p. 122). A coexistência não implica uma vida compartilhada. O inimigo que impede, hoje, de se ter uma humanidade comum é a insegurança porque tende a transformar o multiculturalismo em multicomunitarismo. Qualquer grau de diferença é utilizado para erigir muros e atacar.

São duas as tarefas que a comunidade deve pleitear para fazer frente à patologia da sociedade atual: *a igualdade dos recursos necessários para transformar o destino dos indivíduos de jure em indivíduos de fato, e um seguro coletivo contra incapacidades e infortúnios individuais* (Braz, 2004, p. 133). A realização dessas tarefas requer, assim, um agir coletivo e disso não escapa a Saúde Pública, principalmente quando se começa a discutir a universalização da assistência *versus* a focalização. Quem ficará de fora?

Outro crítico ácido da globalização é Beck (1998), que diz do capitalismo como sendo "sem trabalho" e "sem impostos". Em suas palavras:

"Os países da União Europeia enriqueceram nos últimos 20 anos entre 50 e 70%. A economia cresceu muito mais depressa que a população. Contudo a UE conta agora com 20 milhões de desempregados, 50 milhões de pobres e 5 milhões de pessoas sem teto" (p. 21).

A pergunta que demanda uma resposta é: onde foi parar todo este excedente de riqueza? Beck fala que esta é uma globalização unidimensional e se deve reconstruir a ideia de uma globalização multidimensional. Isso porque a sociedade em rede (Castells, 1999) é uma construção cultural, histórica e discursiva, e Beck questiona o pressuposto neoliberal da naturalidade do capitalismo, apoiando-se na ideia de que o ser humano é competitivo por natureza e que, assim sendo, deve sofrer a regulação do mercado. A sua crítica se deve à *"unidimensionalidade econômica, de seu pensamento único linear, de seu autoritarismo político em relação ao mercado mundial, que se impõe apoliticamente e que atua de maneira altamente política"* (Beck, 1998, p. 181).

Toda a crítica, entretanto, deve levar em conta, como faz Beck (1998), que a globalização não tem volta e qualquer proposta dos Estados-nações em relação à política econômica e social deve ter esta questão em seu norte. Neste sentido, para este autor, não se trata de combater a globalização e sim o que denomina de "globalismo economicista" (p. 163). Ele propõe algumas saídas: a) um acordo de cooperação entre as nações em que fique claro que não se deve abandonar tudo nas mãos do mercado, assim como se devem taxar as transações e diminuir as subvenções do Estado; b) uma soberania includente, na qual se aumente a produtividade e a soberania do Estado com o incremento da cooperação transnacional e da riqueza. Nestes dois casos, Beck mostra a importância do direito internacional e de uma *"política de autointegração ativa dos estados singulares em uma dependência prática internacional"* (p. 189); c) proposta de uma política social em que o trabalhador participe do capital por meio de uma política de salários; d) política educativa em que *"os políticos deveriam dirigir o dinheiro para o conhecimento e a formação a fim de facilitar aos cidadãos as capacidades e orientações para situar-se adequadamente no cenário e contradições da sociedade mundial"* (p. 191). Aqui também aparece, como nos outros autores citados, a importância do conhecimento, abrindo a possibilidade de se criarem uma multidão de "monstros inteligentes" a que se refere Hardt e Negri (2002); e) necessidade de uma regulamentação internacional que limite a autorrealização sem limites do capital pela cobrança de impostos ao "capital informacional global" (Castells, 1999).

A BIOÉTICA NO BRASIL E A GLOBALIZAÇÃO: PERSPECTIVAS

A ONU analisou a política neoliberal, seu impacto nos povos onde foi implantada e o resultado não foi o esperado. Isso foi publicado este ano num livro denominado *"Flat World, Big Gaps: Economic Liberalization, Globalization, Poverty and Inequality"* (Baudot e Jomo, 2007), que faz um balanço negativo do processo de globalização. É destacada que a afirmação de que a ida de empresas para países em desenvolvimento, onde as regras de trabalho não são tão rigorosas quanto aos países desenvolvidos, essa transferência de capitais e possibilidade de novos empregos, conduziria esses países ao desenvolvimento (Sachs, 2005).

No livro editado por Jomo Sundaram, secretário-geral adjunto da ONU para o Desenvolvimento Econômico, e Jacques Baudot, economista, os autores concluem que a globalização e seu ideário liberalizante como propulsores do desenvolvimento não conseguiram reduzir nem as desigualdades e tampouco a pobreza nas últimas décadas. A distribuição de renda não melhorou, ao contrário, a desregulamentação dos mercados resultou numa maior concentração de renda. Outro fato que veio à luz era de que os recursos financeiros iam dos países ricos em direção aos pobres o que ajudaria as economias dos países em desenvolvimento. Assistiu-se, porém, ao contrário: os países desenvolvidos, como os EUA, receberam fartos investimentos dos países em desenvolvimento. Estes últimos também participam do "cassino informacional global" (Castells, 1999). Assim, não pode haver houve uma repartição eqüânime da riqueza, e os índices de pobreza não se alteraram desde 1980.

Sachs (2005), também economista, acredita que isso é melhor do que nada para os trabalhadores que vivem em condições de subsistência mesmo em condições de exploração, com a sistemática violação dos direitos humanos, sem a preocupação com o meio ambiente. Melhor do que não ter emprego, em países devastados pela seca e pela Aids e outros doenças transmissíveis. O pouco que ganham lhes dá dignidade e é um passo em direção ao desenvolvimento. Nos países emergentes, como a China, a Índia, e podemos colocar aqui o Brasil,

Sachs também acha positivo em função dos avanços econômicos que adviram da abertura dos mercados. Este autor propõe acabar com a pobreza extrema do mundo, isto é, acabar com a miséria extrema a que se assiste nos países africanos subsaarianos. Para ele, este continente fenece e os burocratas e dirigentes dos países desenvolvidos simplesmente não se incomodam. Destinar recursos de suas opulentas economias para que pessoas não morram de fome ou de doenças evitáveis seria uma obrigação moral que pode muito bem ser realizada.

O quadro assim traçado sobre a globalização conduz necessariamente a uma reflexão em nossos próprios termos. Como o Brasil tem enfrentado esta questão?

Pensamos que cada país tem suas peculiaridades, e o Brasil convive com duas realidades distintas: de um lado uma elite bilionária/milionária, com cidades cada vez maiores e populosas por evasão do campo e, por outro lado, a maioria vivendo no limite da pobreza, com forte esvaziamento da classe média.

A Bioética no Brasil tem se diferenciado de outras bioéticas e isso ocorre porque alguns dos males que ainda nos assolam não fazem parte do quadro sanitário e social dos países desenvolvidos de onde se originam tais bioéticas.

Em nosso país, segundo Garrafa e Porto (2003), temos que nos preocupar com as situações ditas persistentes, ou, segundo os mesmos autores, *"com aqueles problemas que continuam acontecendo e não deveriam mais acontecer nesta altura do século XXI"* (Resumo: 35). Dentre estas situações eles citam:

> "Exclusão social e a concentração de poder; a pobreza, a miséria e a marginalização; a globalização econômica internacional e a evasão dramática de divisas das nações mais pobres para os países centrais; a falta de consolidação da cultura (ou de políticas efetivas) de defesa dos direitos humanos universais e da cidadania; a inacessibilidade de acesso dos grupos economicamente vulneráveis às conquistas do desenvolvimento científico e tecnológico; e a desigualdade de acesso das pessoas pobres aos bens de consumo básicos indispensáveis à sobrevivência humana com dignidade" (p. 35).

Estas questões estão sendo relegadas nos países desenvolvidos, muito mais preocupados com os avanços biotecnológicos e com a "cultura dos limites" (Callahan, 1990), dois pólos de um mesmo problema. Sofisticação tecnológica e demanda infinita com recursos limitados para incorporá-la. Estas diferenças entre os países centrais e os periféricos demandam reflexões éticas particulares e, em nosso país é preciso uma *"bioética transformadora, comprometida e identificada com a realidade dos países chamados 'em desenvolvimento'"* (Garrafa e Porto, 2003, p. 35). Esta preocupação de Garrafa já existe há algum tempo e vem ganhando força (Garrafa, 1995; Garrafa et al, 1997). Contrapondo-se a uma bioética neutral, especialmente a principialista de origem anglo-saxônica, Garrafa propõe uma bioética forte, intervencionista, a qual ele denomina de "bioética da intervenção". Sua proposta não é somente reflexiva, ela implica ação e é resumida do seguinte modo:

> "[...] no campo público e coletivo: a priorização de políticas e tomadas de decisão que privilegiem o maior número de pessoas e pelo maior espaço de tempo possível, mesmo que em prejuízo de certas situações individuais, com exceções pontuais a serem discutidas; b) no campo privado e individual: a busca de soluções viáveis e práticas para conflitos identificados com o próprio contexto onde se dá o conflito" (Garrafa e Porto, 2003, p. 36).

A proposta de uma "bioética da intervenção" se coloca, desta maneira, ao lado da população mais vulnerável da sociedade, reanalisando conflitos e dilemas concernentes a: *"autonomia versus justiça/equidade; benefícios individuais versus benefícios coletivos; individualismo versus solidariedade; omissão versus participação; mudanças superficiais e temporárias versus transformações concretas e permanentes"* (idem). A proposição de Garrafa e Porto (2003) tem uma forte influência utilitarista e justifica essa posição intervencionista pela desigualdade entre as pessoas: *"uns têm a possibilidade de sentir prazer enquanto a outros resta a probabilidade de estarem imersos no sofrimento"* (p. 44). Essa proposta teria como finalidade reinaugurar *"um utilitarismo orientado à busca da eqüidade entre os segmentos da sociedade"*, assumindo *"um conseqüencialismo solidário alicerçado na superação da desigualdade"*, rompendo com os atuais paradigmas nortistas (Idem).

Outra proposta bioética foi de Schramm e Kottow (2001), denominada "bioética da proteção". O artigo que introduz este princípio tem por finalidade fornecer uma proposta alternativa às necessidades sanitárias coletivas, notadamente na América Latina. Como escrevem os autores:

"As políticas de proteção de saúde pública aparecem como propostas frente a necessidades sanitárias coletivas. Uma vez aceitas, se tornam obrigatórias e permitem que o cumprimento das medidas de proteção justifique exercer um legítimo poder de disciplina e autoridade para que sejam efetivas. Também se justifica submeter a autonomia individual aos requisitos do bem-estar coletivo, a princípio sem contemplar exceções. A legitimidade das ações sanitárias e a inevitável restrição da autonomia individual constituem características dos atos protetores, a proteção adquire, assim, uma forma de poder suis generis, avalizado pelo princípio da responsabilidade e caracterizado, como assinalado, pela postergação das obrigações frente ao indivíduo. Quer dizer, a justiça sanitária prevalece sobre a autonomia individual" (Schramm e Kottow, 2001, p. 954).

Este trabalho aponta, também, para a questão da universalização *versus* focalização advogando que a tentativa de incluir a todos, de forma universal, mostra-se cada vez mais impossível. O princípio da proteção preconiza universalizar a prevenção e focalizar os gastos públicos para a parcela menos favorecida e excluída da sociedade.

Esta proposta, como a anterior, enfoca a mesma questão: amparar os mais necessitados, seja intervindo ou protegendo.

Pode-se dizer que as ideias que norteiam ambas as propostas se alinham com a tese da ética como fator de coesão social. Elas afirmam que a presença e a importância de atributos de natureza ética são determinantes na capacidade de sobrevivência comunitária dos indivíduos, das empresas e dos Estados-nações. Ambas, também, apresentam dois núcleos temáticos, quais sejam: o valor para a sobrevivência e coesão social da moralidade e a relação entre ética, comportamento individual e eficiência coletiva, apontando *"para as tensões e os imperativos comflitantes: moralidade cívica versus pessoal e racionalidade individual versus coletiva"* (Barbosa e Braz, 2005, p. 210).

Além destas similitudes das propostas, existe uma outra em que nos deteremos pela relevância: o paternalismo. Macklin (2003) se pergunta o que torna indivíduos, grupos e nações inteiras vulneráveis, sendo que a primeira resposta é dizer que estes estão sujeitos a serem explorados. Ela discorda da simplicidade da resposta porque há divergências do que seja exploração e porque nem todas as atitudes erradas podem ser denominadas de exploração. Além disso, a autora afirma:

> "Ações voltadas para proteger indivíduos e grupos vulneráveis podem ser entendidas como paternalistas e, portanto, ser questionadas pelos próprios grupos que se pretende proteger. A análise deste tópico requer determinar que critérios se deveriam usar para estabelecer quem são as pessoas e os grupos vulneráveis, o que pode ser considerado apropriadamente exploração e quando esforços bem-intencionados de proteção podem ser paternalistas e, portanto, eticamente questionáveis" (Macklin, 2003, p. 59).

Se há uma forte crítica à influência do principialismo dos quatro princípios de Beauchamp e Childress (2002) por vários autores brasileiros e latino-americanos, principalmente ao que se refere ao "primado da autonomia" em detrimento da "justiça distributiva", princípio mais afeito aos problemas brasileiros, por outro há sempre um componente que carrega um excesso de autoridade a que devemos nos contrapor.

> "À ficção hobbesiana do estado de natureza é preciso contrapor a imagem do rebanho nietzchiano. Existe uma tensão perene entre moralidade cívica, que garante a sobrevivência e a ordem social, de um lado, e a moralidade pessoal, que expressa a liberdade do indivíduo e dá valor à sobrevivência, de outro. Se o colapso da primeira leva à anarquia troglodita da metáfora de Montesquieu (2003), retratada nas *Cartas Persas*, o enfraquecimento da segunda é o caminho para o niilismo do formigueiro humano retratado na metáfora da colmeia de Mandeville (2003), uma ordem estável, é verdade, porém rígida, mecânica e desprovida de valor" (Barbosa e Braz, 2005, p. 210).

As tentativas do governo de interferir, manipular e dirigir as atividades de empresas e indivíduos implicam algum grau de coerção e acabam gerando ineficiência, redução do bem-estar. A proposta de Schramm e Kottow (2001), assim como a de Garrafa e Porto (2003), serão viáveis se houver consenso em torno de algumas questões que estão sendo levantadas no sentido de abrigar o grupo de excluídos. Algumas propostas têm sido colocadas em ação pelo Estado: ações afirmativas, bolsa família, bolsa para adolescentes em risco, medidas educacionais que visam a maior eficiência do ensino público no nível elementar e médio, melhoria do piso salarial e da aposentadoria. Sabemos que tais medidas vêm sendo criticadas tanto pelos meios de comunicação, por meio da elite intelectual e econômica, quanto pelos setores mais abastados da sociedade. Neste sentido, as duas propostas trazem um alento aos despossuídos, no sentido de que a bioética deve estar sempre ao lado, junto com os mais vulneráveis, mas jamais impondo restrições ao empoderamento (*empowerment*).

A precarização do trabalho, o desemprego, a fuga de capitais, a dívida externa e interna, o privilegiamento do econômico sobre a política social; o descaso com a educação e com a saúde; os agravos ao meio ambiente (diminuição das florestas, pesca predatória, vazamento de matérias tóxicas em rios, poluição das águas) são os problemas postos pela globalização em todo o mundo em desenvolvimento e em nosso país. Com estes problemas temos outros ligados, principalmente às pesquisas em populações ditas vulneráveis.

A preocupação e a ação de representantes dos países em desenvolvimento com as populações ditas vulneráveis, por exemplo, culminou com sua inclusão como princípio ético, como *"respeito pela vulnerabilidade humana"* na Declaração Universal de Bioética e Direitos do Homem, da Unesco, em 2005. A Declaração, com a inclusão de artigos que abordam a questão, é um importante documento a servir de guia na Bioética.

As assimetrias históricas que só fazem aumentar têm obrigado as nações dominadas a ampliarem o escopo da Bioética, com o objetivo de incluir em sua agenda o campo da Saúde Pública, como também políticas sociais e ambientais, não a circunscrevendo tão só às questões biomédicas, como assim propugnaram os países dominantes.

Pode-se citar que a América Latina contribuiu de forma relevante para a formulação do texto final da Declaração, principalmente pela participação do Brasil, representado por Volnei Garrafa, como também pelo apoio recebido dos países africanos e da Índia. Após embates, houve unanimidade entre os 191 países signatários na aprovação da Declaração, sugerindo que o representante brasileiro deu uma efetiva contribuição à Bioética do Brasil e da América Latina.

Outra contribuição de um representante brasileiro, na figura de Dirceu Greco, com o apoio da Sociedade Brasileira de Bioética, por meio de seu Presidente, na época Volnei Garrafa, foi a militância junto aos outros países no sentido de não permitir mudanças na Declaração de Helsinque, especialmente no artigo que trata do duplo *standard* e da retirada do compromisso das agências de fomento na continuidade do tratamento dos sujeitos da pesquisa após esta ter sido encerrada. Esta batalha ainda não está totalmente ganha e cada reunião para rever esta Declaração se reveste de preocupação.

Neste sentido, pode-se dizer que a proposta intervencionista tem sido colocada em ação por bioeticistas brasileiros. Não apenas a ideia, mas um agir ético que leva em conta nossas necessidades, mesmo que sejam contra os ideários dos representantes dos países dominantes.

Convém assinalar, também, que o aprofundamento da "bioética da proteção" e da "bioética da intervenção" deve resultar em ferramentas possíveis de serem utilizadas para superar os problemas colocados pela globalização em nosso país, mas não tão somente por esta. O Brasil pode avançar em direção a um verdadeiro desenvolvimento se colocar em prática alguns princípios éticos no delineamento de suas propostas econômicas e sociais. Não podemos dizer que nosso país é um "estado mínimo", pelo contrário, é onipresente, sugador de recursos e predador, no sentido de que a corrupção corrói nossas esperanças ao vermos os tributos verdadeiramente absurdos serem desperdiçados, impunemente, pelos maus políticos e gestores. O Estado não deve ser imenso, mas deve ser o regulador que privilegie os excluídos, sem paternalismos. Este debate deve ter como norte a questão ética, isto é, de que modo os recursos podem ser distribuídos de forma justa e equânime, em função da existência de limitações orçamentárias, a que subjaz o não desperdício, seja por ineficiência, seja pela corrupção. Acreditamos que a bioética brasileira deve se deter não somente em delimitar, de fato, quem são os necessitados de amparo, mas também em levantar a bandeira contra a corrupção e a má gestão, fruto das composições políticas, muitas vezes espúrias e clientelistas. Sem esta visada escorrega-se facilmente para o paternalismo e o assistencialismo social que não leva ao *empowerment*, questão crucial para tornar a todos "monstros inteligentes".

Outra questão que não pode faltar na agenda da bioética refere-se à sempre maior incidência das questões ambientais, sendo que a bioética brasileira tem uma contribuição a dar nesse campo, por exemplo, com o grupo "Rede Brasileira de Justiça ambiental" (2002) e com outros estudos enfocando a questão (Acselrad et al., 2004; Acselrad, 2004; Freitas, Porto, 2006). Poderíamos postular uma outra corrente da bioética brasileira, que poderia ser denominada de Bioética da Justiça Ambiental.

No manifesto de lançamento da rede, o grupo tentou definir a justiça ambiental como *"O mecanismo pelo qual sociedades desiguais, do ponto de vista econômico e social, destinam a maior carga dos danos ambientais do desenvolvimento às populações de baixa renda, aos grupos sociais discriminados, aos povos étnicos tradicionais, aos bairros operários, às populações marginalizadas e vulneráveis"* (Rede Brasileira de Justiça Ambiental, 2002). Hoje a questão do cuidado com o meio ambiente está na agenda mundial, mas o processo de globalização empurra para os países pobres os resíduos dos países ricos e ainda acusam os países pobres de não darem a devida atenção ao problema ambiental. Além de poluírem com as indústrias poluidoras que eles empurram para os países pobres, ainda querem culpabilizá-los pelo problema ambiental. O grupo Justiça ambiental denuncia essa prática da externalização dos danos ambientais que não são contabilizados e propõe como princípio ético e jurídico que nenhum grupo social *"suporte uma parcela desproporcional das conseqüências ambientais negativas de operações econômicas, decisões políticas e de programas federais, estaduais e locais, assim como da ausência ou omissão de tais políticas"* (Rede Brasileira de Justiça Ambiental, 2002).

Vemos, deste modo, propostas interessantes e antenadas com a nossa realidade, com contribuições importantes a serem desenvolvidas como também mais hospedadas pelos bioeticistas brasileiros.

A bioética é uma ética aplicada à proteção da vida, não só humana, mas também a todos os seres vivos e ao planeta. Com seus princípios, com sua visão interdisciplinar, seu respeito a todas as formas de vida e à dignidade do ser humano, seu compromisso com a proteção dos mais vulneráveis, a busca do diálogo e do consenso, a solidariedade, a tolerância às diferenças fazem esta disciplina se tornar cada vez mais importante em todos os ramos do conhecimento. Quando se apela, talvez, ao seu princípio maior de que o ser humano não pode ser visto como instrumento, isto é, como mero meio, temos uma mudança de foco e de atenção aos mais desprotegidos, aos que detêm menor capacidade de escolha, menor autonomia.

A bioética brasileira propõe um repensar e um fazer ético diferente e, como enfocado aqui, na melhoria dos indicadores sociais e, portanto, na melhoria da qualidade de vida. Isso porque não pode haver qualidade de vida se não respeitamos o outro por ser diferente. Não há ética quando a autonomia não é respeitada, devendo-se informar e esclarecer, sempre pedindo permissão quando se necessita intervir em um corpo. Não há um agir ético se não houver uma justa distribuição dos recursos, atendendo sempre aos mais necessitados. Não há ética enquanto houver diferenças abissais entre as pessoas, seja em termos de escolaridade, seja em termos de capacidades não desenvolvidas por puro descaso (Sen, 2001), seja em termos de bens. Não pode haver ética enquanto grassar a corrupção e a complacência com os crimes via impunidade. Não há ética enquanto houver pessoas vivendo na pobreza ou abaixo do nível da pobreza. Não pode existir ética enquanto não se pensar o outro como si próprio.

Finalizando nos remetemos a Potter (1970) quando formulou o termo Bioética como a ponte para o futuro. Pode-se assegurar que só haverá futuro se houver um compromisso a favor da subsistência da vida em todos os seus níveis e da diminuição das desigualdades da humanidade.

REFERÊNCIAS BIBLIOGRÁFICAS

ACSELRAD, H. (Org.) *Conflitos ambientais no Brasil*. Rio de Janeiro: Relumé-Dumará, 2004.

ACSELRAD, H., HERCULANO, S., PÁDUA, J. A. (Orgs) *Justiça ambiental e cidadania*. Rio de Janeiro: Relumè-Dumará, 2004.

ANDERSON, Perry. Balanço do Neoliberalismo. In: *Pós-neoliberalismo*: as políticas sociais e o Estado democrático. Rio de Janeiro: Paz e Terra, 1995. p. 10.

BARBOSA NETO, JG & BRAZ, M. Bioética, testes genéticos e sociedade pós-genômica. In: SCHRAMM, F. R., BRAZ, M. (Orgs.). *Bioética e Saúde*: novos tempos para mulheres e crianças?, 2005, pp. 195-218.

BAUMAN, Zygmunt. *Globalização*: as consequências humanas. Rio de Janeiro: Jorge Zahar, 1999.

_____*Comunidade*: a busca por segurança no mundo atual. Rio de Janeiro: Jorge Zahar, 2003.

BEAUCHAMP, T. L., CHILDRESS, J. F. *Princípios da Ética Biomédica*. São Paulo: Loyola, 2002.

BECK, U. *Que es la globalización?* Madri: Paidós, 1998.

CALLAHAN, Daniel, *What kind of life*: the limits of medical progress. New York: Simon e Schuster, 1990.

CARDOSO, R L. *As cidades brasileiras e o pensamento neoliberal* - (submissão ao pensamento único: única alternativa para as cidades?). Disponível em: <www.rizoma.net/interna.php?id=196&secao=anarquitextura>. Acesso em 06 mar. 2007.

CASTELLS, M. *A sociedade em rede*. São Paulo: Paz e Terra, 1999.

CASTELLS, M. Fim de milênio. In: *A era da informação*: economia, sociedade e cultura. São Paulo: Paz e Terra, 1999a. v. 3.

FIORI, J. L. *60 Lições dos 90*: uma década de neoliberalismo. Rio de Janeiro: Record, 2001. p. 86.

FREITAS, C. M., PORTO M. F. *Saúde, Ambiente e Sustentabilidade*. Rio de Janeiro: Fiocruz, 2006.

GARRAFA, V. *A Dimensão da Ética em Saúde Pública*. São Paulo: Universidade de São Paulo / Faculdade de Saúde Pública / Kellogg Foundation, 1995.

GARRAFA, V., OSELKA, G., DINIZ, D. Saúde pública, bioética e equidade. *Bioética*, Brasília, v. 5, n. 1, pp. 27-33, 1997.

GARRAFA, V., PORTO, D. Bioética, poder e injustiça. In: GARRAFA, V., PESSINI, L. (Orgs.) *Bioética*: poder e injustiça, 2003, pp. 59-70.

HARDT, M., NEGRI, A. Globalização e democracia. In: PACHECO, A., VAZ, P. (Orgs.) *Vozes do milênio*. Rio de Janeiro: Gryphis/Museu da República, 2002, pp. 15-32.

MACKLIN, R. Bioética, vulnerabilidade e proteção. In: GARRAFA, V., PESSINI, L. (Orgs.) *Bioética: poder e injustiça*, 2003, pp. 35-44.

RAMONET, I. Jornal *Le Monde Diplomatique*, jan. 1995.

REDE BRASILEIRA DE JUSTIÇA AMBIENTAL. Disponível em: <www.justicaambiental.org.br>. Acesso em 26 mar2007, 2002.

SACHS, J. *O fim da pobreza:* como acabar com a miséria mundial nos próximos 20 anos. São Paulo: Companhia das Letras, 2005.

SCHRAMM, F. R., KOTTOW, M. Bioethical principles in public health: limitations and proposals. *Cadernos Saúde Pública*, v. 17, n. 4, pp. 949-956, 2001.

SEN, A. *Desigualdade reexaminada*. Rio de Janeiro: Record, 2001.

SUNDARAM, J. K., BAUDOT, J. *Flat World, Big Gaps:* Economic Liberalization, Globalization, Poverty and Inequality. Londres: Zed Books, 2007.

BIOÉTICA NO BRASIL: PRODUÇÕES CIENTÍFICAS E PERSPECTIVAS

Leo Pessini
Christian de Paul de Barchifontaine
Mauro Machado do Prado

Introdução

A bioética no Brasil, que tem pouco mais de quinze anos de vida de atividades acadêmicas e institucionais. Embora tenhamos iniciativas já em meados da década de 80, ela adquire uma perspectiva orgânica e acadêmica a partir do início dos anos 90, com a formação de grupos associativos diversos (centros, núcleos, sociedades, comitês de ética ou bioética, grupos de estudo), com a publicação dos primeiros periódicos especializados ou publicações com espaço significativo reservado para a discussão bioética a partir de questões específicas no âmbito das ciências da vida e da saúde. Acrescente-se, ainda, como fator importante as mudanças trazidas pela nova mentalidade de análise ética em pesquisa desenvolvida no país, em razão da implementação do Sistema Comissão Nacional de Ética em Pesquisa – Comitês de Ética em Pesquisa e da observação das diretrizes éticas nacionais para pesquisas com seres humanos a partir de 1996.

Ainda são poucos os estudos de revisão histórico-crítica da bioética brasileira, que até o presente se propuseram a fazer uma análise do processo histórico brasileiro. Apesar de ser uma disciplina que apareceu tardiamente no contexto nacional, a bioética brasileira conta com estudiosos da melhor qualificação e tem contribuído sobremaneira para o avanço da reflexão ética no país. A inquietação e as proposições dos bioeticistas brasileiros passam, cada vez mais, a ter o reconhecimento de grandes nomes deste campo de estudo, ganhando importância no cenário internacional por sua inegável contribuição.

A reflexão brasileira pode ser considerada jovem e tardia, mas responsavelmente preocupada em refletir, compreender e resolver antigos e novos desafios trazidos pela tecnociência ao mundo da saúde humana e da pesquisa biomédica. Tem pela frente o desafio de lidar ao mesmo tempo com "problemas persistentes", que brotam do mundo da desigualdade social e exclusão, e com os "problemas emergentes", trazidos pela revolução biotecnológica, que afetam a vida e a saúde das pessoas, bem como de toda a sociedade.

Embora a bioética brasileira tenha surgido num contexto globalizado e dinâmico, no qual os principais problemas da pauta das discussões bioéticas da atualidade já estavam formulados (por exemplo questões, como aborto, eutanásia, transplante de órgãos etc), esta trouxe para a agenda bioética problemas específicos e originais, vinculados à realidade social, econômica, política e cultural dos povos da América Latina e, especialmente, da realidade brasileira, como os problemas de saúde pública e os desafios decorrentes das situações de injustiça e exclusão social.

A bioética brasileira é tardia porque, quando surge, já estava se delineando uma mudança de modelo no âmbito do movimento da bioética mundial. Tal transição paradigmática caracterizava-se, por um lado, pela passagem de uma bioética marcadamente individualista, com um olhar focado nos problemas éticos resultantes de atos pessoais, ou seja, com os direitos humanos de primeira geração, para uma bioética pública, coletiva, mais voltada para a dimensão ética dos desafios de saúde pública, fundada nos direitos de segunda geração, os direitos sociais. Em um contexto de crescente complexidade, avança em discussões relacionadas com os direitos de terceira geração, que se ligam às gerações futuras, bem como aos direitos de quarta geração, aqueles ligados aos desafios ecológico-ambientais.

Historicamente, pode-se perceber que, em um primeiro momento, ocorre a dependência de modelos éticos alienígenas, principalmente do paradigma bioético principialista estadunidense, que foi hegemônico praticamente durante os primeiros 25 anos da história da Bioética Mundial. Esta seria a "infância" da bioética brasileira, que percorre os anos 90. A seguir, surge um movimento de crítica aos modelos importados, ao modelo principialista em particular, quando aplicados na área de saúde pública. Entra-se, então, na fase da "adolescência" da bioética brasileira. Chegando à fase "adulta", começa-se a fazer um balanço, em que o principal desafio que se tem pela frente será complexo, ou seja, de saber distinguir sem separar, e juntar sem confundir, os problemas da bioética no âmbito pessoal e os da bioética pública, em saber distinguir os tipos e âmbitos de pertinência dos vários problemas a serem abordados, para se poder em seguida integrá-los num âmbito de compreensão maior. O marco de início de sua fase adulta, em busca da maturidade, foi a realização do VI Congresso Mundial de Bioética, realizado em Brasília, no ano de 2002, com a temática *Bioética, Poder e Injustiça*.

Nosso itinerário reflexivo, ao identificar as produções científicas mais importantes realizadas neste processo histórico, inicia-se com o resgate do "movimento bioético" no país, este relacionado com a saúde, com a realização de pelo menos quatro eventos nacionais no início dos anos 90, em que instituições de saúde e hospitais potencializaram a discussão ética, bem como com o movimento de humanização dos serviços de saúde (I). A seguir, apresenta-se o surgimento da Sociedade Brasileira de Bioética e o início de um movimento de integração das iniciativas bioéticas emergentes no país (II). Em sequência, são apresentadas algumas iniciativas institucionais brasileiras de educação em bioética, em número de onze centros de reflexão e pesquisa em bioética, com suas atividades e publicações mais expressivas (III). Finalizamos nossa proposta com um balanço prospectivo (IV), isto é, a partir destes marcos iniciais da história brasileira da bioética, perguntamo-nos sobre os desafios que nos aguardam e as perspectivas promissoras que podemos esperançosamente cultivar.

1. Os Primeiros Congressos de Bioética e Saúde no País

Para registro histórico, é importante trazer que, antes da consolidação da Sociedade Brasileira de Bioética, havia no país várias instituições e grupos de estudo unidos em torno da discussão e diálogo sobre questões de bioética no mundo da saúde, com forte ênfase em humanização.

Foi assim que, em São Paulo, sob a liderança dos Camilianos, Ordem Religiosa que atua no mundo da saúde, em parceria com várias outras entidades hospitalares e instituições universitárias que atuam no âmbito da saúde, confessionais e não confessionais, promoveu-se e realizou-se uma série de quatro eventos anuais de *Bioética e Saúde*, no início e meados dos anos 90. Como fruto deste processo, surgiu o livro *Fundamentos de Bioética*, organizado por Leo Pessini e Christian de Paul de Barchifontaine, que recolhe as principais apresentações destes eventos (Paulus, São Paulo, 1998). Parte expressiva da produção científica destes eventos foi publicada na revista *O Mundo da Saúde*, bem como sua programação e notícias no *Boletim do ICAPS*, nos anos correspondentes aos congressos.

Nesta fase, destaca-se a contribuição marcante de filósofos e teólogos na área de reflexão bioética, como Júlio Serafim Munaro, Hubert Lepargneur, Alquermes Valvassori e Olinto Pegoraro, entre outros.

2. A SOCIEDADE BRASILEIRA DE BIOÉTICA (SBB): CONEXÕES E REALIZAÇÕES

A Sociedade Brasileira de Bioética (SBB) é a representação máxima da bioética no Brasil, reúne estudiosos de diferentes áreas do conhecimento em torno da causa bioética, criada em 19 de agosto de 1992 com a liderança de William Saad Hossne, professor da Faculdade de Medicina de Botucatu, SP, e oficialmente constituída em 18 de fevereiro de 1995.

Uma importante atuação sua, logo em seus primeiros anos de existência, diz respeito à participação de muitos de seus diretores e associados na elaboração da Resolução do Conselho Nacional de Saúde (CNS) 196/1996, referente a normas éticas de pesquisa envolvendo seres humanos e passo inicial para o que se tem hoje de diretrizes brasileiras no campo do acompanhamento ético de pesquisas científicas.

A sociedade já realizou sete Congressos Brasileiros de Bioética. Registrados objetivamente na sequência dos anos em que ocorreram, são: 1) 1996 – em São Paulo (SP), no Instituto Oscar Freire, que representou um importante passo no estímulo para a organização de outros encontros; 2) 1998 – em Brasília (DF), sobre o tema *A Bioética no Século XXI*, que resultou em publicação de mesmo nome, organizada pelos professores Volnei Garrafa e Sérgio Ibiapina Ferreira Costa, em parceria com a Fundação Universidade de Brasília;

3) 2000 – em Porto Alegre (RS), também I Congresso de Bioética do Cone Sul, sobre *Bioética e Qualidade de Vida*; 4) 2002 – em Brasília (DF), conjuntamente com o Sexto Congresso Mundial de Bioética, que abordou o tema *Bioética, Poder e Injustiça*; 5) 2004 – em Recife (PE), cujo tema foi *Bioética & Cidadania*; 6) 2005 – em Foz do Iguaçu (PR), com o tema central *Bioética, Meio Ambiente e Vida Humana*, tendo também sido realizado nessa ocasião o I Congreso de Bioética del Mercosur e o I Fórum da Rede Bioética da Unesco; 7) 2007 – em São Paulo (SP), de temática *Bioética: Construção Social e Paz*.

Ao completar dez anos de existência, em 2005, a SBB iniciou a publicação de sua revista científica própria, a *Revista Brasileira de Bioética – RBB*, com periodicidade trimestral, que recolhe produção científica dos bioeticistas brasileiros.

No âmbito da produção científica, a bioética brasileira tem publicado importantes trabalhos, nas mais variadas temáticas. Muitos filósofos têm produzido obras importantes na área. O filósofo Newton Aquiles Von Zuben, da Unicamp e PUC – Campinas, é autor de várias obras filosóficas, com destaque para duas: *Martin Buber: cumplicidade e diálogo* (Bauru: Edusc, 2003) e *Bioética e Tecnociências: a saga de Prometeu e a esperança paradoxal* (Edusc, Bauru, 2006). Franklin Leopoldo e Silva, filósofo da USP, também tem contribuição relevante, com artigos publicados na Revista *Bioética* do Conselho Federal de Medicina.

Na fase inicial de sua consolidação, obras de bioeticistas internacionalmente consagrados foram traduzidas para o Português. Com importante participação da editora Edições Loyola, devem ser destacados os livros: *Fundamentos de Bioética (1998)* e *Fundamentos de Bioética Cristã Ortodoxa (2003)*, ambos de Tristam Engelhardt Jr.; *Princípios de Ética Biomédica* (Beauchamp e Childress); *Introdução à Bioética* (Guy Durand). Da editora Edusc, tem-se a obra de Francisco Bellino, *Fundamentos de Bioética: aspectos antropológicos, ontológicos e morais* (Bauru: Edusc, 1997). Ainda, um documento importante do CIOMS – *Conselho para Organizações Internacionais de Ciências Médicas* – aprovado em 2002, intitulado *Diretrizes Éticas Internacionais para a Pesquisa Biomédica em Seres*

Humanos, foi publicado no país em coedição de Edições Loyola e Centro Universitário São Camilo. Pela Editora Contraponto e PUC-Rio, foi realizada a tradução para o português da obra clássica de Hans Jonas, *o Princípio da responsabilidade: ensaio de uma ética para a civilização tecnológica* (Contraponto e Editora PUC-Rio, 2006).

Também, significativo número de obras e trabalhos científicos de pesquisadores brasileiros já foram traduzidos para outras línguas, tais como Croata, Espanhol e Inglês.

Uma iniciativa específica de intercâmbio entre países é o diálogo Brasil-Portugal, através dos Encontros Luso-Brasileiros de Bioética. Já foram realizados quatro encontros. O primeiro foi em Lisboa, basicamente um evento em torno de partilha de experiências. O segundo foi realizado em Brasília, em novembro de 2002, por ocasião do Sexto Congresso Mundial de Bioética e abordou a questão da *Educação em Bioética*. O terceiro evento foi realizado na Ilha dos Açores, Ponta Delgada, em 2004, e abordou o tema *Bioética ou bioéticas na evolução das sociedades*. Como fruto deste evento, foi publicada a obra coordenada por Maria do Céu Patrão Neves e Manuela Lima (Editora Gráfica de Coimbra e Centro Universitário São Camilo, Coimbra/São Paulo, 2006), que tem o mesmo título do III Encontro Luso-brasileiro. O quarto encontro foi realizado no Brasil, em São Paulo, no Centro Universitário São Camilo, de 19 a 22 de setembro de 2006, e abordou a temática *Bioética e Vulnerabilidade*. A Revista Brasileira de Bioética publicou um número exclusivo a partir das apresentações feitas neste evento (vol. 2, n. 2, 2006). Em 2007, foi publicado o livro *Bioética, vulnerabilidades e saúde,* organizado pelos professores Christian de Paul de Barchifontaine e Elma Zoboli, uma coedição Ideias e Letras e Centro Universiário São Camilo.

3. Iniciativas Institucionais Brasileiras de Educação em Bioética

No Brasil, existem inúmeras iniciativas florescentes em relação à bioética, quer de caráter confessional ou secular, em instituições públicas ou privadas, bem como empreitadas autônomas de estudiosos da questão bioética, em distintos pontos do país, que começaram a se desenvolver de forma mais expressiva a partir da década de 90. A lista apresentada a seguir não é exaustiva, contempla tão somente alguns dos centros de bioética já consolidados na realidade brasileira, pelo pioneirismo e pela promoção de eventos, cursos e publicações (PRADO, 2002).

3.1. Universidade Federal do Rio Grande do Sul (UFRGS) / Hospital de Clínicas de Porto Alegre (HCPA)

Nestas instituições, há o Núcleo Interinstitucional de Bioética. Inúmeras atividades em bioética são desenvolvidas nas áreas de assistência, ensino e pesquisa.

Em 1989, foi criada a Comissão de Pesquisa e Ética em Saúde, vinculada ao Grupo de Pesquisa e Pós-Graduação do HCPA e responsável pela avaliação e acompanhamento de aspectos éticos na área de pesquisa. O Comitê de Ética em Pesquisa (CEP) da UFRGS foi criado em março de 1997, tendo como coordenador o Prof. José Roberto Goldim.

As atividades de ensino tiveram início ainda em 1990, quando foi realizado um curso intensivo de bioética no HCPA, com a participação do Prof. Robert Veatch, do *Kennedy Institute of Ethics*. Na área de Bioética Clínica, foi implantado, em 1993, o Programa de Atenção aos Problemas de Bioética, sob a coordenação do Prof. Carlos Fernando Francisconi. A partir de 1994, o Curso de Pós-Graduação em Clínica Médica da UFRGS incluiu a disciplina de bioética em seu programa, sob a responsabilidade do Prof. Joaquim Clotet.

Dentre muitas iniciativas, este núcleo de bioética mantém, desde 10 de maio de 1997, um portal de bioética, considerado um dos melhores do país, sob a responsabilidade do Prof. José Roberto Goldim.

3.2. Pontifícia Universidade Católica do Rio Grande do Sul (PUCRS) – Núcleo de Estudos de Bioética e Comitê de Ética em Pesquisa

Sob a liderança de Joaquim Clotet, atual Reitor da PUCRS, existe nesta Universidade, desde 1988, a disciplina de bioética nos cursos de pós-graduação de Medicina. Entre os pesquisadores, destacam-se: Délio Kipper, Jussara de Azambuja e Mariângela Badaloti.

Trata-se da primeira universidade brasileira que estruturou uma programação acadêmica com a preocupação em preparar os profissionais da saúde para lidar com os problemas e dilemas de bioética.

Neste centro, foram produzidas várias publicações em bioética. Destacam-se obras de autoria e coordenação de Joaquim Clotet: *Bioética: uma aproximação* (Porto Alegre: Edipucrs, 2003) e *Bioética: meio ambiente, saúde pública, novas tecnologias. Deontologia médica, direito, psicologia e material genético humano* (Porto Alegre: Edipucrs, 2001). Ainda, tem-se: *Ciência e Ética*, sob coordenação de Ricardo Tim de Souza (Edipucrs, Porto Alegre, 2006), e *Bioética: uma visão panorâmica*, coordenada por Joaquim Clotet, Anamaria Feijó e Marília G. de Oliveira (Porto Alegre: Edipucrs, 2005).

3.3. Universidade de São Paulo (USP)

O Instituto Oscar Freire, da Faculdade de Medicina da USP, tem promovido, ao longo dos anos, interessantes encontros, jornadas e seminários de bioética, sobre temas candentes da atualidade brasileira.

É conhecida como sendo a escola da *bioética da reflexão autônoma* ou *bioética autonomista*, defendida por Marco Segre. Este estudioso e Cláudio Cohen organizaram uma importante publicação intitulada *Bioética* (São Paulo: Edusp, 1995). Mais recentemente, sob a coordenação de Marco Segre, foi publicada a obra: *A Questão Ética e a Saúde Humana* (São Paulo: Atheneu, 2006). Na Faculdade de Saúde Pública, registra-se a atuação de Paulo Fortes, que lidera a reflexão sobre bioética e questões de saúde pública. É autor e coorganizador, com Elma Zoboli, da obra: *Bioética e Saúde Pública* (São Paulo: Loyola/Centro Universitário São Camilo, 2003).

Na Escola de Enfermagem, Elma Zoboli e Maria Cristina Massarollo refletem a bioética no contexto da prática da enfermagem. Taka Oguisso e Elma Zoboli organizaram a obra *Ética e Bioética (Barueri, Manole, 2006).*

3.4. Universidade de Brasília (UnB)

Em 1994, foi criado o Núcleo de Estudos e Pesquisas em Bioética (NEPeB), pelo Prof. Volnei Garrafa, com o apoio do Centro de Estudos Avançados Multidisciplinares (CEAM) e do Departamento de Saúde Coletiva da Faculdade de Ciências da Saúde, da Universidade de Brasília. Hoje, ainda sob a coordenação do Prof. Garrafa, este núcleo é reconhecido como Cátedra Unesco de Bioética, por sua rica história e contribuição ao desenvolvimento da bioética latino-americana e brasileira. Conta com um grupo de pesquisadores de diferentes formações e com dedicação a diversas linhas de estudo, em intensa atividade de ensino e pesquisa. Várias publicações e obras foram produzidas pelo grupo. Dentre elas, merecem destaque: *A dimensão da ética em saúde pública*, por Volnei Garrafa (Faculdade de Saúde Pública-USP/*Kellogg Foundation*, São Paulo, 1995); *O mercado humano: estudo bioético da compra e venda de partes do corpo* (Brasília: Editora UnB, 1996), autoria de Volnei Garrafa e Giovanni Berlinguer; *A Bioética no século XXI*, obra já mencionada, sob coordenação de Volnei Garrafa e Sérgio Ibiapina Ferreira Costa (Brasília: Editora UnB, 2000); *Bioética cotidiana*, de Giovanni Berlinguer (Brasília: Editora UnB, 2004); *As raízes cristãs da autonomia*, por Jean Carlos Selleti e Volnei Garrafa (Petrópolis: Vozes, 2005); *Pesquisas em Bioética no Brasil de hoje*, organizada por Volnei Garrafa e Jorge Cordón (São Paulo: Gaia, 2006); e *Bases conceituais da bioética: enfoque latino-americano*, organizada por Volnei Garrafa, Miguel Kottow e Alya Saada (São Paulo: Gaia, 2006).

Em parceria com o Programa de Pós-Graduação em Ciências da Saúde da Faculdade de Ciências da Saúde da UnB, este núcleo acumula produção de várias dissertações de mestrado e teses de doutorado que aplicaram o referencial bioético em sua análise.

Volnei Garrafa formula dois importantes conceitos: *Bioética das Situações Persistentes* e *Bioética das situações emergentes*. Propõe o estudioso, ainda, uma *Bioética de Intervenção*, que reflete o processo de elaboração de uma teoria bioética que inclui a realidade socioeconômica brasileira e os problemas no campo da saúde e da biotecnologia neste contexto.

A *Bioética das Situações Persistentes* pretende enfocar os problemas historicamente persistentes da bioética, também chamados de "problemas cotidianos". A utilização da expressão "persistentes" se fundamenta no fato de que tais situações "persistem" insistentemente, apesar de toda a evolução da ciência e dos costumes das sociedades, desde o começo da história da humanidade. Dentre estes problemas, pode-se mencionar: a exclusão social; a discriminação; o racismo; as iniquidades no trabalho; a vulnerabilidade; a violência; a justa distribuição de recursos no campo da saúde; o aborto; e a eutanásia.

A *Bioética das Situações Emergentes*, que objetiva enfocar os problemas emergentes da bioética, também chamados de "problemas de situações-limite" ou "de fronteiras" do conhecimento. A expressão "emergentes" se baseia no fato de que tais situações "emergiram" somente nos últimos 50 anos, a partir do acelerado desenvolvimento da tecnociência. Dentre estes, podem ser mencionados: os transplantes de órgãos e tecidos humanos; o projeto Genoma Humano e todo o tema da genômica; as novas tecnologias reprodutivas, que incluem a clonagem com fins reprodutivos e terapêuticos; os alimentos transgênicos; o tema das patentes; a preservação sustentável do meio ambiente e da biodiversidade; as pesquisas com animais humanos e não-humanos; entre outros temas.

3.5. Conselho Federal de Medicina (CFM)

Com inegável contribuição à bioética no país, edita, a partir de 1993, a primeira revista de bioética do país, intitulada *Bioética*, com ampla circulação na área da saúde, abordando questões éticas prioritariamente na área da ética médica. Na primeira fase da Revista, destaca-se o trabalho editorial do médico Sérgio Ibiapina Ferreira Costa (Universidade Federal do Piauí) e dos editores associados, Gabriel Oselka (USP), Genival Veloso de França (Universidade Federal da Paraíba) e Volnei Garrafa (UnB). Esta publicação tem a composição e atuação de seu editorial com representantes das mais diferentes áreas do conhecimento humano e são independentes do plenário do Conselho Federal de Medicina. Sua filosofia editorial "objetiva criar condições para a discussão multidisciplinar e pluralista de temas de bioética". Cada número monográfico traz interessantes simpósios de temas relevantes da atualidade. Entre os já publicados: Aids e bioética; Pacientes Terminais; Aborto; Erro Médico; Pesquisa em Seres Humanos; O Ensino da Ética dos Profissionais da Saúde; Política Demográfica; A Ética da Alocação de Recursos em Saúde; Ética e Genética; entre outros. Seu conteúdo está inteiramente disponibilizado na Internet <www.portalmedico.org.br>.

Dentre outras publicações do Conselho Federal de Medicina, destacam-se duas obras coletivas: *Desafios Éticos*, publicada em 1993, coordenada por José Eberienos Assad, e um livro cujo conteúdo também está disponível no mesmo portal, *Iniciação à Bioética*, de 1998, que foi coordenado por Sérgio Ibiapina Ferreira Costa, Volnei Garrafa e Gabriel Oselka.

Vários Conselhos Regionais de Medicina realizam iniciativas interessantes no âmbito da bioética. Um exemplo é o Conselho Regional de Medicina de São Paulo (CREMESP), que criou, em 2002, seu Centro de Bioética e tem uma publicação intitulada *Cadernos de Bioética do Cremesp*. Destaca-se aqui a atuação dos médicos Gabriel Oselka, Marco Segre, Reynaldo Ayer de Oliveira. Seu primeiro número abordou questões sobre doente terminal, destino de pre-embriões, clonagem e meio ambiente. Além disso, a autarquia mantém um site de bioética na Internet, que é muito visitado.

3.6. Sociedade Brasileira de Teologia Moral

Nesta sociedade, há muitos estudiosos da Teologia Moral, de renome internacional no âmbito da ética teológica, que têm se dedicado à reflexão bioética. Esta sociedade também tem promovido, nos últimos anos, eventos específicos em que questões de bioética são discutidas. Entre outros pesquisadores, merece destaque a reflexão de Márcio Fabri dos Anjos (Instituto Alfonsianum, São Paulo), que trabalha as questões de bioética teológica a partir do mundo da exclusão, numa perspectiva de libertação. Tem o estudioso produzido material de referência para toda a América Latina, na coleção de livros sobre *Teologia Moral na América Latina*. Dentre outros textos elaborados por Márcio Fabri dos Anjos, destaca-se o trabalho *Bioethics in a Liberationist Key*, do livro *A matter of principles: ferment in U.S. bioethics*, obra de referência crítica ao paradigma principialista norte-americano, editada nos EUA, em 1994, por Edwin R. DuBose, Ronald P. Hamel e Laurence J. O'Connell (Trinity Press International, Valley Forge – Pennsylvania, 1994).

Antonio Moser, do Instituto Franciscano de Teologia de Petrópolis, publicou: *Biotecnologia e Bioética: para onde vamos?* (Petrópolis: Vozes, 2004); e, em coautoria com André Marcelo M. Soares, *Bioética: do consenso ao bom senso* (Petrópolis: Vozes, 2006).

Faltar-se-ía com a justiça se não fosse ressaltada a contribuição de Leonard Martin, teólogo redentorista irlandês que viveu por longos anos no Brasil e que faleceu em 2003. Sua obra, fruto de sua tese doutoral na área de Teologia Moral, intitulada *A Ética Médica e o Paciente Terminal: leitura ético-teológica dos códigos brasileiros de ética médica* (Aparecida: Editora Santuário, 1993), tornou-se uma das referências fundamentais para a reflexão ética no âmbito da medicina brasileira. Além de inúmeros artigos publicados em periódicos científicos, deve ser lembrada ainda outra obra de Martin: *Os Direitos Humanos nos Códigos Brasileiros de Ética Médica: ciência, lucro e compaixão em conflito* (São Paulo: Loyola, 2002).

Nesta área, Teologia, não se pode esquecer de mencionar o teólogo Leonardo Boff, um dos pioneiros da teologia da libertação na América Latina, pensador de renome internacional. De sua vasta produção acadêmica, parte significativa é uma reflexão sobre teologia, ecologia e meio ambiente. Inclusive, Boff integrou o grupo internacional que redigiu a famosa Carta da Terra, documento assumido pela Unesco para ser utilizado na área da educação. Destacam-se as obras: *Grito dos Pobres, Grito da Terra* (Petrópolis: Vozes, 1998); *Ética da Vida* (Rio de Janeiro: Sextante, 2005); e *Ética e Moral: a busca dos fundamentos* (Petrópolis: Vozes, 2005).

3.7. Centro Universitário São Camilo

Este Centro tem atuação pioneira no país em diversas atividades e promoções, como na realização de Congressos de

Bioética e Saúde, em período que antecede o surgimento da Sociedade Brasileira de Bioética, conforme registrado no início deste texto. Cabe trazer a temática abordada nestes eventos: *Problemas Ligados ao Início da Vida* (1993); *Acerca da Morte e do Morrer* (1994); *Bioética e Genética* (1995); *Bioética e Globalização* (1997).

Na área de publicações em bioética, destaca-se a revista *O Mundo da Saúde*, que, desde 1977, publica produção científica especializada de profissionais da saúde. É a Revista brasileira que introduziu a discussão bioética no país. Produziu seis números monográficos de bioética, a saber: 1) 1999 – *Bioética* (v. 23, n. 5, set./out.); 2) 2002 – *Bioética: uma perspectiva brasileira* (v. 26, n. 1, jan./mar.); 3); 2004 – *Bioética, cuidar e saúde* (v. 28, n. 3, jul./set.); 4) 2005 – *Bioética: intuições pioneiras, fundamentos e experiências educacionais brasileiras* (v. 29, n. 3, jul./set.); 5) 2006 – *Bioética – humanização em saúde, vulnerabilidade, tecnociência e ética na pesquisa* (v. 30, n. 3, jul./set.); 6) 2007 – *Bioética, Saúde e Espiritualidade* (v. 31, n. 2, abr./jun.).

Importa registrar que o Centro Universitário São Camilo produziu no país o primeiro texto didático de bioética para profissionais da saúde, em 1987, originalmente intitulado *Bioética e Saúde*, e posteriormente *Problemas Atuais de Bioética*, em coedição de Edições Loyola/Centro Universitário São Camilo. Esta obra, de autoria de Leo Pessini e Christian de Paul de Barchifontaine, está na 8.ª edição, de 2007, ampliada e atualizada.

Ainda neste Centro Universitário, evidencia-se a atuação de Hubert Lepargneur, autor de inúmeros artigos publicados na revista *O Mundo da Saúde*, seu ex-diretor chefe, bem como várias obras, entre outras: *O Lugar Atual da Morte* (São Paulo; Paulinas, 1998); *Antropologia do Sofrimento* (Aparecida – São Paulo: Santuário, 1996); *Bioética, novo conceito: a caminho do consenso* (São Paulo: Loyola, 1996).

Este Centro Universitário promoveu a tradução do Italiano para o Português e a adaptação, com inserção de inúmeros novos verbetes aderentes à realidade brasileira, do *Dicionário Interdisciplinar da Pastoral da Saúde*, publicado na Itália pelo

Instituto Internacional de Pastoral da Saúde – CAMILLIANUM (Paulus – Centro Universitário São Camilo, São Paulo, 2000).

Na linha de pesquisa sobre problemas de bioética de final de vida, foi publicada uma trilogia de obras sobre *Bioética nos Limites da Vida*, de autoria de Leo Pessini, que foi traduzida para o Espanhol, no México, por Ediciones Dabar. São as obras: *Distanásia: até quando prolongar a vida?* (São Paulo: Loyola, 2001); *Eutanásia: por que abreviar a vida?* (São Paulo: Loyola, 2004); *Humanização e cuidados paliativos*, em 3.ª edição de 2006, organizada por Leo Pessini e Luciana Bertachini (São Paulo: Loyola, 2005).

Na reflexão dos problemas de bioética de início de vida, foi publicada a obra *Bioética e Início da Vida: alguns desafios* (Ideias & Letras – Centro Universitário São Camilo, Aparecida – São Paulo, 2004), de autoria de Christian de Paul de Barchifontaine. Ainda de autoria deste autor, destaca-se o trabalho *Saúde Pública é Bioética?* (Paulus, São Paulo, 2005) e a organização, junto com Leo Pessini, do livro *Bioética: alguns desafios* (3.ª ed. São Paulo: Loyola, 2005).

Uma obra que merece destaque especial é o livro *Bioética na Ibero-América: história e perspectivas*, organizado por Leo Pessini e Christian de Paul de Barchifontaine, que sintetiza o esforço de resgatar a caminhada histórica da Bioética na região. Conta com a participação de expressivos pesquisadores da área de diversas localidades, pionneiros no desenvolvimento dessa temática e na implantação do pensamento bioético em seus respectivos países.

O Centro Universitário São Camilo também oferece cursos no campo da bioética, de educação continuada e de pós-graduação, inclusive em nível *Stricto Sensu* – Mestrado, o primeiro do país reconhecido pela Capes, que até junho de 2007 conta com 27 dissertações defendidas e aprovadas.

Em resposta à vitalidade do Programa de Mestrado e a implantação do Doutorado em Bioética surge a *Revista Bioethikós*, como novo espaço no âmbito brasileiro de produção científica na área a permitir o debate e a reflexão numa perspectiva transdiciplinar.

3.8. Universidade Unisinos

Nesta universidade, existe o Instituto Humanitas (IHU), cujo principal objetivo é apontar novas questões e buscar respostas para os grandes desafios da atualidade, a partir da visão do humanismo social cristão, participando ativa e ousadamente do debate cultural em que se configura a sociedade do futuro. Para tanto, o IHU é constituído por três grandes eixos, que são espaços facilitadores da elaboração de atividades transdisciplinares: ética, trabalho e teologia pública.

Esta universidade publicou, em 1990, a primeira obra de bioética no país. É a tradução da obra *The Main Issues in Bioethics*, de Andrew C. Varga, publicada em 1980 e traduzida para o Português por Guido Edgard Wenzel, com o título *Problemas de Bioética*, pela Editora Unisinos, em 1990. Houve três reimpressões deste trabalho: a primeira foi em 1998; a segunda, em 2001; e a terceira, em 2005.

Entre as publicações na área bioética, de autoria de José Roque Yunges, destaca-se: *Bioética: perspectivas e desafios* (São Leopoldo – Rio Grande do Sul: Editora Unisinos, 1999, com 2.ª reimpressão em 2003 e 3.ª reimpressão em 2005). Do mesmo autor, é o livro *Bioética: hermenêutica e casuística* (São Paulo: Loyola, 2006).

Em 2003, esta universidade promoveu a tradução do Francês para o Português de uma importante obra, consagrada na França, de Ética e Filosofia Moral. É o *Dicionário de Ética e Filosofia Moral*, em dois volumes, organizado por Monique Conto-Sperber. Outra obra interessante foi traduzida do Italiano para o Português, de autoria de Francisco D´Agostino, que é *Bioética: segundo o enfoque da filosofia do direito* (São Leopoldo - Rio Grande do Sul: Editora Unisinos, 2006).

3.9. Centros de Bioética com Enfoque Feminista

3.9.1. Anis: Instituto de Bioética, Direitos Humanos e Gênero

A Anis: Instituto de Bioética, Direitos Humanos e Gênero promove a pesquisa e o ensino da ética e da bioética, relacionando-a à temática dos direitos humanos, do feminismo e da justiça entre os gêneros.

Este Centro criou duas marcas para divulgar a informação bioética: a Editora LetrasLivres e a Produtora ImagensLivres. A Editora LetrasLivres incentiva o debate em ética, bioética, feminismo, gênero, direitos humanos, justiça e desenvolvimento social. A Produtora ImagensLivres é uma produtora sem fins lucrativos, voltada para a promoção e democratização de temas ligados aos direitos humanos e à bioética.

Foram publicados pela LetrasLivres: *Conflitos Morais e Bioética*, de Debora Diniz; *Quem Pode Ter Acesso às Tecnologias Reprodutivas? Diferentes Perspectivas do Direito Brasileiro*, organizado por Debora Diniz e Samantha Buglione; *Bibliografia Bioética Brasileira: 1990-2002*, de Kátia Soares Braga; *Bibliografia Estudos Sobre Violência Sexual Contra a Mulher: 1984-2003*, de Kátia Soares Braga e coeditado pela Editora Universidade de Brasília; *Ética na Pesquisa: experiência de treinamento em países sul-africanos*, organizado por Debora Diniz, Dirce Guilhem e Udo Schüklenk e coeditado pela Editora Universidade de Brasília; *Bioética, Reprodução e Gênero na Sociedade Contemporânea*, organizado por Maria Andréa Loyola e coeditado pela Associação Brasileira de Estudos Populacionais; *Admirável Nova Genética: bioética e sociedade*, organizado por Debora Diniz; *Bioética: ensaios*, de Sérgio Ibiapina Ferreira Costa e Debora Diniz, 2.ª edição, revisada e ampliada, coeditada pela Editora Brasiliense.

3.9.2. Rede de Informação sobre Bioética (RIB): Bioética & Teoria Feminista e Antirracista

Sob a liderança de Fátima Oliveira, representa um centro de estudos cujo caráter é de divulgação e popularização da bioética sob a perspectiva da teoria feminista e antirracista. Fátima Oliveira é autora de *Engenharia Genética: o sétimo dia da criação* (10.ª edição, São Paulo: Moderna, 2004) e *Bioética: uma face da cidadania* (São Paulo: Moderna, 1997).

A RIB/bioética&teoria feminista e antirracista é o segundo *site* feminista sobre bioética no mundo. O primeiro é o da *Feminist Approaches to Bioethics* (FAB) – Instituto Kennedy. Cumpre salientar que se trata de uma página de referência em bioética, uma vez que a RIB trabalha concomitantemente a perspectiva feminista e antirracista.

3.10. Escola Nacional de Saúde Pública (ENSP) – Fundação Oswaldo Cruz (Fiocruz)

A Fiocruz tem protagonizado uma importante contribuição na área da reflexão bioética em sua interface com a saúde pública no país. Além de pesquisas importantes na área de saúde pública, tem promovido interessantes encontros de bioética, com participação de peritos internacionais.

Nesta instituição, foi publicado um número especial em Inglês de *Cadernos de Saúde Pública*, sobre questões de bioética (v. 15, suplemento I, 1999). Registramos, também, a publicação *Bioética e Saúde: novos tempos para mulheres e crianças?* (Rio de Janeiro: Editora Fiocruz, 2005), organizada por Fermin Roland Schramm e Marlene Braz.

No Rio de Janeiro, junto à regional local da Sociedade Brasileira de Bioética, é necessário evidenciar a atuação de importantes estudiosos da bioética: Sérgio Rego, Marlene Braz, Marisa Palácios e Olinto Pegoraro, entre outros. Este último filósofo publicou várias obras na área da ética filosófica, estando entre as mais importantes: Ética é Justiça (Petrópolis – Rio de Janeiro: Vozes, 1995) e Ética e Bioética: da subsistência à existência (Petrópolis – Rio de Janeiro: Vozes, 2002).

Ainda no Rio de Janeiro, publicou-se a obra *Bioética e Biorrisco: abordagem transdisciplinar*, organizada por Sílvio Valle e José Luiz Telles (Rio de Janeiro: Interciência, 2003). Outras a serem registradas são: *Saúde Pública, Ética, Mercado: no entreato de dois séculos* (São Paulo: Brasiliense, 2003), de autoria de Marília Bernardes Marques; e *A Ética e o Debate Jurídico sobre Acesso e Uso do Genoma Humano* (Rio de Janeiro: Ministério da Saúde – Fiocruz, 2000), organizada por Fernanda Carneiro e Maria Celeste Emerick.

3.11. Núcleo de Bioética de Londrina (NBL)

Este núcleo reúne um grupo de pesquisadores com importante atuação no campo da biética brasileira, sob a coordenação do Prof. José Eduardo de Siqueira. Dentre os estudiosos, devem ser lembrados: Leonardo Prota, Lourenço Zancanaro, Nilza Maria Diniz e Kiyomi Nakanishi Yamada. Os membros deste núcleo exercem, dentre outras, as seguintes atividades:

avaliação de protocolos de pesquisa e oferta da disciplina de bioética no curso de graduação em Medicina da Universidade Estadual de Londrina (UEL); promoção de seminários, palestras e jornadas sobre Bioética, sendo que duas já realizadas foram de caráter internacional.

Há a oferta de curso *lato sensu* em Bioética desde o ano de 2000. Como resultado das monografias de conclusão dos cursos de especialização em bioética, este centro publicou dois volumes de *Bioética: estudos e reflexões* (Londrina – Paraná: Editora UEL, 2000 e 2001), ambos organizados pelos pesquisadores José Eduardo de Siqueira, Leonardo Prota e Lourenço Zancanaro.

Foi o núcleo que organizou o VI Congresso Brasileiro de Bioética, realizado em Foz do Iguaçu – Paraná, em 2005.

Com relação a publicações, destacam-se: *Ética e Tecnociência: uma abordagem segundo o princípio da responsabilidade de Hans Jonas* (Londrina – Paraná: Editora UEL, 1998), de autoria de José Eduardo de Siqueira; e *Ética, Ciência e Responsabilidade* (São Paulo: Loyola/Centro Universitário São Camilo, 2005), coordenada por José Eduardo de Siqueira. Ainda no Estado do Paraná, em Curitiba, temos uma importante obra organizada pelo médico Cícero Andrade Urban, intitulada *Bioética Clínica* (574 páginas), com a participação de mais de 20 colaboradores nacionais e estrangeiros (Rio de Janeiro: Revinter, 2003).

4. Um Balanço Prospectivo

As perspectivas para a bioética no Brasil podem ser consideradas muito positivas, tanto pelo número e diversidade de iniciativas e de instituições que têm se dedicado à área como pelo caminho que os bioeticistas brasileiros vêm trilhando. Entendê-las como positivas não significa ignorar o que há por fazer em termos de aprofundamento da reflexão brasileira, para a construção de modelos epistemológicos mais completos, mas sim reconhecer seu avanço em tão pouco tempo de existência no país.

Aspectos importantes a serem evidenciados são o fato de que a bioética vem sendo aplicada como suporte metodológico para estudos referentes a diversas áreas do conhecimento, em muitos centros universitários brasileiros, bem como a ocorrência de crescentes e notáveis iniciativas que resultam em produção literária sobre o estudo bioético no país, o que o divulga, consolida e fundamenta.

A bioética brasileira, ainda que tardia e jovem, vai construindo, com responsabilidade e competência, sua identidade e características próprias, imprimindo-as no contexto do movimento bioético mundial, manifestando inegável liderança na América Latina. Já existem trabalhos brasileiros de referência crítica na busca de um enfoque bioético originalmente latino-americano e mesmo brasileiro. Um bom representante destes é a obra coletiva *Bases Conceituais da Bioética: enfoque latino-americano*, também publicada em Espanhol, organizada por Volnei Garrafa, Miguel Kottow e Alya Saada, com apoio da Unesco e da Rede Latino-Americanca e do Caribe de Bioética. Para entendermos doravante a bioética em nossas terras, ao buscarmos seu estatuto epistemológico, teremos que, forçosamente, mas com prazer, ler e refletir sobre o conteúdo desta obra.

Em sua fase adulta, caminhando para a maturidade, a bioética brasileira procura sim se inspirar em outros modelos de pensamento bioético, frutos de contextos sócio-político-culturais específicos. Mas, diferentemente de sua fase inicial, a infância, sinaliza que não é saudável importar, imitar ou copiar modelos éticos alienígenas. Temos uma originalidade e identidade próprias, que precisamos salientar e valorizar, superando o complexo que nos foi historicamente imposto de incapacidade de pensarmos por nós mesmos e de sermos inferiores em relação aos outros, por estarmos situados no hemisfério sul do planeta, entre os países em desenvolvimento.

Isso nos faz lembrar um adágio latino-americano que diz: "caminhante, não há caminho, o caminho se faz ao caminhar". Procuramos fazer uma bioética com razão e coração, sensibilidade e compromisso com os mais vulneráveis da sociedade, alimentando o sonho de um futuro melhor, mais saudável e feliz para todos. A produção científica que vai surgindo sem dúvida vai captando e refletindo a partir deste horizonte maior de sentido.

REFERÊNCIAS BIBLIOGRÁFICAS

ANJOS, Márcio Fabri dos. Bioethics in a liberationist key. In: DUBOSE, E. R., HAMEL, R. P., O'CONNELL, L. J. (editors). *A matter of principles: ferment in US bioethics* Trinity Press International.Pennsylvania: Valley Forge, 1994. p.130-147.

ANJOS, Márcio Fabri dos. Bioética nas desigualdades sociais. In: GARRAFA, Volnei, COSTA, S. I. F. *A bioética no século XXI*. Brasília: Editora UnB, 2000. p. 49-65.

ANJOS, Márcio Fabri dos. Medical ethics in the developing world: a liberation theology perspective. *The Journal of Medicine and Philosophy*, v. 21, n. 6, p. 629-637, dec. 1996.

ANJOS, Márcio Fabri dos. Notes on Bioethics in Brazil. Biomedical Ethics. *Newsletter of European Network for Biomedical Ethics*, v. 5, n. 1, p. 42-45, 2000.

BARCHIFONTAINE, Christian de Paul, PESSINI, L. Bioética a partir de América Latina. In: *La vida vale*: bioética: nuevos caminos. Lima, Peru: Centro de Estudos y Publicaciones, 1996. p. 33-42.

BARCHIFONTAINE, Christian de Paul. *Bioética*: alguns desafios. São Paulo: Loyola, 2005.

BARCHIFONTAINE, Christian de Paul. Perspectivas da bioética na América Latina e o pioneirismo no ensino de bioética no Centro Universitário São Camilo (SP). *O Mundo da Saúde*, São Paulo, v. 29, n. 3, p. 392-393, nov./dez. 2005.

BARCHIFONTAINE, Christian de Paul. *Saúde Pública é Bioética?* São Paulo: Paulus/Centro Universitário São Camilo, 2005.

BOLETIM ICAPS. Informativo do Instituto Camiliano de Pastoral da Saúde. São Paulo, v. 11, n. 100, p. 1-2, mai.1993.

BOLETIM ICAPS. Informativo do Instituto Camiliano de Pastoral da Saúde. São Paulo, v.12, n. 109, p. 1, mar. 1994.

BOLETIM ICAPS. Informativo do Instituto Camiliano de Pastoral da Saúde. São Paulo, v. 13, n. 121, p. 1, mai. 1995.

BOLETIM ICAPS. Informativo do Instituto Camiliano de Pastoral da Saúde. São Paulo, v. 13, n. 123, jul./ago. 1995.

BOLETIM ICAPS. Informativo do Instituto Camiliano de Pastoral da Saúde. São Paulo, v. 14, n. 143, p. 1, jun.1997.

DRANE, James F. Bioethical Perspectives from ibero-america. *The Journal of Medicine and Philosophy*, v. 21, n. 6, p. 557-569, dec.1996.

FREITAS, Corina B. D., LOBO, M., HOSSNE, W. Saad. Oito anos de evolução: um balanço do sistema CEP-Conep. *Cadernos de ética em pesquisa*, Brasília, v. 6, n. 16, p. 20-30, nov. 2005. [Publicação da CONEP – Comissão Nacional de Ética em Pesquisa].

GARRAFA, Volnei, CORDÓN, Jorge (Orgs.). *Pesquisas em Bioética no Brasil de hoje*. São Paulo: Gaia, 2006.

GARRAFA, Volnei, COSTA, S. I. F., OSELKA, G. (Orgs.). *A Bioética no século XXI*. Brasília: Editora UnB, 2000.

GARRAFA, Volnei, KOTTOW, Miguel, SAADA, Alya (Orgs.). *Bases conceituais da Bioética*: enfoque latino-americano. São Paulo: Gaia, 2006.

GARRAFA, Volnei, PORTO, D. Bioética, poder e injustiça: por uma ética de intervenção. In: GARRAFA, Volnei, PESSINI Leo (Orgs.). *Bioética: poder e injustiça*. São Paulo: Loyola, 2003, p. 35-44.

GARRAFA, Volnei. A Bioethical Radiograph of Brazil. *Acta Bioethica*, v. 6, n. 1, p. 177-181, 2000.

GRACIA, Diego. Hard Times, hard choices: founding bioethics today. *Bioethics*, v. 9, n. 3-4, p. 192-206, jul.1995.

NATIONAL HEALTH COUNCIL. National Commission for Research Ethics – CONEP –BRAZIL. *Rules on research involving human subjects* (Res. CNS 196/96 and others). Brasília: Ministério da Saúde, 2000.

NEVES, Maria do C. P., LIMA, Manuela (Orgs.). *Bioética ou bioéticas na evolução das sociedades*. Portugal/Brasil: Ed. Gráfica de Coimbra/Centro Universitário São Camilo, 2005.

OLIVEIRA, Aline A. S., VILLAPOUCA, K. C. BARROSO, W. Perspectivas epistemológicas da bioética brasileira a partir da teoria de Thomas Kuhn. In: GARRAFA, Volnei, CORDÓN, Jorge (Orgs.). *Pesquisas em Bioética no Brasil de hoje*. São Paulo: Gaia, 2006, p. 19-44.

PESSINI, Leo, BARCHIFONTAINE, Christian de Paul. *Problemas atuais de bioética*, 7ª ed. revista e ampliada. São Paulo: Loyola, 2005.

PESSINI, Leo, HOSSNE, William S., ZAHHER, Vera L. Bioética: intuições primeiras, fundamentos e experiências educacionais brasileiras. *O Mundo da Saúde*, São Paulo, v. 29, n. 3, p. 293-296, jul./set. 2005.

PESSINI, Leo. Bioethics, power and injustice: some personal thoughts from a Latin American perspective. *IAB NEWS*, Issue 13, p. 9-14, feb. 2002.

PESSINI, Leo. Bioethics: a horizon of hope for a new time. *O mundo da Saúde*, v. 23, n. 5, p. 259-262, set./out.1999.

PESSINI, Leo. Bioética e seu futuro: alguns desafios a partir de uma perspectiva Latino-americana. In: NEVES, Maria do Céu Patrão, LIMA, M. *Bioética ou Bioéticas na evolução das sociedades*. Portugal/Brasil: Gráfica de Coimbra/Centro Universitário São Camilo, 2005, p. 357-360. [edição luso-brasileira].

PESSINI, Leo. Building a New Culture of Ethics in Research Involving Humans in Brazil. *Notizie di Politéia*, v. 18, n. 67, p. 101-112, 2002.

PESSINI, Leo. O desenvolvimento da bioética na América Latina. Algumas considerações. In: PESSINI, Leo, BARCHIFONTAINE, Christian de Paul (Orgs.). *Fundamentos da Bioética*. 2ª ed. São Paulo: Paulus, 2004, p. 9-29.

PESSINI, Leo. O desenvolvimento da Bioética na América Latina. *Saúde em Debate*, n. 47, p. 57-66, jun.1995.

PRADO, Mauro Machado do. *Panorama da bioética no Brasil*: um estudo sobre a reflexão bioética desenvolvida no país. (Dissertaçãode Mestrado) em Ciências da Saúde – Área de concentração em Bioética. Universidade de Brasília, Faculdade de Ciências da Saúde. Brasília: Universidade de Brasília, 2002.

SCHRAMM, Fermin Roland, REGO, Sérgio, BRAZ, Marlene, PALÁCIOS, Maria (Orgs.). *Bioética, riscos e proteção*. Rio de Janeiro: Editora UFRJ/Editora Fiocruz, 2005.

SCHRAMM, Fermin Roland. A pesquisa bioética no Brasil entre o antigo e o novo. *Cadernos Adenauer*, Rio de Janeiro, v. 3, n. 1, pp. 87-101, 2002.

Sobre os autores

Armando Marinho Bardou Raggio
Médico pela Universidade Federal do Paraná.Especialização em Saúde Pública pela Universidade de São Paulo.Especialização em Bioética pela Universidade de Brasília.Vice-presidente da Associação Brasileira de Pós-graduação em Saúde Coletiva.

Christian de Paul de Barchifontaine
Enfermeiro. Mestre em Administração Hospitalar e da Saúde. Professor no Programa de Mestrado em Bioética no Centro Universitário São Camilo-SP. Membro da Comissão Nacional de Ética em Pesquisa (CONEP). Pesquisador do Núcleo de Bioética e Membro do Comitê de Ética em Pesquisa do Centro Universitário São Camilo-SP. Autor e coautor de vários livros na área da saúde. Atualmente,Reitor do Centro Universitário São Camilo, São Paulo.

Elma Lourdes Campos Pavone Zoboli
Enfermeira. Mestre em Bioética pela Universidade de Chile, Doutora em Saúde Publica pela Faculdade de Saúde Pública da Universidade de São Paulo. Professora Doutora do Departamento de Enfermagem em Saúde Coletiva da Escola de Enfermagem da Universidade de São Paulo. Vice-presidente da Sociedade Brasileira de Bioética (2005-2007). Membro da Diretoria da Associação Internacional de Bioética (2003-2007 e 2007-2010).

Débora Diniz
Doutora em Antropologia. Professora da Universidade de Brasília. Diretora da organização não-governamental Anis: Instituto de Bioética, Direitos Humanos e Gênero. Membro do conselho diretor da International Association of Bioethics-IAB.

Délio José Kipper
Médico. Mestre em pediatria pela Pontifícia Universidade Católica do Rio Grande do Sul. Professor do departamento de pediatria da Faculdade de Medicina,PUCRS. Membro do Comitê de bioética da Faculdade de medicina e do Hospital São Lucas, do Comitê de ética em pesquisa e do Comitê de ética para o desenvolvimento científico e tecnológico da Pontifícia Universidade Católica do Rio Grande do Sul. Vice-presidente da Sociedade Brasileira de Bioética.

Dirce Guilhem
Doutora em Ciências da Saúde. Professora titular da Universidade de Brasília. Diretora do Foro Latinoamericano de Comités de Ética em Investigación em Salud.

Dora Porto
Antropóloga. Especialista em bioética. Pesquisadora associada ao Núcleo de estudos e pesquisas em bioética da Universidade de Brasília.

Fermin Roland Schramm
Graduado em Letras. Pós-doutor em Bioética pela Universidade do Chile, Santiago. Doutor em Ciências/Saúde Pública pela Escola Nacional de Saúde Pública/FIOCRUZ. Pós-graduação em Semiótica-Mestrado pela Escola de altos estudos em ciências sociais, Paris. Professor de Semiótica pela Universidade de Genebra. Pesquisador titular de ética aplicada e bioética da Escola Nacional de Saúde Pública/FIOCRUZ. Consultor de Bioética do INCA.

Franklin Leopoldo e Silva
Graduado em Filosofia pela Universidade de São Paulo. Doutor em Filosofia pela Universidade de São Paulo. Livre Docente pela Universidade de São Paulo. Professor Titular do Departamento de Filosofia da Universidade de São Paulo. Docente do Programa de Mestrado em Bioética do Centro Universitário São Camilo.

Gabriel Wolf Oselka
Médico. Doutor pela Universidade de São Paulo. Professor do programa de mestrado em bioética do Centro Universitário São Camilo.

José Roberto Goldim
Biólogo pela UFRGS. Doutor em Medicina (Clínica Médica) pela UFRGS. Mestre em Educação pela UFRGS. Professor adjunto da Faculdade de Medicina da PUCRS. Presidente da Sociedade Rio-grandense de Bioética.

José Roque Junges
Teólogo e Filósofo. Doutor em Ética teológica. Professor e Pesquisador do Programa de Pós-Graduação em Saúde Coletiva da Universidade do Vale do Rio dos Sinos, UNISINOS.

Josimário Silva
Doutor em Cirurgia e Traumatologia Bucomaxilofacial pela Pontifícia Universidade Católica do Rio Grande do Sul. Professor adjunto da Universidade Federal de Pernambuco. Chefe do serviço de cirurgia e traumatologia buçomaxilofacial do Hospital das Clínicas da Universidade Federal de Pernambuco. Professor di Núcleo de estudos e pesquisas em Bioética da UFPE. Coordenador do Comitê de Ética em Pesquisa e Cirurgião Bucomaxilofacial da emergência do Hospital da Restauração. Presidente da Sociedade Brasileira de Bioética, Regional Pernambuco.

Kiyomi N. Yamada
Enfermeira. Docente da área de Administração aplicada à enfermagem, do Centro de Ciências da Saúde da Universidade Estadual de Londrina, Paraná. Pós-graduada em bioética e metodologia do ensino superior. Membro do Comitê de ética em pesquisa da Universidade Estadual de Londrina (2002-2005). Tesoureira da Sociedade Brasileira de Bioética (2005-2007).

Leo Pessini
Doutor em Teologia Moral/Bioética. Pós-graduado em Clinical Pastoral Education and Bioethics pelo St. Luke's Medical Center, Milwaukee, EUA. Docente do programa de mestrado em bioética do Centro Universitário São Camilo. Superintendente da União Social Camiliana.

Lucilda Selli
Doutora em Ciências da Saúde. Professora e Pesquisadora do Programa de Pós-Graduação em Saúde Coletiva da Universidade do Vale do Rio dos Sinos.

Marco Segre
Médico. Professor emérito da Faculdade de Medicina da Universidade de São Paulo, Departamento de Medicina Legal, Ética Médica e Medicina Social e do Trabalho. Membro da Comissão Nacional de Ética em Pesquisa do Ministério da Saúde. Professor do programa de mestrado em bioética do Centro Universitário São Camilo, SP.

Margaréte May Berkenbrock Rosito
Pedagoga pela Universidade Federal de Santa Catarina. Doutora em educação pela UNICAMP: Políticas da Educação e sistemas Educativos. Mestre em supervisão e currículo pela PUC-SP. Especialização em alfabetização pela Universidade Federal de Santa Catarina. Professora do mestrado em educação na UNICID-SP. Docente do curso de pedagogia e professora convidada do programa de mestrado em bioética do Centro Universitário São Camilo.

Maria Clara Albuquerque
Pós-doutorado em bioética pela Faculdad de medicine de la Universidad Complutense de Madrid. Doutorado em Ciências da Saúde/bioética pela Universidade de Brasília. Mestrado em pediatria pelo Centro de Ciências da Saúde da UFPE. Especialização em bioética pela Universidade de Brasília. Membro da Sociedade Brasileira de Bioética.

Marlene Braz
Médica psicanalista. Doutora em Ciências pela Fundação Oswaldo Cruz.Coordenadora do CEP/FIOCRUZ.Docente e pesquisadora em bioética no Instituto Fernandes Figueira e na Escola Nacional de Saúde Pública.

Mauro Machado do Prado
Cirurgião-dentista e Advogado. Mestre e Doutor em ciências da saúde pelo programa de pós-graduação em ciências da saúde FS-UnB. Professor adjun-

to da Universidade Federal de Goiás.Coordenador do curso de graduação em odontologia FO/UFG. Especialista em bioética pelo NEPeB/CEAM/UnB.

Nilza Maria Diniz

Pós-doutora em bioética pela Cátedra UNESCO de bioética/UnB. Doutora em genética pela Universidade de São Paulo, Ribeirão Preto e Washington State University. Especialista em bioética pela Universidade Estadual de Londrina, PR. Professora associada de genética e de bioética da Universidade Estadual de Londrina, PR. Membro da Comissão Nacional de Ética em Pesquisa/MS. Membro da Comissão do Uso e Acesso do Genoma Humano do Ministério da Saúde. Coordenadora do Comitê de Ética em Pesquisa envolvendo seres humanos da Universidade Estadual de Londrina, PR.

Paulo Antonio de Carvalho Fortes

Médico pediatra sanitarista. Livre Docente em Saúde Pública pela Faculdade de Saúde Pública. Professor associado da Faculdade de Saúde Pública, Universidade de São Paulo.

Reinaldo Ayer de Oliveira

Médico. Doutor em Patologia pela UNESP. Mestre em Bases gerais da cirurgia e cirurgia experimental pela Universidade Estadual Paulista Júlio de Mesquita Filho. Professor da Universidade de São Paulo. Conselheiro e coordenador da Câmara Técnica de Bioética do Conselho Regional de Medicina do Estado de São Paulo.

Sérgio Rego

Doutor em Saúde coletiva pela UERJ. Pesquisador associado e professor no doutorado da Fundação Oswaldo Cruz. Editor da Revista Brasileira de Educação Médica. Membro da Comissão de Bioética do CREMERJ, SOPERJ e da diretoria Sociedade de Bioética-RJ, regional da SBB.

Tereza Rodrigues Vieira

Advogada. Doutora em Direito pela Pontifícia Universidade Católica de São Paulo/ Universidade de Paris. Professora do Mestrado em Direito Processual e Cidadania da Universidade Paranaense – UNIPAR.

William Saad Hossne

Médico. Professor emérito da Faculdade de Medicina da Universidade Estadual Paulista, UNESP Botucatu, São Paulo. Membro do Comitê Internacional de Bioética da UNESCO. Coordenador do programa de mestrado em bioética do Centro Universitário São Camilo, São Paulo.

Diretoria da Sociedade Brasileira Boética (2005/2007)

Presidente: José Eduardo de Siqueira
1º Vice-Presidente: Fermin Roland Schramm
2º Vice-Presidente: Elma Lourdes C. Pavone Zoboli
3º Vice-Presidente: Délio José Kipper
1º Secretário: Nilza Maria Diniz
2º Secretário: Márcio Fabri dos Anjos
1º Tesoureiro: Kiyomi N. Yamada
2º Tesoureiro: Mauro Machado do Prado
Conselho Fiscal: Christian de Paul de Barchifontaine
Maria Clara Feitosa Albuquerque
Paulo Antonio de Carvalho Fortes
Comissão Permanente de Ética: Aurélio Molina
Dora Porto
José Geraldo de Freitas Drumond
Jussara Azambuja Loch
Rita Leal Paixão
Reinaldo Ayer de Oliveira

Esta obra foi composta em CTcP
Capa: Supremo 250g – Miolo: Pólen Soft 80g
Impressão e acabamento
Gráfica e Editora Santuário